# DAS HEUTE ZÄHLT

JOHN C. MAXWELL

# DAS *Heute* ZÄHLT

*Zwölf tägliche Gewohnheiten – die Garantie für den Erfolg von morgen*

entfalt media
Entfalt' dein Potenzial!

Titel der englischen Originalausgabe:
*TODAY MATTERS*
ISBN 978-1-931722-52-0 (Paperback)


Dieses Werk wurde vermittelt durch die
Literarische Agentur Thomas Schlück GmbH, 30827 Garbsen.

Copyright der deutschen Ausgabe bei:
entfalt media GmbH
Herrnfeldstraße 15
D-84036 Landshut-Kumhausen

www.entfalt.de

entfalt® ist eine eingetragene Marke



Übersetzung aus dem Englischen: Yvonne Pilsl

1. Auflage, Mai 2014

ISBN 978-3-941986-08-4

*Dieses Buch widme ich Madeline Elizabeth Miller, unserem ersten Enkelkind. Ihre Mutter ist unser Juwel und Madeline ist unser Sonnenschein. Unser Wunsch ist es, dass sie schon beim Aufwachsen das Potenzial eines jeden ihrer Tage schätzt.*

# INHALTSVERZEICHNIS

# DANKSAGUNGEN

*Ich möchte mich bedanken bei:*

*Margaret Maxwell, die jeden meiner Tage*
*zu einem Meisterwerk macht,*
*Charlie Wetzel, meinem Verfasser,*
*Kathie Wheat, die all meine Recherchen führt,*
*Stephanie Wetzel, die jede Seite meiner Manuskripte*
*überprüft und editiert,*
*und Linda Eggers, meiner Assistentin.*

# NUR HEUTE ...

Nur heute ... werde ich die richtige Einstellung wählen und beibehalten.

Nur heute ... werde ich die richtigen Prioritäten setzen und nach ihnen handeln.

Nur heute ... werde ich mich an gute Gesundheitsvorsätze erinnern und sie umsetzen.

Nur heute ... werde ich mit meiner Familie reden und mir Zeit für sie nehmen.

Nur heute ... werde ich gute Gedanken entwickeln und anwenden.

Nur heute ... werde ich angemessene Verpflichtungen eingehen und mich daran halten.

Nur heute ... werde ich fleißig sein und richtig mit meinen Finanzen umgehen.

Nur heute ... werde ich meinen Glauben vertiefen und leben.

Nur heute ... werde ich echte Freundschaften schaffen und in diese investieren.

Nur heute ... werde ich nach Möglichkeiten suchen, Großzügigkeit zu leben.

Nur heute ... werde ich an guten Werten festhalten und mich daran ausrichten.

Nur heute ... werde ich nach Wachstumsmöglichkeiten Ausschau halten und sie annehmen.

Nur heute ... werde ich nach diesen Entscheidungen leben und sie mit Disziplin umsetzen, und

eines Tages ... werde ich schließlich die gewaltigen Auswirkungen sehen, die ein gut genutzter Tag zur Folge hat.

KAPITEL 1

# Das Heute zerfällt oft in viele kleine Einzelstücke – doch welches Stück fehlt?

Vor einigen Wochen war ich auf der Suche nach einem Buch, das ich meinen Enkeln vorlesen könnte, und durchwühlte die Kisten, die wir im Keller gestapelt hatten. Dabei stieß ich auf ein Buch, das meine Frau Margaret immer unserer Tochter Elisabeth vorgelesen hatte, als sie noch klein war: *Alexander and the Terrible, Horrible, No Good, Very Bad Day* von Judith Viorst. Es ist die Geschichte eines kleinen Jungen, dessen Tag in 1 000 Scherben zerbricht. Sie beginnt so:

> „Als ich gestern schlafen ging, hatte ich den Kaugummi noch im Mund – nun klebt er in meinen Haaren! Und als ich aufstand, trat ich ausgerechnet auf mein Skateboard … da wusste ich, dass dies ein schrecklicher, grauenvoller, nichts Gutes bringender, sehr schlechter Tag sein würde.“ [1]

Von da an wurde Alexanders Tag nur noch schlimmer, als er in die Schule ging, anschließend zum Zahnarzt musste und dann auch noch von seiner Mutter zum Kleidereinkaufen mitgenommen wurde. Er hatte einfach einen furchtbaren Tag. Sogar die Familienkatze schien gegen ihn zu sein.

## *Welches Teilchen fehlt?*

Unsere Kinder haben dieses Buch geliebt, und ich glaube, wir Erwachsenen hatten genauso viel Freude daran, Alexanders mürrische Beschwerden vorzulesen, wie unsere Kinder, diese zu hören. Aber es macht absolut keine Freude, wenn man selbst einen solchen Tag erlebt. Wer freut sich schon auf einen Tag voller Hindernisse, Strapazen und Rückschläge, an dem an jeder Straßenecke etwas noch Schlimmeres auf einen wartet?

Doch wenn wir unseren Tag beginnen, sind wir Alexander wohl oft sehr viel ähnlicher, als wir zugeben würden. Wir wachen vielleicht nicht gerade mit Kaugummi im Haar auf oder fühlen uns, als ob alle Familienmitglieder und Freunde etwas gegen uns im Schilde führten, aber auch unser Tag zerfällt oft in 1 000 Einzelteile! Und das Resultat ist: Jeder Tag scheint stets ein schlechter Tag zu sein.

Wie oft haben Sie einen *fantastischen* Tag? Ist er die Norm oder eine seltene Ausnahme? Nehmen Sie doch den heutigen Tag als Beispiel. Wie würden Sie ihn einstufen? War der heutige Tag bis jetzt ein großartiger Tag? Oder war er vielleicht weniger wundervoll? Vielleicht haben Sie bis gerade eben noch nicht einmal darüber nachgedacht. Wenn ich Sie jetzt bitten würde, Ihren Tag auf einer Skala von 1 bis 10 (10 ist der perfekte Tag) zu bewerten, würden Sie dann überhaupt wissen, wie Sie ihn bewerten sollen? Auf was würden Sie Ihre Bewertung aufbauen? Wäre sie davon abhängig, wie Sie sich fühlen? Oder davon, wie viele Punkte auf Ihrer To-do-Liste Sie bereits abgehakt haben? Würden Sie Ihren Tag danach beurteilen, wie viel Zeit Sie mit einer geliebten Person verbracht haben? Wie würden Sie Erfolg für heute definieren?

## *Wie beeinflusst das Heute unseren morgigen Erfolg?*

Jeder möchte gern einen guten Tag haben, aber nicht viele wissen, wie ein guter Tag wirklich aussieht – und noch viel weniger, wie man einen gestaltet. Und nur die allerwenigsten erkennen die Tatsache: *Wie wir heute leben, bestimmt unser Morgen*. Weshalb ist das so? Die Wurzel des Problems liegt darin, dass die meisten Menschen Erfolg missverstehen. Und wenn wir eine falsche Sicht haben, was das Thema Erfolg betrifft, dann gehen wir unseren Tag auch falsch an. Das Ergebnis: Unser Tag zerfällt in 1 000 Stücke.

Schauen wir uns doch ein paar gewöhnliche, aber falsche Auffassungen bezüglich Erfolg an und welche Reaktionen oft damit einhergehen:

### Wir glauben, dass Erfolg nicht möglich ist – deshalb kritisieren wir ihn

Der Psychiater M. Scott Peck begann seinen Bestseller *Der wunderbare Weg* mit den Worten: „Das Leben ist schwer." Er fährt fort: „Die meisten Menschen erkennen die Wahrheit nicht an, dass das Leben schwer ist. Stattdessen beschweren sie sich mehr oder weniger ständig ... über die Tragweite ihrer Probleme, ihrer Lasten und ihrer Herausforderungen so als ob das Leben generell leicht wäre, so als ob es leicht sein *sollte*." [2] Und weil wir daran glauben möchten, dass das Leben einfach sein sollte, gehen wir davon aus, dass alles, was schwierig ist, unerreichbar sein muss. Wenn der Erfolg nicht eintritt, sind wir oft geneigt, das Handtuch zu werfen und anzunehmen, dass er einfach unerreichbar ist.

An diesem Punkt fangen wir an, Erfolg zu kritisieren. Wir sagen: „Wer möchte denn überhaupt erfolgreich sein?" Und wenn eine Person erfolgreich ist, die wir geringer schätzen als uns selbst, dann werden wir *richtig* ungehalten. Wie der Journalist und Kurzgeschichtenschreiber Ambrose Bierce betrachten wir Erfolg dann folgendermaßen: „Es ist die eine, unverzeihliche Sünde gegen die Mitmenschen." [3]

## Wir glauben, dass Erfolg etwas Geheimnisvolles ist – deshalb suchen wir danach

Wenn wir bis jetzt noch nicht erfolgreich gewesen sind, aber noch nicht komplett aufgegeben haben, dann sehen wir Erfolg oft als großes Geheimnis an. Wir glauben, dass wir für unseren Erfolg einfach nur die magische Formel, die Schatzkiste oder den Goldenen Schlüssel finden müssen, und schon wären all unsere Probleme gelöst. Genau deshalb zieren unzählige Diätratgeber die Bestsellerlisten und jedes Jahr werden Hunderte Unternehmensberater von Firmen engagiert.

Das Problem ist: Wir wollen die Früchte des Erfolgs genießen, ohne den Preis dafür zu bezahlen! Erst kürzlich hat Seth Godin, Autor des Buches *Permission Marketing*, über dieses Problem in der Geschäftswelt geschrieben. Er glaubt, dass die Geschäftsführer heute oft nach schnellen Lösungen für ihre Unternehmen suchen. Deshalb ermahnt er: „Wir müssen aufhören, Geistesblitze einzukaufen."

„Man gewinnt keine olympische Goldmedaille, indem man sich ein paar Wochen intensiv darauf vorbereitet", sagt Godin. „Über Nacht entsteht keine großartige Oper. Auch keine große Anwaltskanzlei oder Firma für Grafikdesign. … Jede erfolgreiche Firma, jede große Marke und jede steile Karriere ist auf die gleiche Art und Weise entstanden: Stück für Stück, Schritt für Schritt, nach und nach." [4] Es gibt kein magisches Patentrezept für Erfolg.

## Wir glauben, dass Erfolg vom Glück abhängig ist – deshalb hoffen wir darauf

Wie oft haben wir als Erklärung für den Erfolg eines anderen schon gehört: „Er war einfach zu richtigen Zeit am richtigen Ort." Das ist ein Mythos! Genauso wie die Idee, dass man über Nacht erfolgreich werden kann. Die Chancen, dass man durch Glück erfolgreich wird, stehen genauso gut wie in der Lotterie – 50 Millionen zu 1.

Von Zeit zu Zeit hören wir Geschichten darüber, dass ein Hollywoodstar entdeckt wurde, als er im Laden um die Ecke putzte, oder ein Sportler zum Profi wurde, obwohl er mit der Sportart erst sehr spät begonnen hatte. Was für ein Glück, denken wir. Das sollte mir auch passieren! Aber das sind seltene Begebenheiten. Jeder Person, die es auf diese Art schafft, stehen Tausende Menschen gegenüber, die unzählige Jahre daran gearbeitet haben, um auf ihrem Gebiet besser zu werden und ihre Chance zu bekommen. Und es gibt noch Zehntausende mehr, die zwar Jahre harter Arbeit in ihr Vorhaben gesteckt haben, aber immer noch nicht gut genug sind, um es zu schaffen. Wenn es um Erfolg geht, sind Sie viel besser dran, wenn Sie auf den Erfolg zugehen, anstatt nur darauf zu hoffen.

## Wir glauben, dass Erfolg gleich Produktivität ist – deshalb arbeiten wir dafür

In einem kleinen Geschäft habe ich einmal ein Schild mit folgender Aufschrift gesehen:

*Die 57 Erfolgsregeln:*
*1. Ware ausliefern!*
*2. Alle anderen 56 sind unwichtig.*

Es stimmt schon, dass es sich großartig anfühlt, hart zu arbeiten und Ergebnisse zu produzieren. Und manche schätzen dieses Gefühl so sehr, dass sie es als Erfolg definieren würden. Der frühere Präsident der Vereinigten Staaten, Theodore Roosevelt, stellte einst fest: „Es ist bei Weitem die beste Belohnung, die das Leben bietet, wenn man die Chance hat, hart an etwas zu arbeiten, das die Mühe wert ist."

Aber harte Arbeit als Erfolg anzusehen, ist eindimensional gedacht. (Ist dann ein Tag ohne Arbeit nicht erfolgreich? Ist ein Rentner nicht mehr erfolgreich?) Und noch dazu ist es manchmal einfach falsch. Eine starke Arbeitsmoral ist bewundernswert, aber harte Arbeit allein bringt noch lange keinen Erfolg. Sehr viele Leute arbeiten sehr hart, aber sie sind niemals erfolgreich. Einige verschwenden ihre Energie an einen Beruf ohne Zukunft. Und wieder andere arbeiten so hart, dass sie wichtige Beziehungen vernachlässigen, ihre Gesundheit ruinieren oder sich völlig verausgaben. Mag sein, dass Erfolg nicht zu denen kommt, die nicht auch hart arbeiten, aber harte Arbeit und Erfolg sind nicht ein und dasselbe.

## Wir glauben, dass Erfolg in Form einer Chance zu uns kommt – deshalb warten wir darauf

Viele Menschen, die hart arbeiten und trotzdem dem Anschein nach nicht vorwärtskommen, glauben, dass sie einfach nur einen neuen Einschnitt bräuchten. Ihr Motto beginnt mit dem Wort: „Wenn …" – Wenn mir mein Chef nur etwas mehr Freiraum lassen würde … wenn ich doch endlich die Beförderung bekäme … wenn ich das nötige Startkapital hätte … wenn meine Kinder sich benehmen würden …, dann wäre das Leben perfekt.

Die Wahrheit ist: Menschen, die nur tatenlos auf eine Gelegenheit warten, wären nicht einmal bereit, diese zu nutzen, wenn sie *tatsächlich* käme. Wie schon der bekannte Basketballtrainer John Wooden sagte: „Wenn die Möglichkeit vor der Tür steht, ist es zu spät, sich vorzubereiten." Für diejenigen, deren Wunsch – die Beförderung, das Startkapital, egal was – sich erfüllt, wird sich nur kaum etwas ändern, sofern nicht bereits der Grundstein für den Erfolg gelegt worden ist.

Außerdem sind wir alle flatterhaft. Das, wovon wir uns versprechen, dass es all unsere Probleme löst oder uns glücklich macht, ist nicht von langer Dauer. Als ich acht Jahre alt war, sagte ich: „Wenn ich doch bloß das neue Fahrrad hätte." Als dann Weihnachten kam, bekam ich mein neues Fahrrad mit allem, was dazugehörte. Und ich liebte es – ungefähr einen Monat lang. Dann hatte ich etwas Neues, von dem ich dachte, dass es mich glücklich machen würde. Eine Chance hilft uns vielleicht, aber sie garantiert unseren Erfolg nicht.

## Wir glauben, dass Erfolg vom Einfluss abhängig ist – deshalb streben wir danach

Einige Menschen assoziieren Erfolg mit Macht. Ihr Standpunkt wird durch die Worte sehr mächtiger Menschen, wie dem Industriellen Andrew Carnegie, bestärkt, der feststellt: „Erfolg ist die Kraft, mit der man alles was man sich vom Leben wünscht, erreichen kann, ohne die Rechte anderer zu verletzen." Viele Menschen gehen in ihrer Ansicht über Erfolg und Macht sogar noch einen Schritt weiter und nehmen an, dass erfolgreiche Menschen andere ausnutzen, um zu bekommen, was sie wollen. Um ihre Ziele also zu erreichen, suchen sie nach einer Gelegenheit, jemanden auszunutzen oder seinen Einfluss für sich einzusetzen. Sie glauben daran, dass sie sich den Weg zum Erfolg erzwingen können.

Saddam Hussein, der frühere Diktator im Irak, wählte diesen Ansatz, indem er Macht, Manipulation und brachiale Gewalt anwandte. Er begann seine politische Karriere als Vollstrecker. Er mordete für die Baath-Partei, um aufzusteigen und so zum Vizepräsidenten des Iraks zu werden. Als ihn das Amt des Vizepräsidenten nicht mehr befriedigte, riss er die Macht einfach an sich und machte sich selbst zum Präsidenten.

Jahrzehntelang setze er Gewalt ein, unterdrückte und mordete, um an der Macht zu bleiben. Seine Vision war, der Held des Mittleren Ostens zu werden, der unbestrittene Herrscher, ein moderner Nebukadnezar. Aber wie jeder, der Macht gebraucht und missbraucht, um vorwärts zu kommen – egal ob eingebildeter Geschäftsführer oder blutrünstiger Diktator –, hat er am Ende verloren. Keine Macht der Welt, egal wie rücksichtslos sie angewandt wird, kann Erfolg garantieren.

## Wir glauben, dass Erfolg aufgrund von Beziehungen entsteht – deshalb bauen wir Netzwerke

Was glauben Sie, ist wichtiger, um im Leben das zu bekommen, das man erreichen möchte: Das, *was* man weiß oder *wen* man kennt? Wenn

Sie glauben, dass die Antwort lautet, *wen man kennt*, dann glauben Sie wahrscheinlich auch, dass Erfolg durch Beziehungen entsteht.

Menschen, die an Beziehungen glauben, denken, dass sie es geschafft hätten, wenn sie bloß in die richtige Familie hineingeboren worden wären. Oder sie glauben, dass sich ihr Vermögen schlagartig vermehren würde, wenn sie nur die richtige Person treffen würden. Aber solche Glaubenssätze sind deplatziert. Beziehungen sind sicherlich befriedigend. Und wenn man zuverlässige Menschen kennt, hat das sicherlich seine Vorteile. Aber Beziehungen allein werden niemals den Lebenslauf wieder geraderücken oder Erfolg garantieren. Wenn das so wäre, dann hätte es jedes Kind jedes erfolgreichen Unternehmers geschafft. Und die Nachkommen jedes US-Präsidenten wären selbst äußerst erfolgreich. Aber Sie wissen, dass das nicht der Fall ist. Können Sie sich an Billy Carter erinnern? Letztendlich kann sich niemand zum Erfolg „networken", wenn er nicht vorher etwas zu geben hat.

## Wir glauben, dass Erfolg der Anerkennung folgt – deshalb streben wir danach

Gibt es in Ihrem Beruf ein sicheres Zeichen dafür, dass Sie es geschafft haben? Wären Ihre Freunde beeindruckt, wenn Sie im *Fortune*-Magazin erwähnt, Weltmeister im Schachspiel werden oder die Lombardi-Trophäe gewinnen würden? Wenn Sie zum Lehrer des Jahres gewählt werden oder den Ehrendoktor einer anerkannten Universität erhalten würden – wäre das Erfolg? Vielleicht hegen Sie den Traum, eines Tages einen Oscar, den Emmy oder einen Grammy zu gewinnen. Oder stellen Sie sich manchmal vor, den Pulitzerpreis, eine Ehrenmedaille oder den Nobelpreis zu erhalten? Jeder Berufszweig, jedes Gebiet hat seine eigene Art der Anerkennung. Streben Sie danach in Ihrem Bereich Anerkennung zu finden?

Frankreich ist eine Nation der Genießer, in der Köche die höchsten Anerkennungen bekommen. Eine der höchsten Auszeichnungen auf diesem Gebiet ist der Erhalt dreier Sterne durch Michelin. Zurzeit gibt es nur 25 Restaurants in ganz Frankreich, die diese Auszeichnung innehaben. Eines dieser Restaurants ist das Côte d'Or von Bernard Loiseau in Burgund.

Jahrzehntelang war der Chefkoch Loiseau dafür bekannt, dass er besessen davon war, das perfekte Restaurant zu kreieren und diese höchste Auszeichnung zu erhalten. Unermüdlich arbeitete er daran. Man muss sich schon sehr anstrengen, um auch nur die Zwei-Sterne-Auszeichnung zu erhalten. Er erhielt sie im Jahr 1981. Danach arbeitete er noch härter. Er perfektionierte jedes Gericht auf seiner Karte, er perfektionierte den Service und er nahm einen Kredit über fünf Millionen Francs auf, um seine Räumlichkeiten zu renovieren und zu erweitern. Schließlich erhielt er im Jahr 1991 seinen dritten Stern. Er hatte erreicht, was nur eine Handvoll anderer auch konnten.

„Wir verkaufen Träume", hatte er einmal gesagt, „wir sind Händler des Glücks!" [5] Aber all die Anerkennung machte ihn selbst nicht dauerhaft glücklich. Im Frühling 2003 beging er an einem Nachmittag Selbstmord. Weder hatte er es jemandem angedeutet noch hinterließ er einen Abschiedsbrief. Einige gaben an, dass er untröstlich gewesen sei, da sein Restaurant in einem anderen Restaurantführer von 19 auf 17 der 20 möglichen Punkte gefallen war. Andere beschrieben ihn als manisch-depressiv. Niemand wird jemals wissen, warum er seinem Leben ein Ende setzte, aber wir können sicher sein, dass ihm die große Anerkennung, die er auf seinem Gebiet erreicht hatte, nicht genügte.

## Wir glauben, dass Erfolg ein Ereignis ist – deshalb terminieren wir ihn

Ich habe mehr als 30 Jahre meines Lebens Vorträgen und dem Veranstalten von Seminaren gewidmet, um Menschen dabei zu helfen, erfolgreicher und ein besserer Leader zu werden. Aber ich bin sehr realistisch und weiß, dass ein einzelnes Ereignis immer nur eine begrenzte Wirkung auf das Leben einer Person hat. Von Zeit zu Zeit erinnere ich meine Teilnehmer auch daran. Veranstaltungen sind super, wenn es darum geht, Inspiration und Ermutigung zu erhalten. Sie führen uns oft an den Punkt, wichtige Entscheidungen für eine Veränderung zu treffen. Und sie können uns sogar mit Wissen und Werkzeugen für die Umsetzung ausstatten. Aber wenn wir ehrlich sind, geschieht nachhaltige Veränderung nicht in einem einzigen Moment; sie ist ein Prozess. Das zu wissen, hat mich schon immer dazu veranlasst, Bücher zu schreiben und Seminare aufzuzeichnen, damit die Menschen, die eine Entscheidung getroffen haben, auch einen Zugang zu Werkzeugen haben, die sie nach der Veranstaltung für diesen Prozess nutzen können.

*„Aber wenn wir ehrlich sind, geschieht nachhaltige Veränderung nicht in einem einzigen Moment; sie ist ein Prozess."*

Diese Prozesshilfen setzen wir gezielt bei EQUIP ein. Das ist eine gemeinnützige Organisation, die ich 1996 gegründet habe und die zum Ziel hat, eine Million Leader weltweit zu schulen und aufzubauen. Dies geschieht in Form einer Dreijahresstrategie. Wir tauchen nicht einfach wie aus dem Nichts auf, veranstalten ein Event und verschwinden dann wieder. Nein, unsere Strategie umfasst drei Jahre. Wir beginnen damit, Bücher und Aufzeichnungen in die Landessprache zu übersetzen. Nach unserer ersten Veranstaltung geben wir dann den Führungskräften die Bücher und Aufzeichnungen an die Hand, um ihren Wachstumsprozess zu unterstützen. Außerdem kehren alle sechs Monate Teams in das Land zurück, schulen weitere Fähigkeiten und pflegen den Kontakt zu den Führungskräften.

Verstehen Sie mich nicht falsch, Veranstaltungen können sehr nützlich sein – solange wir begreifen, was sie für uns tun können und was nicht. Ich möchte Ihnen wirklich Mut machen, Veranstaltungen zu nutzen, die als Katalysator für Veränderungen in Ihrem Leben wirken können. Aber erwarten Sie bitte nicht, dass Sie dadurch plötzlich Erfolg ernten. Wachstum entsteht, wenn man Entscheidungen trifft *und* diese durchzieht. Und genau darum geht es in diesem Buch!

## *Das Heute zählt!*

Menschen haben Erfolg in ihrem Leben, wenn sie sich auf das *Heute* konzentrieren! Es klingt vielleicht abgedroschen, aber das Heute ist die einzige Zeit, die wir haben. Für das Gestern ist es bereits zu spät und auf das Morgen kann man sich nicht verlassen. Genau deshalb zählt das *Heute*! Das verpassen wir aber meistens. Warum? **Weil …**

### … wir das Gestern überbetonen

Unsere einstigen Erfolge und Misserfolge erscheinen uns in der Erinnerung oft viel größer. Einige kommen nie über ihre einstigen Errungenschaften hinaus: Diejenigen, die während der Schulzeit Spitzensportler gewesen sind, oder die Abschlussballköniginnen schauen oft auf diese ruhmreichen Tage zurück und definieren sich für die nächsten 20 Jahre darüber. Jemand, der ein Patent auf eine Erfindung erhält, hat vielleicht für den Rest seines Lebens ausgesorgt, ohne auch nur noch einen Tag zu arbeiten. Und ein Verkäufer erlebt fünf Jahre Flaute, nachdem er zum Arbeitnehmer des Jahres gewählt wurde. Warum? Weil er mehr Zeit damit verbringt, sich in seinem einstigen Ruhm zu sonnen, als damit, dieses Niveau erneut zu erreichen.

> *„Es klingt vielleicht abgedroschen, aber das Heute ist die einzige Zeit, die wir haben. Für das Gestern ist es bereits zu spät und auf das Morgen kann man sich nicht verlassen. Genau deshalb zählt das Heute!“*

Noch schlimmer sind die Menschen, die überbetonen, was sie *erreichen hätten können.* Sie haben bestimmt schon einmal den Spruch gehört: „Je älter ich wurde, desto besser war ich." Das ist schon ein seltsames Phänomen: Menschen, die in der Highschool mittelgute Sportler waren, glauben plötzlich mit 30, dass sie Profi hätten werden können. Oder ein Durchschnittsunternehmer glaubt am Ende seiner Karriere, dass er König der Wall Street hätte werden können, wenn er nur die Chance dazu bekommen hätte. Fast jede Möglichkeit, die nicht umgesetzt wurde, erscheint in einem goldenen Licht, jetzt, da es zu spät ist, ihr nachzugehen.

Und dann gibt es jene, deren negative Erlebnisse sie für den Rest ihres Lebens prägen. Sie durchleben immer und immer wieder jede Zurückweisung, jeden Misserfolg und jede Verletzung, die ihnen zuteilwurde. Sie lassen es zu, dass diese Ereignisse sie emotional binden. Die Mutter eines Freundes beschwert sich heute noch darüber, dass ihr Vater ihrer Schwester an ihrem eigenen Geburtstag einen besseren Lutscher schenkte als ihr. Es beschäftigt sie noch immer – obwohl sie bereits 83 Jahre alt ist!

Ich hatte jahrelang einen Spruch auf meinem Schreibtisch stehen, der mich immer an die richtige Perspektive im Hinblick auf die Vergangenheit erinnerte. Er lautete ganz einfach: „Gestern ist seit letzter Nacht vorbei." Dieser Spruch erinnerte mich stets daran, dass es vorbei war, ganz egal, wie sehr ich auch in der Vergangenheit versagt hatte. Heute war ein neuer Tag!

*„Gestern ist seit letzter Nacht vorbei."*

Umgekehrt bedeutet der Spruch auch: Egal welche Ziele ich erreicht haben mag oder welche Anerkennungen ich erhalten habe, sie haben nur einen geringen Einfluss auf das, was ich heute tue. Ebenso kann ich nicht meinen Weg zum Erfolg feiern.

## ... wir das Morgen überbetonen

Welche Einstellung haben Sie, was Ihre Zukunft betrifft? Was denken Sie, wird sie für Sie bereithalten? Erwarten Sie, dass die Dinge für Sie besser werden oder schlechter? Beantworten Sie bitte die folgenden Fragen in Bezug auf Ihre Erwartungen für die nächsten zwei bis drei Jahre:

Erwarten Sie, dass Ihr Einkommen wächst oder schrumpft?
*wächst/schrumpft*

Erwarten Sie, dass Ihr Gesamtvermögen steigt oder fällt?
*steigt/fällt*

Erwarten Sie, dass Ihnen mehr oder weniger Möglichkeiten offenstehen?
*mehr/weniger*

Erwarten Sie, dass Ihre Ehe (oder wichtigste Beziehung) besser oder schlechter wird?
*besser/schlechter*

Erwarten Sie, dass Sie mehr oder weniger Freunde haben?
*mehr/weniger*

Erwarten Sie, dass Ihr Glaube stärker sein wird oder schwächer?
*stärker/schwächer*

Erwarten Sie, dass Sie körperlich fitter oder schwächer sein werden?
*fitter/schwächer*

Sind Sie wie die meisten Menschen, dann spiegeln Ihre Antworten Ihre Erwartung wider, dass die zukünftigen Tage besser werden. Lassen Sie mich Ihnen eine Frage dazu stellen: *Warum* gehen Sie davon aus? Fußt Ihre Erwartung auf irgendetwas anderem als der vagen Hoffnung, dass sich Ihr Leben zum Positiven verändert? Ich vertraue darauf, dass dem so ist. Aber die meisten Menschen haben kein Fundament für Ihre Erwartung. Sie gehen einfach davon aus, dass das Morgen besser sein *muss*, aber sie haben keinerlei Strategie, wie sie die Zukunft besser *machen* können. Tatsächlich ist es so: Je schlechter sich jemand heute fühlt, desto mehr wird er überbetonen, wie gut das Morgen sein wird – wie bei einem Lotteriespiel.

Der Journalist William Allen White, der schon einen Pulitzerpreis gewonnen hat, beobachtete: „Unzählige Menschen haben es verpasst, für das Heute zu leben. Sie haben ihr Leben damit verbracht, immer nach der Zukunft zu greifen. Doch was sie heute bereits in Händen halten, haben sie total verpasst, da sie nur von der Zukunft fasziniert sind … irgendwann mussten sie erkennen, dass die Zukunft bereits Vergangenheit war." Nur auf eine gute Zukunft zu hoffen, ohne heute in sie zu investieren, gleicht einem Bauer, der auf eine Ernte wartet, ohne jemals die Saat ausgebracht zu haben.

## … wir das Heute unterschätzen

Haben Sie schon einmal jemanden gefragt, was er gerade macht und als Antwort folgenden Spruch bekommen: „Oh, ich vertreibe mir bloß die Zeit"? Haben Sie über diese Aussage jemals richtig nachgedacht? Genauso könnte die Person sagen: „Ich werfe mein Leben weg" oder „Ich bringe mich um"! Denn Zeit ist „der Stoff, aus dem das Leben gemacht ist", wie schon Benjamin Franklin sagte. Das Heute ist die einzige Zeit, die wir wirklich in Händen halten, und dennoch lassen die meisten Menschen sie durch ihre Hände rinnen. Sie erkennen weder den Wert des Heute noch das Potenzial darin.

Mein Freund Dale Witherington sandte mir letztens ein Gedicht per E-Mail, das er geschrieben und *Die Philosophie eines Menschen, der das Leben liebt* genannt hatte. Hier ist ein Auszug daraus:

„Heute ist der wichtigste Tag meines Lebens.
Das Gestern – mit all seinen Erfolgen und Siegen,
Herausforderungen und Versagen – ist für immer Geschichte.
Die Vergangenheit ist vergangen.
Abgeschlossen.
Vollendet.
Ich kann sie nicht mehr zum Leben erwecken. Ich kann nicht
mehr zurückgehen und sie verändern.
Aber ich werde daraus lernen und mein Heute verbessern.
Heute. Diesen Moment. JETZT.
Das ist Gottes Geschenk an mich und alles, was ich habe.
Das Morgen – mit all seinen Freuden und Sorgen, Triumphen und
Schwierigkeiten – ist noch nicht da.
Vielleicht wird das Morgen niemals kommen.
Deshalb werde ich mich nicht um das Morgen sorgen.
Das Heute hat Gott mir anvertraut.
Es ist alles, was ich habe. Ich werde mein Bestes geben.
Ich werde mich von meiner besten Seite zeigen.
Meinen Charakter, meine Talente, meine Fähigkeiten
werde ich heute für meine Familie, Freunde, Bekannten
und Gott einsetzen.
Ich werde herausfinden, welche Dinge heute
am wichtigsten sind
und diese Dinge tun, bis sie erledigt sind.
Und wenn dieser Tag dann Geschichte ist,
werde ich zufrieden auf das zurückblicken,
was ich erreicht habe.
Dann, und nur dann, werde ich Pläne für Morgen machen,
danach trachtend, es mit Gottes Hilfe sogar besser
als heute zu tun.
Dann kann ich in Frieden schlafen …
vollkommen zufrieden.“ [6]

## *Das fehlende Teilchen wurde entdeckt!*

Wenn wir etwas aus unserem Leben machen wollen, dann müssen wir uns auf das Heute konzentrieren, denn darin liegt der Erfolg von morgen. Aber wie gewinnt man das Heute? Wie macht man das Heute zu einem genialen Tag, ohne dass er wieder in 1 000 Einzelstücke zerfällt?

> *„Das Geheimnis Ihres Erfolgs hängt von Ihren täglichen Tätigkeiten ab."*

Hier ist das fehlende Puzzlestück: *Das Geheimnis Ihres Erfolgs hängt von Ihren täglichen Tätigkeiten ab.*

Wie würde es Ihnen gefallen, jeden Tag …

… durch offene Türen zu gehen?
… fokussiert zu bleiben?
… sich bester Gesundheit zu erfreuen?
… Stabilität zu haben?
… einen Vorteil zu genießen?
… Ausdauer zu besitzen?
… Möglichkeiten wahrzunehmen?
… inneren Frieden zu verspüren?
… Erfüllung zu finden?
… sich großartig zu fühlen?
… Wegweisungen zu erhalten?
… zu lernen und zu wachsen?

Würde all das unser Heute nicht zu einem großartigen Tag machen?

Eigentlich kommt es nur darauf an, was man mit dem Heute tut. Wenn ich über Ihre tägliche „Agenda" spreche, dann meine ich damit *weder* Ihre To-do-Liste *noch* schlage ich Ihnen vor, einen bestimmten Kalender zu verwenden oder ein spezielles Computerprogramm, um Ihre Zeit zu verwalten. Ich konzentriere mich auf etwas Größeres.

Ich wünsche mir, dass Sie etwas beherzigen können, das vielleicht eine ganz neue Herangehensweise an Ihr Leben ist.

## Treffen Sie einmal eine Entscheidung … und setzen Sie diese täglich um

Es gibt nur eine Handvoll wirklich wichtiger Entscheidungen, die Menschen in ihrem gesamten Leben zu treffen haben. Überrascht Sie das? Die meisten Menschen verkomplizieren das Leben und verzetteln sich bei der Entscheidungsfindung. Mein Ziel war es stets, alles so einfach wie möglich zu halten. Ich habe alle großen Entscheidungen auf zwölf Bereiche reduziert. Habe ich diese einmal getroffen, muss ich mich nur noch darum kümmern, wie ich sie jetzt umsetze.

Haben Sie in diesen Schlüsselbereichen einmal eine Entscheidung getroffen – und setzen Sie diese täglich um –, können Sie Ihre Zukunft so gestalten, wie Sie sich diese erträumen. Erfolgreiche Menschen treffen schon früh die richtige Entscheidung und setzen sie dann täglich um. Und je früher das geschieht, desto erfolgreicher können sie werden. Menschen, die es verpassen, diese Entscheidung zu treffen und umzusetzen, schauen später oft voller Schmerz und Bedauern auf ihr Leben zurück – ganz egal wie talentiert sie sind oder wie viele Möglichkeiten sie einst gehabt haben.

> *„Erfolgreiche Menschen treffen schon früh die richtige Entscheidung und setzen diese dann täglich um."*

## *Das Bedauern am Ende*

Ein klassisches Beispiel für so jemanden ist Oscar Wilde. Er war ein Dichter, Schriftsteller, Romanautor und Kritiker – ein Mann mit unbegrenztem Potenzial. 1854 geboren, erhielt er Stipendien und konnte die besten Schulen Englands besuchen. Er konnte hervorragend Griechisch und erhielt am Trinity College für seine Studien Auszeichnungen. Er bekam den Newdigate-Preis und wurde als „First in Greats" (Der Beste der Besten) in Oxford geehrt. Seine Theaterstücke erreichten Weltruhm, er verdiente unglaublich viel Geld und war der Liebling Londons. Sein Talent schien grenzenlos. Karen Kenyon, die für das Magazin *British Heritage* schreibt, bezeichnete Wilde als den „zitierfähigsten Schriftsteller" seit Shakespeare. [7]

Und dennoch war er am Ende seines Lebens ein gebrochener und unglücklicher Mann. Seine leichtsinnige Lebensführung brachte ihn ins Gefängnis. Dort schrieb er auf, wie er selbst über sein Leben dachte:

> „Ich muss mir selbst eingestehen, dass ich mich ruiniert habe und dass niemand – ob klein oder groß – ruiniert werden kann, außer durch seine eigene Hand. Ich bin bereit, das zuzugeben. Ich versuche es zu sagen, obwohl Sie es vielleicht heute nicht glauben können. Diese mitleidlose Anklage bringe ich ohne Mitleid gegen mich selbst vor. Es ist schrecklich, was die Welt mir angetan hat, aber noch schrecklicher ist, was ich mir selbst angetan habe.
>
> Ich war ein Mensch, der als Vorbildfigur für die Lebensweise und Kultur meiner Altersgruppe fungierte. Ich hatte das bereits für mich selbst erkannt, als ich gerade zum Mann heranreifte, und dann später die Menschen um mich herum ebenfalls davon überzeugt. Nur wenige Männer hatten eine solche Position in ihrem Leben und erhielten auch noch diese Anerkennung dafür. Normalerweise wird dies erst wahrgenommen – wenn es denn überhaupt wahrgenommen wird –, wenn die Person und manchmal sogar die ganze Generation bereits

verstorben ist. Bei mir war das anders. Ich spürte es für mich selbst und überzeugte andere davon, es auch zu fühlen. Byron war eine Symbolfigur, aber er beschäftigte sich mit den Leidenschaften seines Zeitalters und der Ermüdung der Leidenschaft. Ich beschäftigte mich mit nobleren, anhaltenderen, lebenswichtigeren Dingen, die mehr Gewicht hatten.

Die Götter hatten mir beinahe alles gegeben. Doch ich ließ mich in den Bann bedeutungsloser und lüsterner Bequemlichkeit ziehen. Ich genoss es, ein Flaneur zu sein, ein Dandy, ein Mann von Welt. Ich umgab mich mit weniger betuchten und weniger begabten Menschen. Ich verschwendete meine eigene Begabung, und meine ewige Jugend zu verprassen, gab mir ein seltsames Gefühl der Freude. Ich war es leid, ganz oben zu stehen, und begab mich freiwillig hinab auf der Suche nach dem neuen Kick. Das Paradoxe an diesem Gedankengang war, dass mich die Pervertiertheit im Bereich meiner Leidenschaft ereilte. Die Sehnsucht war am Ende eine Krankheit oder Wahnsinn – vielleicht auch beides. Mir wurden die Leben der anderen um mich herum egal. Ich nahm mir, was ich wollte und ging weiter. Ich vergaß, dass *jede kleinste heutige Handlung den Charakter stärkt oder schwächt* und dass gerade deshalb *all das, was man einst im Geheimen getan hatte, von den Dächern gerufen werden würde*. Ich hörte auf, mein eigener Herr zu sein. Ich war nicht mehr länger der Kapitän meiner Seele und bemerkte es nicht einmal. Ich erlaubte es den Gelüsten, mich zu dominieren. Ich habe mich erbärmlich blamiert. Und jetzt gibt es nur noch eines für mich: absolute Demut.“ [8]

(Betonung hinzugefügt)

Als Wilde erkannte, wohin ihn seine Unachtsamkeit für den jeweiligen Tag führen würde, war es bereits zu spät. Er verlor seine Familie, sein Vermögen, den Respekt vor sich selbst und seinen Lebenswillen. Er verstarb im Alter von nur 64 Jahren – pleite und ein gebrochener Mann.

Ich glaube daran, dass jeder die Kraft hat, auf das Endergebnis seines Lebens Einfluss zu nehmen. Und das erreicht man, indem man sich auf das Heute konzentriert. Benjamin Franklin bemerkte richtig: „Ein Heute hat den Wert von zwei Morgen; was ich in Zukunft werden soll, werde ich gerade jetzt." Sie können das Heute zu einem guten Tag machen. Sie können es tatsächlich zu einem Meisterwerk machen! Genau darum wird es im nächsten Kapitel gehen.

> *„Ein Heute hat den Wert von zwei Morgen; was ich in Zukunft werden soll, werde ich gerade jetzt."*

KAPITEL 2

# Das Heute kann ein Meisterwerk werden

Wie würden Sie Ihr Leben beschreiben? Erreichen Sie, was Sie sich wünschen? Vollenden Sie die Dinge, die für Sie wichtig sind? Würden Sie sich selbst als einen vollen Erfolg bezeichnen? Wie sehen Ihre Prognosen für die Zukunft aus?

Wenn ich zu Ihnen kommen und mit Ihnen einen einzigen Tag verbringen könnte, könnte ich Ihnen sagen, ob oder ob Sie nicht erfolgreich sein werden. Sie könnten sich den Tag aussuchen. Wenn ich mit Ihnen am Morgen aufstehen und mit Ihnen durch den Tag gehen würde und Sie einfach nur 24 Stunden lang beobachten könnte, könnte ich Ihnen sagen, in welche Richtung sich Ihr Leben bewegt.

Immer wenn ich in meinen Seminaren über diesen Punkt spreche, reagiert mein Publikum sehr deutlich. Einige gehen sofort in Abwehrhaltung und denken, dass ich sie zu voreilig beurteilen würde. Einige regen sich darüber auf, weil sie finden, dass ich arrogant bin. Andere wieder sind einfach interessiert, weil sie wissen möchte, wie ich dazu komme, eine solche Aussage zu treffen.

## *Der entscheidende Vorteil des Heute*

Die Antwort liegt in dem, was ich im vorherigen Kapitel bereits erwähnte. Das Geheimnis Ihres Erfolgs wird durch Ihre tägliche Agenda bestimmt. Wenn Sie ein paar Schlüsselentscheidungen treffen und es schaffen, diese Tag für Tag umsetzen, dann werden Sie Erfolg haben.

Sie werden Ihr Leben nie verändern – bis Sie verändern, was Sie täglich tun. Wissen Sie, Erfolg erzielt man nicht einfach so im Leben. Und um dies auch zu erwähnen: Genauso wenig kommt es nicht einfach so zum Misserfolg. Beides ist ein Prozess. Jeder Tag Ihres Lebens ist bloß die Vorbereitung auf den nächsten. Mit anderen Worten:

> *„Sie werden Ihr Leben nie verändern – bis Sie verändern, was Sie täglich tun."*

### Sie bereiten sich auf etwas vor

Die Art, wie Sie heute Ihr Leben gestalten, bereitet Sie auf Ihr Morgen vor. Die Frage ist: Auf was bereiten Sie sich vor? Bereiten Sie sich auf Erfolg oder Misserfolg vor? Mein Vater sagte stets: „Du kannst entweder heute den Preis bezahlen und es dir morgen gut gehen lassen oder du kannst es dir heute gut gehen lassen und morgen den Preis dafür bezahlen. Aber egal wie: Du wirst bezahlen müssen." Der Gedanke dahinter ist der: Man kann es sich heute gut gehen lassen, es locker angehen und heute machen, was immer man möchte. Wenn man das allerdings tut, dann wird das Leben später härter werden. Umgekehrt: Wenn man heute hart arbeitet, also im Vorhinein, dann wird man in der Zukunft die Ernte dafür einfahren.

Auch in der alten Geschichte von der Ameise und dem Grashüpfer geht es darum. Während des Sommers und Herbstes arbeitet die Ameise unermüdlich, um Nahrung zu sammeln. Doch der Grashüpfer genießt den ganzen Sommer. Setzt dann der Winter ein, zieht sich die Ameise in ihr Heim zurück und genießt das Leben. Sie hat den Preis dafür bezahlt. Nun ist es Zeit für den Grashüpfer, der zu Beginn die Zeit verspielt hat, den Preis zu bezahlen. Er verhungert in der Kälte, da er sich auf den Misserfolg vorbereitet hat, nicht auf den Erfolg. Er hat nicht verstanden, dass die einzig richtige Vorbereitung auf das Morgen darin besteht, das Heute richtig zu nutzen.

*„Die einzig richtige Vorbereitung auf das Morgen besteht darin, das Heute richtig zu nutzen."*

Eine Art, wie ich für eine bessere Zukunft „bezahle", besteht darin, Zitate und Gedanken zu archivieren. Schon als ich 17 war, wusste ich, dass ich einmal Pastor werden würde. Und ich wusste auch, dass das bedeutete, dass ich jede Woche meines Lebens vor Menschen sprechen und für sie schreiben würde. Und wenn Sie jemals innerhalb eines Jahres mehr als 100 interessante Reden vorbereitet haben, dann wissen Sie, wie herausfordernd es ist, ständig gute, neue Inhalte für sein Publikum zu finden.

1964 begann ich damit, regelmäßig zu lesen – ständig mit wachsamem Blick für jedes gute Zitat, für Ideen und Illustrationen für meine Predigten und Lehreinheiten. Immer wenn ich gutes Material (egal zu welchem Thema) fand, dann schnitt ich die Stelle aus, entschied, unter welchem Sammelbegriff ich es einordnete, und heftete es ab. Diese Tätigkeit führte ich in den letzten 40 Jahren jeden Tag aus!

Macht das Freude? Nicht nur. Oftmals ist die Arbeit langwierig. Funktioniert es? Absolut! Die unzähligen Ordner in meinem Büro enthalten Tausende Zitate und sind Beweis genug für den Erfolg. Jedes Mal, wenn ich mich für ein Seminar vorbereite oder an einem Kapitel für ein Buch arbeite, gehe ich einfach zu meinen Ordnern und halte innerhalb von Minuten großartige Sprüche und Geschichten in Händen. Ansonsten müsste ich unzählige Stunden damit verbringen, nach hochwertigem Material zu suchen. Ich betrachte das Lesen und Abheften einfach als Preis, den ich jeden Tag für ein besseres Morgen bezahlen muss. Dies ist eine Art, sich auf Erfolg vorzubereiten.

## Die Vorbereitung von heute gibt die Sicherheit von morgen

Ich versuche stets, den heutigen Tag als Vorbereitung für die Zukunft zu betrachten, und das Ergebnis besteht darin, dass mein Weg für ein erfolgreiches Morgen geebnet wird. Ein großer Vorteil dieser Denkweise ist die Sicherheit. Erinnern Sie sich an Ihre Schulzeit: Bereiteten Sie sich jemals so fleißig auf eine Prüfung vor, dass Sie absolut sicher wussten, dass Sie diese bestehen würden, schon wenn Sie das Klassenzimmer betraten? Oder studierten Sie jemals ein Lied ein oder übten eine bestimmte Wurftechnik beim Basketball so oft, dass Sie einfach *wussten*, dass Sie es nicht verpatzen würden, wenn es so weit war?

Sie können dieselbe Sicherheit in Ihr tägliches Leben bringen, wenn Sie sich immer vor Augen halten, dass *das Heute zählt*! Joe Namath, ein legendärer Quarterback bei den New York Jets, beschrieb dies so: „Ich mache Folgendes: Ich bereite mich so lange vor, bis ich weiß, dass ich tun kann, was ich zu tun habe." Wenn Sie in Ihr Heute investieren, ist es so, als ob Sie Geld auf die Bank brächten. Es ist, als ob Sie für die morgige Prüfung lernten. Sie sind einfach besser auf die Herausforderungen des Lebens vorbereitet.

## Die Vorbereitung heute führt zum Erfolg von morgen

Vor Kurzem habe ich mit John Kotter, einem Professor an der Harvard Business School und Autor von *Das Pinguin-Prinzip*, gesprochen. Wir bereiteten uns gerade auf eine Livesendung vor Tausenden von Geschäftsleuten vor und ich schilderte ihm die Grundgedanken von *Das Heute zählt*. Darauf antwortete er: „Die meisten Menschen führen ihr Leben nicht selbst – sie akzeptieren ihr Leben." Und ich glaube, diese Aussage entspricht absolut der Wahrheit.

> *„Die meisten Menschen führen ihr Leben nicht selbst – sie akzeptieren ihr Leben."*
> – JOHN KOTTER

Es ist sehr schade, dass viele Menschen ihrem Leben passiv begegnen. Sie reagieren, anstatt zu agieren. Es ist, als ob sie immer auf etwas warteten. Aber das Leben ist keine Generalprobe. Sie werden keine zweite Chance bekommen, das Heute zu leben! Ich glaube, dass jeder von uns entscheidet, wie er dem Leben begegnet. Wenn Sie *pro*aktiv sind, dann fokussieren Sie sich auf die *Vorbereitung*. Wenn Sie *re*aktiv sind, dann fokussieren Sie sich zwangsläufig auf die *Nachbereitung*.

| ***Vorbereitung*** | ***Nachbereitung*** |
|---|---|
| hält Ihren Fokus auf dem Heute | veranlasst Sie, sich auf das Gestern zu fokussieren |
| vergrößert die Effizienz | verschlingt Zeit |
| vergrößert die Sicherheit | führt zu Entmutigung |
| spart Geld | erhöht die Kosten |
| bezahlt heute schon für morgen | bezahlt heute für gestern |
| bringt Sie auf ein höheres Niveau | wird zu einem Hindernis für Wachstum |

Um eine Person zu werden, die sich vorbereitet, halten Sie sich einfach an den Tipp von Benjamin Disraeli, britischer Premierminister im 19. Jahrhundert: „Das Geheimnis für Erfolg im Leben ist einfach: Seien Sie bereit, wenn Ihre Zeit gekommen ist."

> *„Das Geheimnis für Erfolg im Leben ist einfach: Seien Sie bereit, wenn Ihre Zeit gekommen ist."*
> – *Benjamin Disraeli*

## *Wie ein Meisterwerk entsteht*

Im Februar 2003 erfüllte sich ein Lebenstraum von mir: Ich durfte etwas Zeit mit meinem großen Vorbild John Wooden verbringen, dem Basketballtrainer, der in die UCLA Athletics Hall of Fame aufgenommen wurde. Später werde ich Ihnen noch mehr davon berichten. Eine seiner Aussagen lieferte mir das fehlende Puzzlestück dafür, wie wir uns im Heute verhalten sollten. Er ermahnte seine Spieler unaufhörlich, dass sie aus jedem Tag ein Meisterwerk machen sollten:

> „Als ich Basketball trainierte, spornte ich meine Spieler stets dazu an, ihr Bestes zu geben, an jedem Tag ein Stückchen besser zu werden und aus dem Training ein Meisterwerk zu machen. Zu oft werden wir von Dingen abgelenkt, die außerhalb unseres Einflussbereichs liegen. Man kann am Gestern nichts mehr ändern. Das Tor zum Gestern wurde geschlossen und der Schlüssel weggeworfen. Man kann nichts für morgen tun. Morgen muss erst noch kommen. Also machen Sie aus dem heute ein Meisterwerk! … Diese Regel ist im Leben noch viel wichtiger als im Basketball. Man muss sich jeden Tag dafür einsetzen, ein Stückchen besser zu werden. Indem wir uns selbst dieser Aufgabe tagtäglich über einen längeren Zeitraum verpflichten, werden wir *sehr viel* besser. Nur so werden wir uns dem Anspruch *der Beste zu sein, der wir sein können*, nähern." [1]

Ist es nicht reizvoll, aus dem Heute ein Meisterwerk zu machen? Nun stellt sich die Frage: Wie? Was braucht man dazu? Ich glaube, dass zwei Dinge Voraussetzung dafür sind, aus jedem Tag ein Meisterwerk zu machen: Entscheidungen und Disziplin! Sie sind wie die zwei Seiten einer Medaille; man kann sie auch als „Ziele setzen“ und „Ziele erreichen“ bezeichnen. Sie können nicht voneinander getrennt werden, denn ohne einander sind sie wertlos. Ich sage das, weil …

gute Entscheidungen – tägliche Disziplin<br>= ein Plan ohne Erfolg

tägliche Umsetzung – gute Entscheidungen<br>= Reglementierung ohne Belohnung

gute Entscheidungen + tägliche Disziplin<br>= ein Meisterwerk voller Potenzial

Die Zeit gibt jedem von uns die gleichen Möglichkeiten, aber wie wir mit der Zeit umgehen, ist nicht gleich. Zeit ist wie Marmor. Gibt man ihn einer durchschnittlichen Person, hat man am Ende einen … Marmorstein. Aber gib denselben Stein in die Hände eines Bildhauers und beobachte, was passiert! Der Bildhauer betrachtet den Stein mit den Augen eines Künstlers. Zuerst trifft er die Entscheidung, was er daraus macht. Dann übt er diszipliniert sein Handwerk aus, bis er den leblosen Stein in ein Meisterwerk verwandelt hat. Ich glaube, dass Sie und ich wie ein Bildhauer werden können. Wir können lernen, Meister unseres Handwerks zu werden, nicht der Steine, aber unseres Lebens!

## Gute *Entscheidungen* im Heute schenken uns ein besseres Morgen

Der Zusammenhang erscheint einfach, dass gute Entscheidungen grundlegend dafür sind, ein besseres Morgen zu schaffen. Dennoch ziehen viele Menschen nicht die Verbindung zwischen Misserfolg und ihren schlechten Entscheidungen. Einige Menschen treffen Entscheidungen, erleben die negativen Auswirkungen und fragen sich, warum es so scheint, als ob sie im Leben nicht vorankämen. Sie kommen einfach nicht darauf. Andere wissen, dass ihre Entscheidungen nicht die besten sind und treffen sie trotzdem. Dies trifft auf den Alkoholiker zu, der immer wieder exzessiv trinkt, oder jemanden, der in eine ausbeutende Beziehung nach der anderen gerät.

Niemand sagt, dass gute Entscheidungen immer einfach sind, aber sie sind notwendig für den Erfolg. Theodore Hesburgh, der frühere Präsident der University of Notre Dame ermahnte:

> „Man trifft keine Entscheidungen, weil sie *einfach* sind.
> Man trifft keine Entscheidungen, weil sie *günstig* sind.
> Man trifft keine Entscheidungen, weil sie *modern* sind.
> Man trifft Entscheidungen, weil sie *richtig* sind!"

Man fängt an, ein besseres Leben aufzubauen, indem man sich dazu verpflichtet, gute Entscheidungen zu treffen. Aber das alleine ist noch nicht genug. Sie müssen wissen, *was* für Entscheidungen Sie treffen müssen. Genau darüber habe ich sehr lange nachgedacht, mit vielen erfolgreichen Menschen gesprochen und die Liste der entscheidenden Bereiche für Erfolg auf zwölf reduziert. Ich nenne sie das ‚*Tägliche Dutzend*':

1. Einstellung: Ich wähle jeden Tag die richtige Einstellung und zeige sie.
2. Prioritäten: Ich lege täglich die wichtigen Prioritäten fest und handle danach.
3. Gesundheit: Ich kenne und befolge täglich die Grundsätze der Gesundheit.
4. Familie: Ich kommuniziere täglich mit meiner Familie und kümmere mich um sie.
5. Denken: Ich praktiziere und entwickle täglich gute Gedanken.
6. Verpflichtung: Ich gehe täglich angemessene Verpflichtungen ein und halte mich daran.

7. Finanzen: Ich verdiene täglich Geld und verwalte es entsprechend.
8. Glauben: Ich vertiefe und lebe täglich meinen Glauben.
9. Beziehungen: Ich gehe bewusst auf Menschen zu und investiere in bleibende Beziehungen.
10. Großzügigkeit: Ich plane täglich, Großzügigkeit zu leben, und bin ein Vorbild.
11. Werte: Ich beherzige täglich gute Werte und lebe danach.
12. Wachstum: Ich strecke mich täglich nach Wachstum aus und erfahre es.

Wenn Sie mit diesen zwölf Bereichen ein Fundament bauen, indem Sie die richtigen Entscheidungen treffen und diese täglich umsetzen, können Sie erfolgreich sein.

Bevor ich nun fortfahre, möchte ich eines vorwegnehmen: Bitte lassen Sie sich von der Länge der Liste nicht abschrecken. Ich versuche nicht, zwölf weitere Dinge auf Ihre tägliche To-do-Liste zu setzen. Ich schlage nur vor, dass Sie sich die Zeit nehmen, diese Bereiche gedanklich durchzugehen, und wegweisende Entscheidungen für Ihr ganzes Leben treffen. Sie können einen Bereich für immer abschließen und Sie werden sich nicht täglich wieder neu damit beschäftigen müssen. Und das ist gleich aus zwei Gründen eine gute Idee:

**1. Dieses Vorgehen nimmt die Emotion aus einer Entscheidung**: Wir treffen oft aus einer momentanen Emotion heraus Entscheidungen. Und wenn wir nicht aufpassen, dann treffen wir eine lebenswichtige Entscheidung aufgrund einer temporären Situation anstatt auf unseren Werten basierend. Oder wir begründen sie auf unseren Gefühlen. Andersherum: Wenn wir grundlegende Entscheidungen treffen, bevor wir dazu gezwungen sind, dann können wir diese treffen, ohne von unseren Emotionen beherrscht zu werden. Wenn wir auf diese Art vorgehen, dann werden wir sehr viel eher integere Entscheidungen treffen.

**2. Dieses Vorgehen macht es leichter, das Leben zu führen**: Wenn wir die kritischen Entscheidungen unseres Lebens bereits getroffen haben, dann müssen wir uns selbst nur noch anhand dieser Entscheidungen führen. Zum Beispiel: Nehmen wir an, Sie haben entdeckt, dass Sie ein krankhaftes Verlangen danach haben, zu spielen, und das wiederum veranlasst Sie dazu, große Mengen an Geld zu setzen und zu verlieren. Wenn Sie nun die Entscheidung treffen, jegliche Art von Spielen zu unterlassen, dann wird Ihre Aufgabe in der Zukunft darin bestehen, sich selbst unter dem Blickpunkt dieser Entscheidung zu führen. Das bedeutet vielleicht, jede Rennstrecke zu meiden, Las Vegas von der Reiseliste zu streichen und eine Einladung zum Poker bei Freunden abzusagen. Ist eine große Entscheidung einmal getroffen, dann muss man diese selten ein zweites Mal treffen.

Die erfolgreichsten Menschen sind jene, die ihre kritischen Punkte einmal klären und diese dann täglich umsetzen. Und je eher Sie die kritischen Bereiche festlegen, desto größer ist Ihr Potenzial für Erfolg.

*„Die erfolgreichsten Menschen sind jene,*
*die ihre kritischen Punkte einmal klären und*
*diese dann täglich umsetzen."*

## Die Disziplin, die man heute übt, wird für ein besseres Morgen sorgen

Die erste Zutat für Erfolg – gute Entscheidungen treffen – hat nicht wirklich einen Wert ohne die zweite: diszipliniert sein! Sehen wir der Wahrheit ins Gesicht: Jeder möchte schlank sein, aber niemand will eine Diät machen. Jeder möchte lange leben, aber nur wenige mögen sportliche Betätigung. Jeder möchte Geld haben, aber wenige wollen hart arbeiten. Erfolgreiche Menschen besiegen ihre Gefühle und nehmen

Angewohnheiten an, die Dinge zu tun, die erfolglose Menschen meiden. Die Stützen für Erfolg sind der Anfang und das Ende. Entscheidungen helfen uns beim Start. Disziplin hilft uns beim Endspurt.

*„Entscheidungen helfen uns beim Start. Disziplin hilft uns beim Endspurt."*

Die meisten Menschen wollen Schmerz vermeiden, doch Disziplin ist oft verbunden mit Schmerz. Aber wir müssen erkennen, dass es zwei Arten von Schmerz gibt, wenn es um unsere tägliche Lebensführung geht. Es gibt den Schmerz der Selbstdisziplin und den Schmerz des Bedauerns. Viele Menschen meiden den Schmerz der Selbstdisziplin, weil das der einfachere Weg ist. Was sie dabei nicht beachten, ist die Tatsache, dass der Schmerz der Selbstdisziplin nur momentan spürbar ist, aber die Belohnung dauerhaft.

Wenn wir die Entscheidung getroffen haben, zu versuchen, gesund zu sein, aber aufhören, uns zu bewegen, dann ist es wahr, dass wir 30 Minuten des Unwohlseins vermeiden. Aber anschließend fühlen wir uns schuldig, da wir die für uns richtige Entscheidung missachtet haben. Dann bedauern wir es, uns nicht bewegt zu haben. Und wenn wir die Bewegung dauerhaft meiden, bezahlen wir den Preis dafür später.

Auf der anderen Seite: Wenn wir die Disziplin aufbringen, 30 Minuten Sport zu treiben, dann fühlen wir uns *den ganzen Tag lang* gut. Das ist doch ein guter Tausch! Wir bekommen 16 Stunden gute Gefühle aufgrund 30 Minuten Arbeit. Und wenn wir kontinuierlich die Disziplin der Bewegung ausüben, dann erreichen wir eine gesundheitliche Belohnung, die uns buchstäblich das Leben retten – und verlängern – kann. Wenn wir uns dem Schmerz der Disziplin aussetzen, ist die Belohnung groß und unsere Möglichkeiten nehmen zu. Doch wenn wir wiederholt beim Thema Disziplin Kompromisse eingehen, dann erhalten wir nicht nur weniger Möglichkeiten, sondern das Bedauern wächst.

Ich verdanke meinen Eltern in diesem Punkt sehr viel, da sie mir Selbstdisziplin beigebracht haben. Sie nutzten einfach meine häuslichen Verpflichtungen, um sie mir zu vermitteln. Jeden Sonntag gab mir mein Vater eine Liste mit Aufgaben, die ich über die Woche hinweg zu erledigen hatte. Einige mussten an einem bestimmten Tag erledigt werden, wie zum Beispiel das Hinausstellen der Mülltonne, damit sie am nächsten Morgen geleert werden konnte. Andere konnte ich erledigen, wann immer es mir passte, solange sie bis Sonntagmittag erledigt waren. Am Anfang schob ich alle Aufgaben so lange wie möglich hinaus. So kam es, dass ich während einer Woche im Sommer so nachlässig war, dass ich vergessen hatte, den Keller bis zum vereinbarten Zeitpunkt aufzuräumen. Am Sonntagnachmittag packte die ganze Familie ihre Sachen, um schwimmen zu gehen, doch als ich mit meinem Handtuch zum Auto kam, fragte mich mein Vater: „John, hast Du den Keller aufgeräumt, so wie es ausgemacht war?"

Ich haderte einen Moment und gab schließlich zu: „Nein, habe ich nicht." Und dann fügte ich ganz schnell hinzu: „Aber ich mach es sofort, wenn wir vom Schwimmen zurückkommen."

Mein Vater sah mich an und sagte liebevoll, aber bestimmt: „So war es nicht abgemacht. Du hast dich dafür entschieden, die ganze Woche lang zu spielen, anstatt deine Aufgaben zu erledigen. Wir werden schwimmen gehen, aber du wirst zu Hause bleiben und den Keller aufräumen. Es tut mir leid, Junge, aber so sind die Regeln."

Ich verbrachte nun den Nachmittag damit, den muffigen Keller aufzuräumen, während mein Bruder und meine Schwester fröhlich schwammen und Spaß hatten. Damals beschloss ich, die „Aufschieberitis" aufzugeben! Ich wollte nie mehr die anschließende Belohnung verpassen. Jemand hatte harte Arbeit einmal so definiert: die Ansammlung all der einfachen Aufgaben, die wir nicht taten, als wir sie hätten tun sollen. Die Aufgaben erschienen mir nur halb so schwer, als ich damit aufhörte, sie vor mir herzuschieben. Und schnell fand ich heraus, dass ich die Woche umso besser genießen konnte, je schneller ich alle Arbeit erledigt hatte.

## *Der erste Schritt in Richtung Erfolg*

Der Anfang ist oft der schwerste Teil, wenn wir Veränderungen in unserem Leben vornehmen, ganz egal, ob es sich um einen Entzug, kontinuierliches Persönlichkeitswachstum, eine Diät oder ein Programm zum Zigarettenentzug handelt. Und weil wir bereits 1 000 Gründe im Hinterkopf haben, um eben *nicht* zu beginnen, möchte ich Sie ermutigen, indem ich Ihnen ein paar wirklich sehr verlockende Anregungen gebe, wie Sie beginnen können:

### Beginnen Sie bei sich selbst

Vor einigen Jahren bereiste ich Indien und hatte die Möglichkeit, das Haus von Mahatma Gandhi zu besuchen. Es war in ein Museum umgewandelt worden und neben seinen persönlichen Besitztümern waren auch einige Ausführungen aus seiner Zeit als Anführer der indischen Unabhängigkeitsbewegung zu sehen. Eine seiner Aussagen traf mich mitten ins Herz: „Sei selbst die Veränderung, die du in der Welt sehen möchtest." Was für eine wahrhaftige Aussage! So oft wollen wir die Welt verändern. Doch es ist viel einfacher, darüber zu philosophieren, was andere verändern müssten, als einfach die Ärmel hochzukrempeln und es selbst zu tun.

Wenn Sie das Bedürfnis haben, dass sich eine Ihnen nahestehende Person – etwa Ihr Partner, Ihr Kind, ein Freund oder ein Angestellter – verändern solle, dann werden Sie selbst ein Vorbild der Veränderung. Wenn dies geschieht …

… sammeln Sie Erfahrung, Sicherheit, Integrität und Einfluss.

… sind Sie mit sich selbst zufrieden. (So wie der bekannte Psychologe Dr. Phil McGraw sagen würde: „Sie müssen in erster Linie für sich selbst dort ankommen.")

… müssen Sie zuerst etwas zu geben haben, bevor Sie geben können.

Diese Lektionen habe ich schon früh im Leben auf die harte Tour lernen müssen. Damals habe ich oft versucht, die Menschen vorwärtszu*schieben*. Heute arbeite ich daran, die Menschen nach vorne zu *führen*, einfach indem ich selbst mit gutem Beispiel vorangehe.

## Beginnen Sie frühzeitig

Es gibt ein altes Sprichwort, dass Noah nicht wartete, bis sein Schiff erschien, er erbaute eines! Wenn Sie die Veränderung Ihres Lebens proaktiv angehen und frühzeitig beginnen, erhöhen Sie Ihre Chancen auf Erfolg – und Sie schaffen sich mehr Möglichkeiten für später.

Pat Summitt ist eine der Personen, die ich wirklich bewundere. Sie ist Basketballtrainerin der Damenmannschaft der University of Tennessee, ist zum Naismith-Women's-College-Trainier des Jahrhunderts ernannt und in die Basketball Hall of Fame aufgenommen worden und hat mit ihren Mannschaften sechs NCAA-Titel gewonnen. Als Cheftrainerin hat sie in mehr als 800 Spielen den Sieg errungen. Nur eine Handvoll anderer Trainer kann das von sich behaupten. Wie hat sie das erreicht? Nun, erst einmal ist sie einfach richtig gut! Niemand erreicht so viele Siege ohne Talent oder Siegeswillen. Aber ihr anderes Erfolgsgeheimnis ist: Sie hat schon mit 26 Jahren angefangen.

Wenn Sie nun die kommenden Kapitel lesen, werden Sie mit meiner eigenen Geschichte vertraut werden, und damit, wie ich selbst jede Entscheidung zu dem ‚*Täglichen Dutzend*' getroffen habe. Ich will darüber schreiben, da ich Ihnen den Prozess veranschaulichen und Ihnen zeigen möchte, dass ich auch selbst versuche, die Prinzipien, über die ich schreibe, zu leben. Und ich werde Ihnen davon berichten, wo ich Herausforderungen habe – denn ich möchte nicht vortäuschen, dass ich all das perfekt umsetze. Aber Sie werden auch herausfinden, dass ich das Glück hatte, viele dieser Entscheidungen schon sehr früh zu treffen:

vier Entscheidungen in meinen Jahren als Teenager

fünf Entscheidungen in meinen Zwanzigerjahren

zwei Entscheidungen in meinen Dreißigerjahren

eine Entscheidung in meinen Fünfzigerjahren

*Je früher ich die Entscheidung traf und mit Disziplin konsequent umsetzte, desto größer war die Auswirkung auf mein Leben. Genauso wird es für Sie sein!*

Wenn Sie noch jünger sind, haben Sie einen Vorteil, den ältere Menschen nicht haben. Je früher Sie beginnen, desto mehr Erfolgschancen haben Sie. Früh zu beginnen, ist, als ob Sie einen Vorsprung beim 100-Meter-Lauf erhalten. Das Ergebnis ist: Ihre Leistung könnte sogar die der hart arbeitenden Menschen, die vielleicht auch noch mehr Talent haben als Sie, übertreffen.

## Beginnen Sie im Kleinen

Je größer die Veränderung, desto einschüchternder mag sie wirken. Deshalb empfehle ich, klein anzufangen, denn fast jeder glaubt daran, einen kleinen Schritt bewältigen zu können. Das ist ermutigend. Wenn Sie etwas Kleines erreichen, werden Sie daran glauben, dass Sie auch den nächsten Schritt gehen können. Und ganz nebenbei: Niemand kann den zweiten Schritt tun, ohne den ersten gemacht zu haben, oder? Außerdem wird es Ihnen helfen, Ihre Aktivitäten nach Prioritäten zu ordnen und Ihre Energie richtig einzuteilen. Aber hier noch ein kleiner Tipp: Wenn Sie sich auf den Start vorbereiten, erwarten Sie nicht, alles bereits zu können, was sie dazu benötigen, um ganz nach oben zu kommen. Konzentrieren Sie sich einfach auf den nächsten Schritt.

## Beginnen Sie jetzt gleich

Mein Freund Dick Biggs, Autor des Buches *Burn Brightly Without Burning Out*, pflegt zu sagen: „Die größte Lücke im Lebens ist die zwischen Wissen und Tun." Tief in uns wissen wir alle, dass wir anfangen müssen, wenn wir uns verändern und wachsen wollen. Dennoch zögern wir manchmal. Deshalb sagte Maureen Falcone: „Die meisten Menschen versagen beim Start.“

Vor einigen Wochen schickte mir Sammy Poole eine E-Mail und deren Inhalt traf genau das Wesen all der Entschuldigungen, die wir anführen, wenn es darum geht, etwas nicht zu beginnen, von dem wir wissen, dass wir es tun sollten. Ein kleiner Auszug:

> So höre doch auf zu warten …
>
> … bis das Auto oder Haus abbezahlt ist.
> … bis ein neues Auto oder Haus erworben ist.
> … bis die Kinder das Haus verlassen haben.
> … bis die Schule wieder beginnt.
> … bis die Schule beendet ist.
> … bis zehn Kilo abgenommen sind.
> … bis zehn Kilo zugenommen sind.
> … bis die Hochzeit gekommen ist.
> … bis die Scheidung durch ist.
> … bis die Kinder da sind.
> … bis die Rente da ist.
> … bis zum Sommer.
> … bis zum Winter.
> … bis zum Frühling.
> … bis du stirbst.

Sie haben vielleicht eine Million Gründe, um nicht sofort zu starten. Aber tief in Ihrem Inneren kann keiner so groß sein wie Ihr Verlangen nach Veränderung, Wachstum und Erfolg. In einem Monat, einem Jahr oder fünf Jahren werden Sie nur eines bedauern: dass Sie nicht heute angefangen haben! *Das Heute zählt.* Die Art und Weise, wie Sie den heutigen Tag leben, kann Ihr Leben wirklich verändern. Aber die erste Entscheidung, die Sie treffen müssen, ist die, zu beginnen!

## *Wie Sie diese Entscheidungen in Ihrem Leben Realität werden lassen*

Charles Schulz, der Zeichner der Peanuts, witzelte: „Das Leben ist einfacher, wenn man sich stets nur vor einem – nämlich *dem nächsten* – Tag fürchtet." Aber die Wahrheit ist, dass man sich vor keinem Tag fürchten muss, wenn man in allen entscheidenden Bereichen Entscheidungen trifft und die nötige Disziplin aufbringt. Sicherlich haben Sie schon festgestellt, dass jedem Bereich des ‚*Täglichen Dutzend*' ein eigenes Kapitel dieses Buches gewidmet ist. Beginnen Sie folgendermaßen, nachdem Sie die Kapitel gelesen haben, um aus dem Heute ein Meisterwerk zu machen:

### Überdenken Sie Ihre Entscheidungen und fragen Sie sich: „Welche guten Entscheidungen habe ich bereits getroffen?"

Ohne Zweifel haben Sie bereits einige Entscheidungen getroffen, um die es hier geht – einige vielleicht, ohne es überhaupt zu wissen. Über andere haben Sie eventuell schon lange nachgedacht. Mag sein, dass Sie manche Entscheidungen sogar schon an irgendeinem Punkt in Ihrem Leben schriftlich festgehalten haben. Beginnen Sie den Prozess, indem Sie die positiven Schritte, die Sie bereits gemacht haben, herausfiltern und anerkennen. Am Ende jedes Kapitels werde ich Sie auffordern, genau das zu tun.

### Identifizieren Sie die Entscheidungen, die Sie noch zu treffen haben

Sicher gibt es auch Bereiche, die Sie bisher noch nicht betrachtet haben. Während Sie lesen, werden Sie vielleicht herausfinden, dass es ein paar Dinge gibt, von denen Sie gedacht haben, dass Sie diese bereits festgelegt haben, aber nun ist es doch nicht so. Werden Sie dadurch nicht entmutigt, sondern gestehen Sie sich ein, dass Sie sich verändern müssen.

Sie können sich in keinem Bereich Ihres Lebens verbessern, wenn Sie diesen nicht auf Ihrem Radar haben.

## Wählen Sie eine dieser Entscheidungen aus und nehmen Sie sich vor, sie in dieser Woche zu treffen

Wenn es um Veränderung geht, dann gibt es nur drei Persönlichkeitstypen:

1. Jene, die nicht wissen, was sie tun sollen.
2. Jene, die wissen, was zu tun ist und es trotzdem nicht tun.
3. Jene, die wissen, was zu tun ist und genau das durchziehen.

Dieses Buch wurde geschrieben, um Ihnen dabei zu helfen, zur dritten Gruppe zu gehören.

Ich habe versucht, dieses Buch so durchdacht zu schreiben, dass auch diejenigen, die sich zu einem der zwölf entscheidenden Bereiche noch nie Gedanken gemacht haben, alles haben, um diesen in Angriff zu nehmen und daraus einen Aktivposten für Erfolg zu machen. Dennoch besteht die Gefahr eines solchen Buches immer darin, dass so viele Dinge angesprochen werden, dass man versucht ist, in zu viele Richtungen gleichzeitig zu laufen. Konzentrieren Sie sich deshalb stets nur auf einen Bereich, um den größtmöglichen Nutzen daraus zu ziehen. Und erinnern Sie sich daran: Wenn es um die großen Lebensentscheidungen geht, dann werden Sie sich auf diese Weise nie wieder damit auseinandersetzen müssen, sobald die Entscheidungen getroffen sind.

## Erlernen Sie die Disziplin, die jede Entscheidung nach sich zieht

Die meisten von uns sind fähig, gute Entscheidungen zu treffen, sobald sie wissen, worum es geht. Aber Charakter und Ausdauer entscheiden darüber, was passiert, *nachdem* die Entscheidung getroffen wurde. Um Ihnen bei der Umsetzung in den jeweiligen Bereichen zu helfen, empfehle ich Ihnen gerne verschiedene Übungen, damit Sie die Entscheidungen in Ihrem Leben gut verwirklichen können.

Wenn Sie nun fortfahren, behalten Sie stets im Blick, dass es etwas länger braucht, Disziplin in Ihr Leben zu integrieren, als es braucht, eine Entscheidung zu treffen. Wenn Sie bisher ohne viel Selbstdisziplin gelebt haben, werden Sie noch etwas länger brauchen. Wenn Sie bereits sehr diszipliniert sind, werden Sie weniger Zeit brauchen. Aber ein Sieg der Disziplin in einem Lebensbereich wird Sie beflügeln und Ihnen helfen, auch in anderen Bereichen zu siegen.

### Wiederholen Sie den Prozess, bis Sie jeden Bereich des ‚*Täglichen Dutzend*' unter Kontrolle haben

Sobald Sie eine Entscheidung gefestigt haben und auch bereits Disziplin darin aufbringen, wenden Sie sich der nächsten zu. So mache ich es auch – und ich muss zugeben, dass ich immer noch daran arbeite. Zum Beispiel habe ich die Entscheidung für regelmäßige sportliche Betätigung erst in meinen Fünfzigerjahren getroffen und an der Disziplin darin übe ich immer noch. Bin ich also durch? Nein, ich kämpfe den Kampf immer noch. Mit der Zeit werde ich besser, ich befinde mich in einem andauernden Prozess. Und während ich danach strebe vorwärtszukommen, halte ich mir immer vor Augen, dass das, was ich in der Zukunft tun werde, davon abhängt, was ich bereits bin; und was ich bin, ist das Resultat all der vorangegangenen Jahre der Disziplin.

## *Sein Leben ist ein Meisterwerk*

Ich habe bereits erwähnt, dass ich mir den Lebenstraum erfüllt habe, einen halben Tag mit John Wooden zusammen zu sein. Er ist ein erstaunlicher Mensch. Mehr als 40 Jahre lang coachte er Basketballteams. Und in all den Jahren hatte er nur eine Saison mit mehr Niederlagen als Siegen (seine erste). Er führte seine UCLA-Teams zu vier ungeschlagenen

Saisons und errang den Rekord, zehn NCAA-Meisterschaften als Sieger zu beenden, davon sieben hintereinander. Kein Wunder, dass er als Zauberer von Westwood (einer Vorstadt Los Angeles, wo sich auch der Campus der UCLA befindet) bezeichnet wird.

Bevor ich ihn traf, studierte ich drei Wochen lang all seine Bücher und verschlang jede Art von Information, die ich über ihn finden konnte. Dann traf ich mich am vereinbarten Tag mit ihm zum Mittagessen in einem kleinen Restaurant in der Nähe seines Hauses. Als wir uns trafen war er 92 Jahre alt. Würde man sich nur mit ihm unterhalten, würde man ihm das Alter nicht anmerken. Er war sehr aufmerksam und sehr direkt!

Während wir aßen, stellte ich ihm bestimmt 1 000 Fragen und er beantwortete freundlich jede einzelne. Ich wollte so viel wie möglich über seine Art der Leadership herausfinden. Ich wollte wissen, woran es seiner Meinung nach lag, dass er fähig war, so zu gewinnen, wie er gewonnen hatte. Er antwortete, dass er vier Dinge für ausschlaggebend hielt: Die Spieler zu analysieren (1), sie dazu zu bringen, ihre Rolle im Team zu erfüllen (2), die Richtlinien und Details zu beachten (3) und gut miteinander umzugehen (4). Ich fragte ihn auch, was er an seiner Zeit als Trainer am meisten vermisste, und seine Antwort überraschte mich zuerst: „Das Training", sagte er. Es war also nicht der Beifall oder die Championship. Und dann erinnerte ich mich an einen Auszug, den ich vor unserem Treffen in einem seiner Bücher gelesen hatte. Später las ich diesen noch einmal:

> „Ich wurde oft danach gefragt, wann ich begann davon zu träumen, eine nationale Meisterschaft zu gewinnen. Geschah dies schon in meiner Zeit beim Indiana State Teachers College oder nachdem ich bei der UCLA angekommen war? Vielleicht als ich in meiner Collegezeit spielte? Ich träumte nie davon, eine nationale Meisterschaft zu gewinnen.
>
> Ich träumte jedes Jahr von dem Versuch – wenn man es so ausdrücken möchte –, das beste Basketballteam hervorzubringen, das wir sein konnten. Meine Gedanken waren stets auf die Vorbereitung gerichtet,

auf unsere Reise, nicht auf das Ergebnis all der Bemühungen (wie zum Beispiel das Gewinnen der nationalen Meisterschaft). Das hätte meine Aufmerksam einfach nur auf die falschen Bereiche gelenkt und ich hätte auf etwas gehofft, das außerhalb meiner Kontrolle lag. Hoffen lässt es nicht Wirklichkeit werden.

Mischen Sie Idealismus mit Realismus und fügen Sie Fleiß hinzu. Das bringt oftmals viel mehr hervor, als Sie jemals zu hoffen gewagt hätten." [2]

Wir sprachen weiter über das Training und er sagte: „Beim Training legt man das Erfolgslevel fest. Ich sagte meinen Spielern immer wieder: ‚Man muss jeden Tag 100 % geben. Was man heute nicht gibt, kann man morgen nicht aufholen. Gibt man heute nur 75 %, kann man morgen nicht 125 % geben, um es wieder gutzumachen.'"

Als ich ihm so zuhörte, festigte sich in mir etwas. Bevor ich Coach Wooden traf, *wollte* ich *Das Heute zählt* schreiben. Nach dem Treffen fühlte ich, dass ich es schreiben *musste*. Alles, was er ausführte schien meine Meinung zu unterstreichen, dass der Erfolg von morgen in meinen Tätigkeiten von heute gefunden werden kann.

Nach unserem Essen lud mich Trainier Wooden noch zu sich nach Hause ein, einem kleinen, unscheinbaren Ort. Ich war sehr aufgeregt, als er mich in sein Büro führte. Es hatte Tausende von Auszeichnungen und Erinnerungsstücken an den Wänden, so viele, dass man kaum die Tapete darunter erkennen konnte. Und immer wenn ich zu einem Gegenstand etwas fragte, lenkte er von sich selbst ab und verwies die Anerkennung auf sein Team. Dann las er mir noch Gedichte vor und seine Liebe zu den Versen wurde dadurch erkennbar, dass er jedes mit großer Leidenschaft vortrug. Nach einer Stunde meinte er: „Nur noch eines." Und dann las er mir ein Gedicht von Swen Nater, einem seiner früheren Spieler, vor:

„Ich sah einmal Liebe, ich sah sie glasklar.
Sie kannte keine Grenze. Sie hatte keine Angst.

Sie gab sich selbst, ganz unbedacht.
Ganz ohne Vorbehalt.
Sie schien sich so frei zu zeigen.
Sie schien besessen, instrumentierend.
Eine Symphonie, erschaffen, um zu geben.
Komponiert, um dem in Not aufzuhelfen.
Die Bedürfnisse der anderen zu sehen, war ihr erklärtes Ziel.
Egal, was der Preis dafür auch sein würde.
Es war schon sonderbar, wie viel Achtsamkeit in ihr steckte.
Sie erkannte die Sorgen ihres Nächsten.
Und rastete nie bis zu dem Tag,
an dem sie helfen konnte, die Sorgen zu beseitigen.
Die Freude darüber bleibt und verblasst nicht.
Bis die Aufgaben der Segnungen vollendet sind.
Ich hab die Liebe einmal gesehen. Sie war nicht vorgetäuscht.
Es war mein Trainer. Er ist mein Freund." [3]

Die Zeilen berührten mich und ich erwähnte, dass ich Swen kannte, da unsere Töchter zusammen zur Schule gegangen waren. „Er ist ein guter Mann und war ein guter Ballspieler", erläuterte Trainer Wooden. „Wissen Sie, viele meiner Spieler besuchen mich auch heute noch."

Wir sprachen noch etwa eineinhalb Stunden und ich spürte, dass es langsam Zeit war zu gehen. Doch bevor ich dies tat, fragte ich noch: „Ich habe gelesen, dass Sie immer etwas bei sich tragen, das Sie an Ihre Grundsätze erinnert. Dürfte ich das einmal sehen?"

Er antwortete: „Ich gebe Ihnen auch eine."

Er zog eine kleine Karte hervor, eine Kopie von der, die er stets bei sich trug, und signierte sie für mich. Auf der Karte stand: „Erfolg ist: Frieden im Herzen zu haben. Dieser ist das Resultat von Zufriedenheit mit sich selbst, die daher kommt, dass man alles dafür getan hat, der Beste zu werden, der man sein kann."

Ich bedankte mich für seine Zeit und ging, dankbar dafür, dass ich die Möglichkeit hatte, mit einer Person, die ich als Trainer, Leader und Mensch sehr respektierte, zusammen zu sein und von ihr lernen zu dürfen. Als ich zu meinem Auto zurückging, sah ich auf die Karte und da stand, neben ein paar anderen Kernaussagen von John Wooden: „Mache jeden Tag zu einem Meisterwerk!"

## *Anwendung und Übungen*

Da ich nicht die Möglichkeit habe, einen Tag mit ihnen persönlich zu verbringen, werde ich Ihnen nun die Fragen stellen, die ich ihnen stellen würde, wenn wir zusammen wären:

1. Ist Ihre heutige Einstellung ein Plus oder ein Minus?
2. Halten Ihre heutigen Prioritäten Sie fokussiert?
3. Befähigt Sie Ihre heutige Gesundheit dazu, Erfolg zu haben?
4. Ist Ihre heutige Familiensituation eine Stütze für Sie?
5. Ist Ihre heutige Denkweise überlegt und produktiv?
6. Haben Sie Ihre heutigen Verpflichtungen eingehalten?
7. Waren Ihre heutigen finanziellen Entscheidungen durchdacht?
8. Haben Sie heute Ihren Glauben gelebt?
9. Haben Sie heute Ihre Beziehungen gefestigt?
10. Haben Sie heute mit Ihrer Großzügigkeit anderen einen Nutzen gebracht?
11. Waren Ihre Werte heute für Sie ein Wegweiser?
12. Macht Ihr persönliches Wachstum Sie heute ein Stückchen besser?

Nehmen Sie sich bitte die Zeit, sich genau mit diesen Fragen auseinanderzusetzen, und seien Sie ehrlich mit sich selbst. Sie werden während der nächsten Kapitel noch etwas mehr Zeit haben, sich damit zu beschäftigen.

Ich wünsche mir, dass Sie den Prozess als Ganzes sehen und nacheinander jeden einzelnen Bereich betrachten. Jedes Kapitel wird mit dem Teil ‚*Anwendung und Übungen*' abschließen, um Ihnen zu helfen, sich in dem jeweiligen Bereich zu verbessern. Am Ende des Buches werde ich Ihnen außerdem eine Art Plan mitgeben, den ich Ihnen auch aushändigen würde, wenn ich persönlich bei Ihnen wäre.

KAPITEL 3

# Meine heutige Einstellung schenkt mir Möglichkeiten

Ist es für uns Menschen überhaupt möglich, Erfolg zu haben ohne eine gute Einstellung? Die Antwort lautet ja. Aber die Einstellung entscheidet darüber, wie sehr man den Erfolg genießt. Ich las einmal die Zusammenfassung einer Rede von Clarence Darrow in Lincoln, Nebraska, in der stand: „Wenn ich ein junger Mann Mitte zwanzig wäre und wüsste, was ich heute weiß, dann würde ich mich umbringen." Darrow ist ein erfolgreicher Anwalt und Autor, aber würde man nur dieses eine Statement von ihm kennen, könnte man meinen, dass er eine sehr düstere Einstellung hat.

Sigmund Freud war ein anderes Beispiel für eine Person, die zwar eine schlechte Einstellung, aber trotzdem Erfolg hatte. Als Vater der modernen Psychotherapie wurde er schon zu Lebzeiten als bahnbrechendes Genie bejubelt, schrieb zahlreiche Bücher und hatte Einfluss auf mehrere Generationen Ärzte, Künstler und Denker. Doch bereits von seinen Teenagerjahren an war er pessimistisch, skeptisch und oft depressiv.

Armand M. Nicholi Jr., ein mit mir befreundeter Professor der klinischen Psychiatrie an der Harvard Medical School, lehrte 30 Jahre lang über Sigmund Freud. Er schrieb auch ein Buch über Freud, in dem er den chronischen „Pessimismus, Dunkelheitszustand und die Freudlosigkeit", die in Freuds Briefen und seiner Autobiografie sichtbar wurden, erklärte. Freud versuchte bereits mit 28 Jahren seinem Leid durch die Einnahme von Kokain zu entfliehen [1] und glaubte, dass es schwer sei, Freude zu erfahren, und dass es das Schicksal vieler Menschen sei, unglücklich zu sein. Er bemerkte:

> „Wir sind aus drei verschiedenen Richtungen vom Leid bedroht: von unserem eigenen Körper, der zur Vergänglichkeit und zum Zerfall verdammt ist und der nicht einmal ohne Schmerz und Angst als Warnsignale funktionieren kann; von der Welt des Übernatürlichen, die sich aufrichtet und mit überwältigenden und ungnädigen Kräften der Zerstörung gegen uns wütet; und schließlich von unseren Beziehungen zu unseren Mitmenschen. Und das Leid, das wir von letzterer Gruppe erfahren, ist vielleicht schmerzhafter als alles andere." [2]

Und in seinem Buch *Civilization and Its Discontents* schrieb Freud: „Warum sollte ein langes Leben für uns schön sein, wenn es schwer und voller versagter Freuden ist, und voller Leid, sodass wir oftmals den Tod als Erlösung herbeisehnen?" [3] Ohne Zweifel beeinflusste seine Einstellung und nicht seine Leistung seine Perspektive auf das Leben. Er war eine bemitleidenswerte Persönlichkeit, die ihr ganzes Leben lang unglücklich war. Das Traurige dabei war: Er selbst hatte seine Unzufriedenheit gewählt.

## *Warum unsere Einstellung heute wichtig ist*

Obwohl es Menschen mit großem Talent und Leistungswillen möglich ist, trotz schlechter Einstellung viel zu erreichen, geschieht dies nur selten und man braucht unglaublich viel Kraft dazu. Selbst wenn sie bis zu einem gewissen Grad erfolgreich werden, sind diese Personen nicht glücklich. (Und sie machen die Menschen um sich herum ebenfalls unglücklich.) Doch oft ist es so, dass Menschen mit schlechten Einstellungen gar nicht erst weit kommen im Leben.

Auf der anderen Seite können ganz durchschnittliche Menschen Großes vollbringen, wenn ihre Einstellungen großartig sind. Denis Waitley stellte in *The Winner's Edge* fest: „Der Erfolgsfaktor der Gewinner liegt nicht in deren Geburt, einem hohen IQ oder im Talent. Er liegt in deren Einstellung, nicht im Geschick. Die Einstellung ist der Erfolgsfaktor! Aber man kann seine Einstellung nicht für eine Million kaufen. Einstellungen gibt es nicht zu kaufen."[4]

Ich will nun darauf eingehen, warum die Einstellung einen solchen Unterschied bedeutet:

## Ihre Einstellung zu Beginn einer Aufgabe entscheidet mehr über deren Ausgang als alles andere

Sie haben bestimmt schon die Aussage gehört: „Alles ist gut, wenn nur das Ergebnis stimmt." Ich glaube Folgendes ist genauso wahr: „Alles ist gut, was gut beginnt!" Schauen Sie sich einmal erfolgreiche Menschen an und Sie werden feststellen, dass alle diese Wahrheit umsetzen, egal, ob es sich um einen Arzt auf dem Weg zu einer OP handelt, einen Trainer, der sein Team für ein Spiel vorbereitet, einen Pastor, der seine nächste Predigt schreibt, oder einen Geschäftsmann, der den nächsten großen Abschluss gedanklich durchgeht. Eine zuversichtliche Person erhöht ihre Erfolgschancen. Der Pessimist öffnet dem erwarteten Misserfolg die Tür.

Wie steht es um Ihre Einstellung zu Beginn einer neuen Erfahrung? Sind sie erfreut, vorsichtig oder gar negativ? Gibt es bestimmte Erfahrungen, aufgrund derer Sie sich schlecht fühlen? Wenn diese Erfahrungen in erfolgsentscheidenden Bereichen sind, dann müssen Sie Ihre Einstellung verändern. Charlie Wetzel arbeitet mit mir an meinen Büchern und hat kürzlich seine Einstellung in Bezug auf den Editierungsprozess geändert. Charlie glaubt, dass die meisten Menschen, die schriftstellerisch tätig sind, natürlicherweise einen Schwerpunkt setzen – entweder auf das Schreiben oder das Editieren. Er ist Texter und hat das Editieren nie besonders gemocht. Es erinnert ihn an die Zeit, als er als Englischlehrer die Aufsätze seiner Schüler korrigiert hat.

Als wir letztens dabei waren, an meinem Buch *There's no Such Thing as „Business" Ethics* zu arbeiten, bekam er das editierte Manuskript vom Verlag zurück und wurde gebeten, alle Änderungen nochmals durchzugehen und die Angaben genau zu überprüfen. Diese Aufgabe hasste er normalerweise, denn er glaubte, er würde dafür Zeit opfern, in der er eigentlich Schreiben sollte. Aber diesmal entschied er sich, seine Einstellung zu ändern, als er die Aufgabe anging. Anstatt die Aufgabe in kleinen Blöcken am Nachmittag (der Morgen ist für das Schreiben reserviert) zu erledigen, reservierte er eine ganze Woche für das Editieren und betrachtete diese Aufgabe als Chance, das Manuskript nochmals zu verfeinern und wieder ein Stückchen besser zu machen. Das Ergebnis war, dass er den ganzen Prozess mehr genoss und die Ergebnisse noch effektiver waren.

Wenn Sie etwas anpacken wollen – besonders etwas Wichtiges, das Sie nicht mögen –, dann konzentrieren Sie sich auf die Fakten, nicht auf Ihre Gefühle. Fokussieren Sie sich auf die Möglichkeiten, nicht auf die Probleme. Dadurch lenken Sie Ihre Einstellung in die richtige Richtung. Und wenn Sie schon mit der richtigen Richtung beginnen, dann ist es auch viel wahrscheinlicher, dass Sie am richtigen Ziel ankommen.

## Ihre Einstellung anderen gegenüber bestimmt oftmals deren Einstellung Ihnen gegenüber

Eine Mutter ging mit ihrer erwachsenen Tochter einkaufen und versuchte, noch Schnäppchen für die letzten Weihnachtseinkäufe zu bekommen. Als sie von Geschäft zu Geschäft gingen, beschwerte sich die ältere Dame über alles: die Menschenmassen, die billige Qualität der Waren, die Preise und ihre schmerzenden Füße. Als die Mutter in einem Geschäft in eine schwierige Situation mit einer Angestellten geriet, sagte sie zu ihrer Tochter: „Hier komme ich nie wieder her. Hast Du gesehen, wie unfreundlich sie mich angesehen hat?"

Die Tochter antwortete: „Das hat sie nicht, Mama. Du warst schon unfreundlich, als du hereingekommen bist."

Wenn wir miteinander kommunizieren, dann entscheidet oftmals unsere Einstellung über den Umgangston untereinander. Lacht man die Menschen an, wenn man ihnen begegnet, dann erwidern sie das Lachen meistens. Verhält man sich streitlustig, dann werden sie wahrscheinlich ebenfalls patzig. Wenn Sie vorwiegend schöne Begegnungen mit Menschen haben wollen, dann behandeln Sie andere gut. Das funktioniert öfter, als es dies nicht tut.

## Ihre Einstellung kann Ihnen die Perspektive eines Gewinners eröffnen

Am 28. Juni 1939 verteidigte Joe Louis seinen Titel im Schwergewicht gegen „Two Ton" Tony Galento im Yankee-Stadion. Galento war kein allzu talentierter Kämpfer, aber er konnte Schläge aushalten und harte Schläge verteilen. In der zweiten Runde brachte Louis Galento zu Fall und schien den Kampf zu dominieren, doch in der dritten Runde schlug ihn Galento einfach nieder.

Louis sprang sofort wieder auf die Füße und ging seinen Gegner erneut an. Als Louis in seine Ecke kam, rügte ihn sein Trainer: „Du weißt, dass du die volle Zeit abwarten sollst, wenn du zu Boden gehst. Warum hast du nicht bis neun gewartet?"

„Wieso sollte ich?", antwortete Louis: „Um ihm eine Chance zum Ausruhen zu geben?"

In der vierten Runde prügelte Louis so sehr auf Galento ein, dass der Schiedsrichter den Kampf unterbrach.

In unserer heutigen konkurrenzbetonten Kultur schaut jeder auf seinen Vorteil. Sowohl die Spitzensportler als auch die großen Unternehmer wissen, dass – wenn alle anderen Dinge gleich sind – die Einstellung entscheidet. Aber es ist auch wahr: Wenn nicht alles andere gleich ist, gewinnt manchmal trotzdem die Einstellung. Eine super Einstellung zu haben, ist eine Art Geheimwaffe.

*„Wenn alles andere gleich ist – gewinnt die Einstellung. Wenn nicht alles andere gleich ist, gewinnt manchmal trotzdem die Einstellung."*

## Ihre Einstellung – nicht Ihre Leistung – schenkt Ihnen Freude

Samuel Johnson, ein Poet und Kritiker im 18. Jahrhundert, meinte: „Derjenige, der so wenig Wissen über das menschliche Wesen hat, dass er das Glück darin sucht, alles zu verändern außer seiner eigenen Geisteshaltung, wird sein Leben mit fruchtlosen Bemühungen verschwenden und das Leid vergrößern, dem er entfliehen will." Er hat verstanden, dass Zufriedenheit innerlich entsteht und auf Einstellung basiert.

Die Gedanken in Ihrem Kopf werden immer wichtiger sein als die Umstände in Ihrem Leben. Ruhm und Reichtum sind vergänglich. Die Genugtuung über eine Leistung ist nur eine Momentaufnahme. Der Autor der biblischen Schrift Kohelet stellte fest: „Wer das Geld liebt, bekommt vom Geld nie genug; wer den Luxus liebt, hat nie genug Einnahmen." [5] Man kann Glücksempfinden weder kaufen noch gewinnen. Man muss sich dafür entscheiden.

## Ihre Einstellung ist ansteckend

Auch wenn es wahr ist, dass man seine Einstellung selbst wählt, muss man immer bedenken, dass die Entscheidungen, die man trifft, auch Auswirkungen auf die Personen im eigenen Umfeld haben. In meinem Buch *The 17 Indisputable Laws of Teamwork* geht es auch um das Gesetz des schlechten Apfels. Darin heißt es:

> „Einige Dinge sind innerhalb eines Teams nicht ansteckend: Talent. Erfahrung. Arbeitswille. Aber auf eines können Sie sich verlassen: Eine Einstellung ist ansteckend. Ist ein Teammitglied lernfähig und wird seine Hingabe durch eine Besserung belohnt, dann werden auch die anderen viel eher ähnliche Verhaltensweisen zeigen. Ist ein Leader inmitten entmutigender Umstände optimistisch, werden andere diese Stärke bewundern und ebenfalls so sein wollen. Bringt ein Teammitglied eine starke Arbeitsethik mit und fängt an, die anderen positiv zu beeinflussen, dann werden andere ihn nachahmen. … Menschen neigen immer dazu, die Einstellungen der Personen anzunehmen, mit denen sie Zeit verbringen – sie übernehmen deren Geisteshaltung, Glaubenseinstellungen und Herangehensweise an Herausforderungen.“ [6]

Fred Smith ist einer meiner Mentoren und hat mir einst gesagt, dass es in jeder Organisation immer zwei Arten von Menschen gibt: Verunreiniger und Reiniger. Verunreiniger sind wie Schornsteine, über die ständig schmutziger Rauch abgegeben wird. Sie hassen den klaren Himmel und egal, wie gut es gerade läuft, sie finden immer einen Weg, ihn zu verdunkeln. Sobald die Menschen um sie herum ihr Gift „einatmen“ fühlen sie sich schlechter und schlechter. Im Gegensatz dazu verbessern Reiniger alles um sich herum. Ganz egal, was für eine vergiftete Atmosphäre sie betreten. Sie nehmen genauso wie alle anderen in der Organisation die giftigen Worte auf, aber sie filtern die Worte, bevor sie diese weitergeben. Was in sie hineinkommt, mag vielleicht negativ und dunkel sein, aber wenn die Worte wieder herauskommen, sind sie frisch und klar.

Wenn Sie Zeit mit anderen verbringen, fühlen diese sich danach besser oder schlechter? Reinigen Sie die Luft und geben den Menschen eine klare Perspektive und positive Ermutigung? Oder gehen die Menschen wieder und fühlen sich niedergeschlagen? Beobachten Sie, wie die Menschen auf Sie reagieren; dadurch erfahren Sie, was für eine Person Sie sind.

Unterm Strich bedeutet das, dass eine gute Einstellung dabei hilft, seine eigenen Möglichkeiten auszudehnen. Pessimisten bekommen in der Regel das, was sie erwarten. Genauso ist es mit Optimisten. An sich zu glauben, verbessert die Erfolgschancen. In jeder Situation das Positive zu suchen, hilft dabei, die Möglichkeiten zu erkennen, die man sonst verpassen würde. Wenn man positiv auf andere Menschen zugeht, reagieren diese ebenfalls positiv – und Persönlichkeiten, die mit anderen gut umgehen, sind denen, die das nicht tun, immer einen Schritt voraus. Mir fällt kein einziger wirklicher Kritikpunkt in Bezug auf positives Denken ein – es gibt nur Vorteile!

### *Der Entscheidungsprozess: Wie man täglich die richtige Einstellung wählt und lebt*

Ich durfte im Jahr 1964, als ich gerade 17 Jahre alt war, erkennen, wie wichtig eine Einstellung ist. Don Neff, mein Basketballtrainer an der Highschool, nahm mich zu Beginn der Saison beiseite und sagte mir, dass er mich gerne als Kapitän für das Team hätte. Ich war begeistert, aber auch ein wenig überrascht, denn mein Mannschaftskollege John Thomas war ein viel besserer Spieler als ich. Doch im nächsten Satz erklärte mir Trainer Neff: „John, du hast die beste Einstellung im Team und das beeinflusst die anderen Spieler."

Nur wenige Wochen später wurde ich zum „Schüler des Monats" an meiner Schule nominiert. Warum? Wieder war es meine Einstellung. Meine Lehrer sagten, dass sie meine Einstellung schätzten. Da dämmerte es mir. Meine Einstellung veränderte mein Leben – und das hatte auch einen Einfluss auf die Menschen um mich herum. Zu dieser Zeit traf ich meine Entscheidung zum Thema Einstellung: ***Ich werde meine positive Einstellung stets beibehalten und dazu gebrauchen, um im Leben anderer eine positive Veränderung zu schaffen.***

> *„Viele Menschen heutzutage glauben fälschlicherweise, dass ihre Einstellung festgelegt ist."*

Viele Menschen heutzutage glauben fälschlicherweise, dass ihre Einstellung festgelegt ist. Diese ist so sehr zur Gewohnheit geworden, dass sie glauben, ihre Einstellung sei unveränderbar. Sie betrachten sie als eine „Karte" des Lebens, die ihnen zugespielt wurde und mit der sie nun umgehen müssen, wie zum Beispiel mit der Körpergröße oder dem Risiko einer Krebserkrankung aufgrund der Familiengeschichte. Aber das ist nicht wahr. Ihre Einstellung ist eine Entscheidung! Wenn Sie das Verlangen haben, Ihren Tag zu einem Meisterwerk zu machen, dann müssen Sie eine herausragende Einstellung haben. Wenn sie heute nicht gut ist, dann müssen Sie sie verändern. Treffen Sie eine Entscheidung! Und so funktioniert es:

## Übernehmen Sie die Verantwortung für Ihre Einstellung

Als meine Frau Margaret und ich gerade vier oder fünf Jahre verheiratet waren, besuchten wir eine Konferenz für Pastoren, bei der ich auch als Sprecher auftreten sollte. Margaret hatte sich einverstanden erklärt, eine Einheit zum Thema Partnerschaft zu übernehmen. Das Sprechen gehörte nicht zu ihren Leidenschaften so wie für mich. Sie machte es sehr gut, aber sie genoss es nicht sonderlich. Ich wollte sie unterstützen und besuchte deshalb ihre Stunde. Bei der Fragerunde stand eine Frau auf und wollte wissen: „Macht John Sie glücklich?"

Ich muss zugeben, dass ich ziemlich gespannt auf Margarets Antwort gewesen bin. Ich bin ein aufmerksamer Ehemann und ich liebe Margaret von ganzem Herzen. Würde sie dies nun großzügig honorieren?

„Macht John mich glücklich?", überlegte sie. „Nein, macht er nicht." Bei dieser Antwort suchten meine Augen schnell den nächsten Ausgang. Doch sie fuhr fort: „In den ersten zwei oder drei Ehejahren habe ich tatsächlich gedacht, dass es seine Aufgabe sei, mich glücklich zu machen. Aber er hat es nicht getan. Er hat mich nicht schlecht behandelt oder so. Er ist ein guter Ehemann. Aber niemand kann eine andere Person glücklich machen. Das ist meine eigene Aufgabe."

Schon als jung verheiratete Frau mit Anfang zwanzig hat sie etwas herausgefunden, das die meisten niemals lernen. Jeder von uns muss selbst die Verantwortung für seine Einstellung übernehmen. Wenn Sie möchten, dass der heutige Tag ein guter Tag ist, dann müssen Sie die Verantwortung dafür übernehmen, wie sie ihn betrachten.

## Entscheiden Sie sich dazu, schlechte Einstellungen zu verändern

Ich lese schon seit Jahren die *Peanuts* und bin immer schon ein großer Fan dieses Comics gewesen. Ich kann mich an eine Szene erinnern, in der Lucy feststellt: „Junge, fühl' ich mich heute mies."

Ihr kleiner Bruder Linus, der immer Angst davor hat, zu Hause seine Gefühle zu zeigen, sagt zu ihr: „Vielleicht kann ich dir helfen. Warum übernimmst du nicht meinen Platz vor dem Fernseher und ich mache dir einen kleinen Snack? Manchmal braucht es jeder von uns, ein bisschen verwöhnt zu werden, damit er sich wieder besser fühlt." Daraufhin bringt Linus ihr ein Sandwich, ein paar Schokoladenkekse und ein Glas Milch.

„Gibt es noch etwas anderes, das ich dir bringen kann?", fragt er. „Gibt es noch etwas, an das ich nicht gedacht habe?"

„Ja, es gibt etwas, das du nicht bedacht hast!", antwortet Lucy und schreit los: „Ich möchte mich gar nicht besser fühlen!"

In all den vielen Jahren, in denen Charles Schulz die *Peanuts* zeichnet, scheint dies immer eines von Lucys Problemen zu sein. Sie will sich in den Bereichen, in denen sie eine schlechte Einstellung hat, gar nicht verändern – und davon hat sie viele!

Viele Menschen sind genauso wie sie. Ich habe erwähnt, dass es Dinge im Leben gibt, die man nicht beeinflussen kann, wie zum Beispiel die Eltern, wo man geboren wird oder das Geschlecht. Aber die Einstellung kann man verändern. Jeder von uns hat zumindest ein paar Bereiche seines Denkens, die verbesserungsbedürftig sind. Wenn Sie einen besseren Tag haben wollen, dann sollten Sie sich diese Bereiche gut ansehen.

## Denken, handeln, reden und verhalten Sie sich wie die Person, die Sie werden möchten

Wenn Sie schon einmal das Erlebnis gehabt haben, 10 oder 20 Jahre nach dem Abschluss an einem Klassentreffen teilzunehmen, dann sind Sie wahrscheinlich überrascht von den Veränderungen einiger ehemaliger Klassenkameraden gewesen – der Außenseiter ist heute ein gefragter Anwalt, das Mauerblümchen zu einem Filmstar erblüht und der Freak hat ein größeres Unternehmen gegründet. Wie kommt es zu solchen Veränderungen? Diese Menschen haben ihr Denken über sich selbst verändert. Sie haben das Bild im Kopf, wie diese damals gewesen sind (oder wie Sie gedacht haben, dass sie seien). Sie aber haben sich selbst gesehen, wie sie sein *könnten*. Dann haben sie gelernt, sich so zu verhalten, und sich die Eigenschaften der Menschen angeeignet, die sie sein wollten. Diese Veränderung braucht normalerweise Zeit und oft ist sie für die Menschen, die ihnen täglich begegnen, kaum spürbar (so wie Eltern die Veränderungen des eigenen Babys anders wahrnehmen als andere). Für andere jedoch, die diese Person 10, 20 oder 30 Jahre nicht gesehen haben, erscheint die Veränderung wie ein Wunder, wie die Veränderung einer Raupe zum Schmetterling.

Wenn Sie das Verlangen haben, Ihr Leben zu verändern, beginnen Sie mit Ihrer Geisteshaltung. Glauben Sie daran, dass Sie die Verbesserung herbeiführen können, und daran, dass Sie sich zu der Person entwickeln können, die Sie sein möchten. Waldo Emerson sagt: „Was hinter uns liegt und was vor uns liegt ist winzig klein im Vergleich zu dem, was in uns liegt.“ Wenn sich Ihre Denkweise ändert, wird alles andere folgen.

> *„Was hinter uns liegt und was vor uns liegt ist winzig klein im Vergleich zu dem, was in uns liegt.“*
> – WALDO EMERSON

## Bringen Sie anderen Wertschätzung entgegen

Ein Geheimnis einer guten Einstellung ist, andere Menschen wertzuschätzen. Man kann nicht Abneigung gegenüber anderen Menschen empfinden und gleichzeitig eine gute Einstellung haben. Denken Sie einmal darüber nach: Haben Sie jemals einen Menschen getroffen, der andere Menschen schlecht behandelt, aber eine positive Einstellung hat? Genauso kann man nicht eine schlechte Einstellung haben und gleichzeitig andere ermutigen. Andere zu ermutigen, bedeutet, Menschen zu helfen, das Beste in sich selbst zu sehen, und zu versuchen, das Beste in ihnen hervorzubringen. Dieser Prozess verdrängt jeglichen negativen Gedanken in Ihrem Kopf.

> *„Man kann nicht eine schlechte Einstellung haben und gleichzeitig andere ermutigen."*

Ihre Begegnungen mit anderen bestimmen den Ton Ihres Tages. Es ist wie mit der Musik Ihres Lebens. Wenn Ihre Kommunikation mit anderen arm ist, dann ist es, als ob Sie misstönender Musik lauschen müssten. Wenn Sie jedoch andere Menschen wertschätzen und gut behandeln, dann hören Sie den ganzen Tag wohlklingende Töne.

## Entwickeln Sie Dankbarkeit für Ihr Leben

Haben Sie jemals einen Menschen getroffen, der sich über alles beschwert hat? Die Suppe ist zu heiß, sein Bett ist zu kalt, sein Urlaub ist zu kurz, sein Einkommen zu gering. Man sitzt bei einem großartigen Bankett neben einer solchen Person und genießt jeden Moment, während diese an jedem Gang etwas auszusetzen hat. Solche Menschen schätzen das Leben nicht, ganz egal, wie gut es ihnen geht.

Ein Freund sandte mir einst die Geschichte einer sehr klugen, freiheitsliebenden 92-jährigen Dame, die in ein Wohnheim zog. Da sie blind und ihr 70-jähriger Ehemann verstorben war, blieb der Umzug ihre einzige Wahl. Sie musste sehr lange in der Lobby warten, bis man ihr mitteilte, dass sie nun ihr Zimmer beziehen könne. Als sie den Korridor entlanggingen, beschrieb ihr Begleiter das Zimmer bis ins kleinste Detail.

„Es gefällt mir sehr", freute sich die ältere Dame.

„Aber sie haben es doch noch nicht einmal gesehen. Warten sie noch einen Moment", meinte ihr Begleiter.

„Das hat darauf gar keinen Einfluss", antwortete sie. „Glück ist etwas, wozu ich mich schon im Vorhinein entscheide! Ob ich mein Zimmer nun mag oder nicht, hängt nicht davon ab, wie die Möbel arrangiert sind. Es hängt davon ab, wie ich meine Gedanken arrangiert habe."

Dankbarkeit hängt nicht vom Geschmack oder Vollkommenheitsgrad ab. Sie ist eine Frage der Betrachtung. John Wooden sagt: „Die Dinge enden immer für die Menschen am besten, die das Beste aus dem machen, wie die Dinge enden." Es beginnt bei den kleinen Dingen. Wenn Sie lernen, diese zu schätzen und dankbar für sie zu sein, dann werden Sie auch die großen Dinge schätzen und alles, das dazwischen liegt.

> *„Die Dinge enden immer für die Menschen am besten, die das Beste aus dem machen, wie die Dinge enden."*
> – John Wooden

## *Wie man die richtige Einstellung im Alltag lebt*

Wenn Sie von den Möglichkeiten profitieren wollen, die eine positive Einstellung mit sich bringt, müssen Sie mehr tun, als nur die Entscheidung zu treffen, positiv gesinnt zu sein. Sie müssen diese Entscheidung auch umsetzen. Für mich bedeutet dies für meine Einstellung: ***Ich werde jeden Tag die nötigen Veränderungen vornehmen, um meine Einstellung auf Kurs zu halten.*** Wenn dies für Sie ein komplett neues Gebiet ist, dann wundern Sie sich vielleicht, wie man das macht. Deshalb gebe ich Ihnen hier ein paar Anhaltspunkte mit auf den Weg:

## Erkennen Sie, dass Ihre Einstellung täglich neu ausgerichtet werden muss

Ich habe herausgefunden, dass die Einstellung einer Person nicht auf natürlichem Weg oder von allein positiv bleibt. Zum Beispiel war eine meiner Schwächen beim Thema Einstellung, dass ich immer ungeduldig mit anderen war. Das war schon mein Problem, als ich noch jung war. Als die Lehrer in der Schule vor einer großen Prüfung einen Tag zur Wiederholung des Stoffes einschoben, wurde ich immer schräg angesehen, wenn ich fragte: „Wenn wir schon beim ersten Mal da waren, müssen wir dann nochmals anwesend sein?" Auch heute noch kämpfe ich mit meiner Ungeduld. Jeden Tag frage ich mich: „War ich heute wieder mit jemandem ungeduldig?" Wenn ich es war, entschuldige ich mich bei der Person. Und dies musste ich öfter tun, wie ich nicht gerne zugebe.

Wie bei jeder Art von Selbstdisziplin wird sich Ihre Einstellung nicht um sich selbst kümmern. Sie benötigt jeden Tag Ihre Aufmerksamkeit. Und je stärker es Ihr natürlicher Drang ist, pessimistisch oder kritisch zu sein, desto mehr Aufmerksamkeit wird Ihre Einstellung brauchen. Überprüfen Sie zu Beginn eines jeden Tages Ihre Einstellung. Und beachten Sie die „roten Lämpchen", die sofort zu leuchten beginnen, wenn Ihre Einstellung kippt.

## Finden Sie in allem etwas Positives

Vor Kurzem stolperte ich über ein humorvolles Gebet:

> Lieber Gott,
>
> soweit geht es mir heute ganz gut. Ich habe weder über andere getratscht, noch meine Kontrolle verloren, noch war ich gierig, patzig, gehässig, egoistisch oder selbstverliebt. Ich habe nicht gejammert, geflucht oder Schokolade gegessen.
>
> Doch gleich werde ich mich aus meinem Bett erheben und danach ganz viel Hilfe brauchen! Amen.

Es mag vielleicht nicht immer leicht sein, aber wenn Sie es wirklich versuchen, dann werden Sie auch inmitten der schwierigsten Situationen etwas Gutes finden. In seinem Buch *Laugh Again* schrieb mein Freund Chuck Swindoll, dass Mutter Teresa bei den Menschen, die sie bei ihrer Arbeit mit den Mittellosen in Kalkutta unterstützen wollten, stets zwei Dinge wichtig waren: das Verlangen, hart zu arbeiten und eine freudige Einstellung. Wenn von jemandem, der mit den Sterbenden und den Ärmsten der Armen zusammenarbeitete, verlangt werden konnte, freudig zu sein, dann können wir in unserer Situation sicherlich dasselbe.

## Finden Sie in jeder Situation einen positiven Menschen

Nichts hilft einem mehr dabei, positiv zu bleiben, als ein Verbündeter. Die Welt ist voller negativer Menschen und oftmals verbünden sie sich auch noch. Aber es gibt auch überall positive Menschen. Oft schweben sie über den negativen Menschen wie Adler. Wenn Sie das auch tun, dann halten Sie nach Gleichgesinnten Ausschau. Und wenn Sie es gerade nicht leicht haben, dann rücken Sie ganz nah heran und nutzen Sie den Windschatten, wie es auch Rennfahrer tun. Wenn es den anderen schlecht geht, dann sind Sie an der Reihe, vorne zu stehen und es den anderen leichter zu machen. Zwei positiv gesinnte Menschen haben es viel leichter, negative Emotionen abzuschütteln als einer allein.

## Sagen Sie in jedem Gespräch etwas Positives

Ich habe es mir angewöhnt, in jedes Gespräch mit anderen positive Kommentare einfließen zu lassen. Angefangen bei den Menschen, die mir ganz nahe stehen. Wenn meine Frau hübsch aussieht (was *sehr oft* vorkommt!) dann sage ich ihr das. Immer wenn ich meinen Kindern begegne, lobe ich sie. Und ich lasse sicher keine Gelegenheit aus, etwas Positives über meine Enkel zu sagen. Doch dabei belasse ich es nicht. Ich mache den Menschen um mich herum ehrliche Komplimente, spreche Lob und Anerkennung aus und ermutige und belohne sie, wann immer es mir möglich ist. Das ist für mich genauso toll wie für alle anderen. Dies zu tun kann ich wirklich nur jedem empfehlen, und ich weiß, dass Sie es lernen können.

## Eliminieren Sie negative Wörter aus Ihrem Wortschatz

Mein Vater setzte sich mit 75 zur Ruhe, hatte jedoch sein gesamtes Leben als Redner verbracht. Er wuchs in bescheidenen Verhältnissen auf und arbeitete stets hart daran, zu lernen und zu wachsen. Als ich noch ein Kind war, bot er meinem Bruder Larry und mir zehn Cent für jeden Grammatikfehler, den wir in einer seiner Predigten fänden. Und das war nur ein Beispiel dafür, wie er ständig daran arbeitete, besser zu werden. (Ich habe allerdings die Vermutung, dass er damit auch den Zweck verfolgte, dass wir unsere Grammatik verbesserten.)

Sie können ganz ähnlich vorgehen, wenn es um Ihre Einstellung geht. Sie – oder jemand, den Sie dafür einsetzen – kann ständig darauf achten, welche negativen Worte Sie verwenden, damit Sie versuchen können, diese zu eliminieren. Mit folgenden Worten können Sie beginnen:

| **Diese Worte eliminieren** | **Diese dafür einsetzen** |
|---|---|
| Ich kann nicht … | Ich kann … |
| Wenn doch nur … | Ich werde … |
| Ich denke nicht, … | Ich weiß, … |

| | |
|---|---|
| Ich habe keine Zeit … | Ich werde mir Zeit nehmen … |
| Vielleicht … | Ganz bestimmt … |
| Ich fürchte … | Ich bin zuversichtlich … |
| Ich glaube nicht, … | Ich bin mir sicher, … |

Wenn Sie ständig danach trachten, am Positiven festzuhalten und das Negative auszulöschen, wird Ihnen das dabei helfen, jeden Tag positiver zu *denken*.

## Sprechen Sie anderen täglich Ihren Dank aus

Von allen Tugenden scheint Dankbarkeit am wenigsten gezeigt zu werden. Wie oft geben sich Menschen besonders viel Mühe, um Danke zu sagen? Wie oft bekommt man eine Dankeskarte, wenn man jemandem ein Geschenk gemacht hat? Noch wichtiger: Wie oft erstreckt sich Ihre Dankbarkeit auch auf andere? In unserer Gesellschaft des Überflusses neigen wir dazu, die Dinge als selbstverständlich zu betrachten.

Vor einigen Jahren ermutigte Oprah Winfrey ihr Millionenpublikum dazu, ein Dankbarkeitstagebuch zu führen. Amy Vanderbilt, Journalistin und Autorin eines Benimmratgebers, sagte: „Wenn wir es lernen, dankbar zu sein, lernen wir dabei, uns nicht auf die schlechten, sondern auf die guten Dinge in unserem Leben zu konzentrieren." Uns auf die guten Dinge zu konzentrieren, hilft uns, dankbar zu sein. Dankbar zu sein, hilft uns, eine positivere Einstellung beizubehalten. Und eine gute Einstellung drängt uns dazu, über das Gute nachzusinnen, anstatt über das Schlechte. Es ist ein positiver Kreislauf, der sich selbst am Leben erhält.

## *Kurzer Rückblick zum Thema Einstellung*

Als ich mich mit 17 Jahren dazu entschied, stets eine positive Einstellung beizubehalten, tat ich das, weil es mir sofort ein positives Ergebnis brachte. Und genau das veranlasst uns normalerweise dazu,

Entscheidungen zu treffen. Wenn man jedoch älter wird und mehr über die Dinge nachdenkt, dann sieht man einiges noch viel klarer.

Wenn ich zurückblicke, dann kann ich seit 1964 beobachten, welchen Einfluss meine Einstellung auf mein Leben hatte:

| | |
|---|---|
| In meinen Teenagerjahren … | machte mich meine Einstellung zum Kapitän meines Basketballteams. |
| In meinen 20ern … | half mir meine Einstellung, Margaret davon zu überzeugen, mich zu heiraten. |
| In meinen 30ern … | half mir meine Einstellung, aus meiner Komfortzone herauszutreten, indem ich meine ursprüngliche Organisation verließ und eine neue Stelle in Kalifornien antrat. |
| In meinen 40ern … | war meine Einstellung der Antrieb, als beim Bau unseres neuen Gemeindebaus Bürokratismus und Auseinandersetzungen acht Jahre lang andauerten. |
| In meinen 50ern … | verdankte ich es meiner Einstellung, dass ich mich nach einem Herzinfarkt vollständig erholte. |

Ich kann wirklich sagen, dass meine Einstellung mehr als 40 Jahre lang mein größter Aktivposten war, um auf andere einen positiven Einfluss auszuüben. Heute nähere ich mich meinen 60ern und meine Einstellung motiviert mich dazu, den Versuch zu wagen, eine Millionen Leader weltweit zu schulen und auszurüsten. Ich möchte gerne weiterhin etwas positiv im Leben anderer bewegen – bis zu dem Tag, an dem ich sterbe.

## *Stets allen Wahrscheinlichkeiten zum Trotz*

Wenn Sie sich für eine positive Einstellung entscheiden und diese Entscheidung gut umsetzen, wird Ihnen fast nichts unerreichbar bleiben. Fragen Sie einfach Lance Armstrong. 1999 war er der zweite Amerikaner, der jemals die Tour de France gewann, das berühmteste Rennen des professionellen Radsports. (Die Radfahrer legen mehr als 3 000 Kilometer zurück während des dreiwöchigen Rennens.) Nachdem Armstrong gewonnen hatte, fragte ein Journalist seine Mutter Linda, die an der Ziellinie wartete, ob sein Sieg allen Wahrscheinlichkeiten zum Trotz eingetreten sei. Sie antwortete nachdrücklich: „Sein ganzes Leben widerspricht jeglicher Wahrscheinlichkeit.“ [7]

Schon als Lance Armstrong aufwuchs, musste er einige Widerstände überwinden. Seine Mutter war erst 17, als er geboren wurde und meistens alleinerziehend. Finanziell war es knapp und Lance fühlte sich oft als Außenseiter. In Texas ist Football die Sportart schlechthin. Armstrong behauptete immer von sich selbst, dass er für jede Ballsportart zu unkoordiniert sei, weshalb es ihn stets zu den Ausdauersportarten zog. In der fünften Klasse gewann er ein Langstreckenrennen. Bald darauf trat er einem Schwimmteam bei. Innerhalb eines Jahres stieg er vom Amateur zum viertbesten Schwimmer von ganz Texas beim 1 500-Meter-Freistil auf. Jeden Morgen vor der Schule schwamm er 4 000 Meter und am Nachmittag nochmals 6 000 Meter. Schon bald begann er sein Radtraining – 30 Kilometer hin und zurück.

Mit 13 nahm er am IronKids-Wettkampf teil, einem Juniortriathlon in den Disziplinen Schwimmen, Radfahren und Laufen. Als er 15 war, trat er bei den Männern an und belegte in seinem ersten Rennen schon Platz 32. Nach dem Rennen erzählte er einem Reporter: „Ich glaube in einigen Jahren bin ich ganz vorne dabei und in zehn Jahren bin ich der Beste!“ [8] Armstrong, immer als Außenseiter betrachtet, wurde von Freunden gemobbt, ausgelacht und für unglaublich eingebildet gehalten.

Als er im darauffolgenden Jahr Platz fünf belegte, hörten sie auf zu lachen. Mit 16 verdiente er bereits 20 000 Dollar pro Jahr und nahm an zahlreichen Triathlons und Zehn-Kilometer-Rennen teil – und gewann. Außerdem schnupperte er zum ersten Mal die Luft des Radrennsports. Darin war er so gut, dass er gleich in die Profiliga aufstieg und mit den besten ansässigen Radprofis das Training aufnahm.

Mit der Zeit konzentrierte sich Armstrong nur mehr auf das Radrennen. In den USA war er erfolgreich, doch sein Ziel war, an Wettkämpfen in Europa teilzunehmen, wo die besten Profis gegeneinander antraten. Sein erstes professionelles Rennen, das Clásica San Sebastián, blieb unvergessen. Es war ein bitterkalter Tag und es goss in Strömen. Er fuhr als Letzter über die Ziellinie, ganze 27 Minuten hinter dem Gewinner – ein schreckliches Ergebnis. Die spanischen Zuschauer buhten ihn aus. Er erinnerte sich an seine Demütigung:

> „Ein paar Stunden später ließ ich mich am Flughafen in Madrid in einen Sessel plumpsen. Ich wollte mit dem ganzen Sport aufhören. Es war das ernüchternste Rennen meines Lebens. Bei meiner Anreise nach San Sebastián dachte ich wirklich noch, dass ich eine Chance auf den Sieg hätte, und jetzt fragte ich mich, ob ich überhaupt noch an Wettkämpfen teilnehmen könnte. Sie hatten mich ausgelacht. … Ich zog mein noch ungenutztes Flugticket zurück in die USA aus der Tasche. Ich dachte ernsthaft darüber nach, es zu benutzen. Vielleicht sollte ich einfach nach Hause fliegen, dachte ich mir, und mir eine Tätigkeit suchen, in der ich gut war.“ [9]

Getragen wurde er von seiner natürlichen Begabung, seinem starken Kampfgeist und seiner unglaublich positiven Einstellung. Die Worte seiner Mutter hatte er ständig im Kopf: „Mach aus jedem Hindernis ein Sprungbrett. Mach aus dem Negativen etwas Positives. Wenn du nicht 100 % geben kannst, dann wirst du es nicht schaffen. Gib niemals auf!“

## Eine heftige Richtungsänderung

Mit 25 Jahren, 1996, führte Armstrong die Weltrangliste des Radsports an. Es sah so aus, als ob er es endlich geschafft hätte. Er verdiente super und war in Topform. Er gewann Rennen gegen die besten Europäer. Doch dann verspürte er einen großen Schmerz in der Leistengegend und begann, Blut zu husten. Als er einen Arzt aufsuchte, wurde Hodenkrebs festgestellt. Doch es kam noch schlimmer: Der Krebs streute bereits und war in seine Lunge vorgedrungen. Die Prognosen waren schlecht. Trotz all dieser Umstände behielt er seine positive Einstellung und seinen Kampfgeist – bis sie Krebs im Gehirn feststellten.

„Es traf mich wie ein Hammerschlag", sagte Armstrong. „So sehr ich positiv und angstfrei bleiben wollte, wusste ich doch, dass Menschen, die einen Hirntumor hatten, nicht überlebten." [10]

Armstrong wurde am Kopf operiert und lies sich seine Hoden entfernen. Dann begann er den qualvollen Prozess einer Chemotherapie. Die Ärzte gaben ihm eine 50%ige Chance auf Heilung. Nachdem seine Behandlung beendet war und seine Heilung sicher schien, gab ein Arzt sogar zu, dass sein Fall der schlimmste war, den er je gesehen hatte, und dass er ihm eigentlich nur eine 3%ige Überlebenschance gegeben hätte.

Trotz allem disziplinierte Armstrong seine Einstellung so sehr, dass er positiv blieb. Er glaubte, dass „Hoffnung das einzige Gegengift gegen die Angst ist". [11] Als er gefragt wurde, ob die Härte der Krebsbehandlung ihn deprimiert hätte, verneinte er dies und erklärte: „Ich habe gedacht, dass es schädlich ist, deprimiert zu sein. … Ich muss sogar sagen, dass es eine sehr positive Zeit in meinem Leben gewesen ist." [12]

## Das positive Comeback

Den Krebs mit einer solch lebendigen positiven Einstellung zu überleben, ist schon eine Leistung. Doch Armstrong wollte noch mehr. Er wollte wieder an Rennen teilnehmen. Dabei hatte er einige heikle

Momente während seines Comebacks – an einer Stelle gab er sogar mitten im Rennen auf, etwas, das er nie zuvor getan hatte. „Vor dem Rennen saß ich im Auto, versuchte aufgewärmt zu bleiben, und dachte daran, wie sehr ich mir wünschte, nicht hier zu sein", sagte Armstrong. „Doch wenn man schon so beginnt, kann es eigentlich gar nicht mehr besser werden. Als ich schließlich in die Kälte hinausging, verschlechterte sich meine Einstellung sogar noch mehr." [13] Aber er erholte sich von diesem Rückschlag und gewann wieder – nicht eines, sondern *fünf* aufeinanderfolgende Tour-de-France-Rennen!

Armstrong weiß, welche großartige Stärke in einer positiven Einstellung liegt. Er erläutert dazu:

> „Ohne Glauben hätten wir nichts außer dem dunklen Nebel um uns herum – jeden einzelnen Tag. Das schlägt einen nieder. Erst durch meine Krebserkrankung habe ich glasklar erkannt, wie sehr wir jeden Tag gegen das alles unterwandernde Negative in dieser Welt kämpfen, und wie wir täglich dem langsamen Schleifen des Zynismus unterlegen sind. Mutlosigkeit und Enttäuschung sind die wahren Tücken des Lebens, nicht eine plötzlich auftretende Krankheit oder ein katastrophales Jahrtausendereignis." [14]

Nachdem Armstrong 1999 seine erste Tour de France gewonnen hatte, gab er Interviews und wollte, dass die Reporter ihren Lesern einen Tipp mitgäben: „Ich möchte nur eines sagen. Wenn Sie in Ihrem Leben einmal eine zweite Chance bekommen – egal wofür –, dann müssen Sie diese unbedingt ergreifen." [15] Den gleichen Tipp möchte ich auch Ihnen mitgeben. Wenn Ihre Einstellung in der Vergangenheit nicht die beste war, dann haben Sie eine zweite Chance. Sie können sie verändern. Sie können eine gute Einstellung wählen und sich die Disziplin aneignen, sie täglich zu leben. Wenn Sie das tun, dann wird sich Ihnen eine ganz neue Welt der Möglichkeiten eröffnen.

## *Einstellung – Anwendung und Übungen*
### Wie man täglich die richtige Einstellung wählt und diszipliniert umsetzt

### Ihre heutige Entscheidung zum Thema Einstellung

Wo stehen Sie gerade, wenn es um Ihre heutige Einstellung geht? Beantworten Sie sich selbst folgende drei Fragen:

1. *Habe ich bereits die Entscheidung für die richtige Einstellung getroffen und setze diese täglich um?*
2. *Wenn dem so ist, wann habe ich die Entscheidung getroffen?*
3. *Was genau habe ich entschieden? (Schreiben Sie es hier auf.)*

________________________________________________________________________

________________________________________________________________________

________________________________________________________________________

________________________________________________________________________

### Ihre tägliche Disziplin zum Thema Einstellung

Ausgehend von Ihrer Entscheidung, die Sie bezüglich Ihrer Einstellung getroffen haben: Was ist der eine Bereich den Sie *heute und jeden Tag* üben müssen, um erfolgreich zu sein? Schreiben Sie es hier auf.

________________________________________________________________________

________________________________________________________________________

________________________________________________________________________

________________________________________________________________________

## Das gestrige Versäumnis aufholen

Wenn Sie Hilfe brauchen, um die richtige Entscheidung zu treffen und eine tägliche Disziplin zu entwickeln, diese zu leben, dann machen Sie folgende Übungen:

1. *Erinnern Sie sich an alles, das Ihre Einstellung bisher beeinflusst hat. Machen Sie eine Liste!*

___

___

___

Nun vergessen Sie all das. Was Ihnen passiert ist, liegt zum großen Teil außerhalb Ihrer Kontrolle. Aber was *in* Ihnen passiert, ist ganz allein Ihre Entscheidung. Verpflichten Sie sich selbst dazu, die *volle* Verantwortung für Ihre momentane Einstellung zu übernehmen und *entscheiden* Sie sich dafür, positiv zu sein – egal, was passiert.

2. *Beginnen Sie damit, an Ihren Schwächen zu arbeiten. Machen Sie eine Liste all Ihrer negativen Gedanken und Angewohnheiten!*

___

___

___

Nun schreiben Sie neben jedes Wort die positive Antwort oder die gegenteilige Charaktereigenschaft dazu. Wenn Sie zum Beispiel geschrieben haben, dass Sie immer glauben, dass die Menschen Sie ausnutzen wollen, dann schreiben Sie das Wort „Vertrauen“

daneben. Sie können diese Liste als Hilfe verwenden, um Ihre Einstellungseinbrüche zu überwinden.

3. *Suchen Sie sich jeden Tag eine Eigenschaft der positiven Einstellung aus Ihren Listen aus (entweder aus der Liste mit den positiven Äquivalenten der schlechten Einstellungen oder aus der mit den positiven Qualitäten). Machen Sie es sich nun zur Aufgabe diese positive Eigenschaft so oft wie möglich anzuwenden. Vielleicht wollen Sie sich sogar ein Ziel setzen, wie oft Sie diese ausführen! Wiederholen Sie diesen Prozess, bis Ihre Einstellung Ihren Vorstellungen entspricht.*

4. *Einer der besten Wege, positiv zu bleiben, ist der, Dankbarkeit und Wertschätzung auszudrücken. Nutzen Sie mindestens eine Gelegenheit täglich, jemandem zu sagen, wie dankbar Sie sind.*

5. *Notieren Sie sich wöchentlich ein Zitat zum Thema Einstellung oder einen positiven Spruch und hängen Sie diesen dort auf, wo Sie ihn mehrmals am Tag sehen: am Badezimmerspiegel, neben dem Computerbildschirm, im Terminplaner etc.*

6. *Geben Sie den Ton an, indem Sie die Menschen besser behandeln, als Sie von ihnen erwarten, behandelt zu werden. Lächeln Sie zuerst. Drücken Sie Ihre Anerkennung aus. Erwarten Sie das Beste. Wenn Sie zuerst handeln, dann bringen Sie sich selbst auf Erfolgskurs.*

7. *Wenn Sie feststellen, dass Sie in alte Gewohnheiten in Ihren Gedanken oder bei Ihren Handlungen zurückfallen, dann halten Sie inne und nehmen Sie sich etwas Zeit, um über Ihre Einstellung am heutigen Tag nachzudenken. Beurteilten Sie sich selbst und wenn Ihre Einstellung gerade nicht Ihren Erwartungen entspricht, passen Sie diese an. Je früher Sie das tun, desto besser.*

## Freuen Sie sich auf morgen

Lehnen Sie sich nun zurück und denken Sie daran, wie Ihre Entscheidung und die tägliche Umsetzung, die daraus resultiert, Ihre Zukunft beeinflussen werden. Wie wird das belohnende Ergebnis aussehen? Notieren Sie es hier.

________________________________________

________________________________________

________________________________________

________________________________________

Behalten Sie sich das Aufgeschriebene als bleibende Erinnerung, denn …

Ihre heutigen Gedanken sind der Motor für die tägliche Disziplin und

Ihre tägliche Disziplin maximiert Ihre gestrige Entscheidung.

KAPITEL 4

# Meine heutigen Prioritäten schenken mir Fokus

Was würden Sie tun, wenn Sie ganz plötzlich mit Reichtum überhäuft und Eigentümer eines Multimillionen schweren Unternehmens wären? Diese Frage stellte sich Howard Hughes, als er gerade einmal 18 Jahre alt war. Seine Mutter verstarb 1922 während einer Operation, als er 16 Jahre alt war. Und als sein Vater etwas weniger als zwei Jahre später an einem Herzinfarkt starb, erbte er die Hughes Tool Company.

Howard Hughes Senior, sein Vater, hatte das Unternehmen aus dem Nichts aufgebaut. Er wurde 1869 geboren und arbeitete in den 1890er-Jahren im Zink- und Bleiabbau. Als er 1901 von der Entdeckung größerer Erdölvorkommen in der Nähe von Beaumont in Texas hörte, sah er die Chance für einen neuen Industriezweig, der ungeahnte Möglichkeiten eröffnete. (Innerhalb eines Tages lieferte die erste Quelle die Hälfte der gesamten bisherigen Ölproduktion der USA zusammen.) Bald darauf zog er nach Texas und gründete gemeinsam mit seinem Partner Walter B. Sharp ein Bohrunternehmen.

Sieben Jahre lang arbeiteten sie erfolgreich. Doch dann konnten sie zwei Bohrungen nicht beenden, da sie auf extrem hartes Gestein stießen. Um das Problem zu beheben, machte sich Hughes Senior auf den Weg und erfand Bohrer (die er sich auch patentieren ließ), die die Arbeit ausführen konnten. Diese Art von Ausrüstung revolutionierte die Bohrindustrie. Innerhalb von fünf Jahren wurden seine Bohrer in 11 Staaten und 13 verschiedenen Ländern verwendet. Zwischen 1908 und 1924 erlangte er 73 Patente und wurde sehr reich. [1] Man berichtete, dass er selbst über seine Bohrer sagte: „Wir haben kein Monopol. Wenn jemand nach Öl bohren möchte und nicht die Bohrer von Hughes verwendet, kann er immer noch Hammer und Meißel auspacken."

## *Wer möchte Millionär sein?*

Als Hughes Senior verstarb, wurde sein Sohn zum Millionär. Er stellte eine Geschäftsleitung ein, um die Hughes Tool Company weiterzuführen, und dachte anschließend darüber nach, was er mit seinem Leben anfangen wollte. Als Junge hatte er alle Arten von Maschinen geliebt. Er hatte ein Funkgerät gebaut und mit Schiffskapitänen gesprochen, als er Teenager war. Außerdem hatte er einen Kunstflugpiloten engagiert, der ihm heimlich Flugunterricht gegeben hatte, als er 15 war. Er war intelligent und die ganze Welt lag ihm zu Füßen.

Er entschied sich, in die Filmindustrie einzusteigen. Nachdem er eine angesehene Dame aus Houston geheiratet hatte, zog er umgehend nach Los Angeles. Der Verfasser seiner Biografie, Michael Sauter, sagte: „Die Impulsivität dieses Umzugs sollte Sinnbild für Hughes werden, der sich ständig in teure, waghalsige Abenteuer stürzte, wie ein Junge, der in seinem neuen Hobby aufgeht." [2] Schon bald produzierte Hughes Filme und kaufte Kinos, um sie auch zu zeigen. Seine Arbeit erntete wenig Aufmerksamkeit, bis er einen Film über das Fliegen, *Hell's Angels*, produzierte, bei dem er auch Regie führte. Später produzierte er *The Front Page* und *Scarface* – beide Filme wurden berühmt. Er war nun in der Position, ein großes Filmstudio aufzubauen, und wurde in Hollywood eine gefragte Größe, aber zu dieser Zeit hatte er bereits seinen Fokus verloren. Er schien nun mehr daran interessiert, berühmte Hollywoodschauspielerinnen abzuschleppen, als daran, Filme zu machen. Seine Frau ließ sich 1929 scheiden.

In den späten 1920er-Jahren richtete er seine Aufmerksamkeit auf das Fliegen. 1928 machte er den Pilotenschein und schon bald übte er sich darin, Flugzeuge zu entwerfen. 1932 gründete er sein eigenes Unternehmen: Hughes Aviation. Er kaufte Flugzeuge, nahm sie auseinander und gestaltete sie neu, sodass sie ein Optimum an Geschwindigkeit erreichten. Dann arbeitete er als sein eigener Testpilot. Jahrelang erzielte er einen Geschwindigkeitsrekord nach dem anderen. Ein ganzes Jahrzehnt verbrachte er damit, Flugzeuge umzugestalten und im Cockpit das Beste aus ihnen herauszuholen.

Als Trans World Airlines 1940 Geld benötigte, wurde Hughes gefragt, ob er nicht in das Unternehmen investieren wolle. Er investierte nicht nur, sondern kaufte sich die Mehrheit. An diesem Punkt entschied er sich, die Luftfahrt der Öffentlichkeit zugänglich zu machen, und engagierte Lockheed um für Trans World Airlines Flugzeuge gemäß seinen Vorstellungen herzustellen. Im darauffolgenden Jahr errichtete er selbst eine Fertigungsanlage für Flugzeuge in Los Angeles, die auch Teile zur Unterstützung des Kriegs in Europa herstellte. Währenddessen versuchte er sich weiterhin im Unterhaltungsgeschäft, produzierte ab und an etwas und führte manchmal Regie.

Im September 1942 startete Hughes eine weitere Unternehmung. Er bekam von der Regierung den Auftrag, Wasserflugzeuge zu entwickeln und versprach, diese 1944 zu liefern, für 18 Millionen Dollar. Die nächsten Jahre arbeitete er also daran, diese Flugzeuge zu bauen. Aber 1945 hatte er immer noch keine Flugzeuge geliefert, dafür jedoch schon über 800 Millionen Dollar ausgegeben, allein 175 Millionen für eine Flugzeughalle. [3] Sein verlorener Fokus führte nicht nur dazu, dass er bei diesem Unterfangen keinen Erfolg hatte, sondern auch zu einem mentalen Zusammenbruch (einem von dreien, die er erlebte).

## *Es geht alles*

Howard Hughes setzte seinen Shoppingtrip fort und kaufte Kinos, einige kleine Fluglinien, Fernsehstationen und zahlreiche Hotels und Casinos in Las Vegas. Egal, wofür er sich auch interessierte, er konnte alles dank der Hughes Tool Company, die all seine Unternehmungen finanzierte, umsetzen. Aber nichts schien seine Aufmerksamkeit für längere Zeit zu fesseln und ihn zufriedenzustellen. 1957 heiratete er zum zweiten Mal, doch die beiden lebten sich bald auseinander. 1966 zog er nach Las Vegas, ohne seine Frau zu informieren, und trotz zahlreicher Versuche blieb es ihr verwehrt, dass sie ihn jemals wiedersah. Einige Jahre später verließ er das Land. Zu jener Zeit war er schon mehr und mehr zum Exzentriker geworden. Es gab Gerüchte, dass er wie ein Einsiedler lebe, eine Bakterienphobie habe und der Drogensucht verfallen sei. 1976 verstarb er auf der Rückreise in die USA, um sich dort medizinisch behandeln zu lassen.

Einige mögen Hughes nun aufgrund seines Vermögens als erfolgreich bezeichnen. Er war der erste Milliardär des Landes und zu einem bestimmten Zeitpunkt sogar der reichste Mensch der Welt. Wenn ich jedoch die Geschichten über ihn lese, dann sehe ich ein gebrochenes Leben voll von ungenutzten Potenzialen. Er konnte keine langfristige Beziehung aufrechterhalten. Seine Ehen hielten nicht. Er hatte keine Kinder. Und die einzigen Firmen, die er besaß und die Erfolg hatten, waren entweder nie unter seiner Leitung oder er überließ die Kontrolle nach kurzer Zeit anderen. 1955 überschrieb er Hughes Aircraft dem gemeinnützigen Hughes Medical Institute, führte 1958 seine Filmproduktionsfirma in den Bankrott und gab die Leitung von Trans World Airlines 1960 auf, als das Unternehmen fast kollabierte. 1971 überschrieb er auch den Rest seines Imperiums. Er starb mittellos und allein.

## *Warum Prioritäten heute wichtig sind*

Michael LeBoeuf, Unternehmensberater und Autor, behauptet: „Wenn man alles nur mit halbem Herzen macht, bedeutet, das, dass man einen großen Teil von sich für nichts hingibt." Dieses Zitat passt wohl perfekt auf das Leben von Howard Hughes.

> *„Wenn man alles nur mit halbem Herzen macht, bedeutet, das, dass man einen großen Teil von sich für nichts hingibt."*
> – MICHAEL LEBOEUF

Fokussierte Konzentration ist ein Schlüssel zum Erfolg. Und um fokussiert leben zu können, muss man das Thema Prioritäten richtig verstanden haben. Warum? Genau deshalb:

### Zeit ist unser wichtigstes Gut

Wenn Sie die Wahl hätten: Würden Sie lieber Zeit oder Geld sparen? Die meisten Menschen konzentrieren sich auf das Geld. Aber wie Sie Ihre Zeit verbringen, ist viel wichtiger als das, wofür Sie Ihr Geld ausgeben. Fehler in Bezug auf den Umgang mit Geld können oft korrigiert werden, aber wenn Sie Zeit verlieren, dann ist dies für immer.

Ihre Prioritäten bestimmen darüber, wie Sie Ihre Zeit einsetzen, und Zeit ist wertvoll. Die folgenden Feststellungen werden Ihnen dabei helfen, Zeit aus der richtigen Perspektive zu betrachten:

Um den Wert *eines Jahres* zu erkennen ... befragen Sie einen Studenten, der die Abschlussprüfung nicht bestanden hat.

Um den Wert *eines Monats* zu erkennen ... befragen Sie eine Mutter, deren Kind zu früh geboren wurde.

Um den Wert *einer Woche* zu erkennen … befragen Sie den Lektor eines wöchentlich erscheinenden Magazins.

Um den Wert *eines Tages* zu erkennen … befragen Sie einen Angestellten, der sechs Kinder hat.

Um den Wert *einer Stunde* zu erkennen … befragen Sie zwei Verliebte, die aufeinander warten.

Um den Wert *einer Minute* zu erkennen … befragen Sie jemanden, der gerade seinen Flug verpasst hat.

Um den Wert *einer Sekunde* zu erkennen … befragen Sie eine Person, die einen Autounfall überlebt hat.

Um den Wert *einer Millisekunde* zu erkennen … befragen Sie einen Olympioniken, der die Silbermedaille gewonnen hat. [4]

Ihre Zeit ist unbezahlbar. Wie schon Ralph Waldo Emerson empfohlen hat: „Achte gut auf die vorhandene freie Zeit. Sie ist wie ein ungeschliffener Diamant. Werfe sie weg und ihr Wert wird niemals sichtbar. Hege sie und sie wird zum funkelndsten Juwel des Lebens."

## Wir können die Zeit nicht verändern, nur unsere Prioritäten

Haben Sie sich je bei dem Gedanken ertappt „Ich brauche mehr Zeit"? Nun, Sie werden nie mehr davon bekommen! Niemand bekommt mehr Zeit. Jeder hat 1 440 Minuten jeden Tag. Egal, was Sie tun, Sie werden heute keine Minute mehr bekommen.

Verkaufsberater und Autor Myers Barnes sagt: „Zeitmanagement hat nichts mit der Uhr zu tun, aber sehr viel mit der Organisation und Kontrolle der Dinge, in die Sie involviert sind und die Sie mit der Uhr abstimmen müssen. Einstein verstand Zeitmanagement als Widerspruch in sich. Zeit kann nicht gemanagt werden. Man kann Zeit nicht einsparen, verlieren, zurückdrehen oder morgen mehr Zeit haben als heute. Zeit ist frei von Emotion, unkontrollierbar und völlig unbelastet. Sie verstreicht, egal, wie die Umstände sind und schafft im Spiel des Lebens für jeden die gleichen Voraussetzungen." [5] Da Sie die Zeit nicht verändern können, müssen Sie Ihre Herangehensweise ändern.

*„Da Sie die Zeit nicht verändern können, müssen Sie Ihre Herangehensweise ändern."*

## Wir können nicht alles tun

Es gab eine Zeit in meinem Leben, da dachte ich, alles tun zu können. Aber ich war noch sehr jung, voller Energie und etwas naiv. Der chinesische Autor und Philosoph Lin Yutang sagte: „Neben der hohen Kunst, Dinge zu erledigen, gibt es auch die hohe Kunst, Dinge liegen zu lassen. Die Weisheit des Lebens besteht darin, das Unwesentliche zu eliminieren."

Sie können erreichen, was Sie sich wünschen, aber nicht alles. Sie müssen wählen. Spitzenleistungen erbringt man, wenn man die richtigen Dinge richtig tut. Den Rest müssen Sie loslassen. Wenn Sie sich nicht sicher sind, was die richtigen Dinge sind, dann tun Sie einmal so, als ob Sie nur mehr sechs Monate zu leben hätten. Die Dinge, die Sie in dieser kurzen Zeit tun würden, das sind die richtigen!

## Wir wählen unser Leben, indem wir wählen, wie wir unsere Zeit verbringen

Alles, was Sie gerade tun ist das, was Sie gewählt haben. Einige wollen das nicht glauben. Aber wenn Sie über 21 Jahre alt sind, dann ist Ihr Leben so, wie Sie es sich selbst geschaffen haben. Möchten Sie Ihr Leben ändern, so müssen Sie Ihre Prioritäten ändern.

Jack Welpott, der jahrelang die Fotografiekurse an der San Francisco State University leitete, wurde einmal gefragt, wie er gleichzeitig so effektiv unterrichten und so überaus produktiv Kunst hervorbringen könne. Seine Antwort lautete: „Von dem Tag an, als ich hier angestellt wurde, begann ich damit, meinen Ruf als eine Art ‚Geisterscheinung' in der Kunstakademie zu pflegen. Nach etwa einem Jahr, in dem ich keine Fachsitzungen besucht und vergessen hatte, auf Notizen zu reagieren, und interne Termine verstreichen ließ, stellte ich fest, dass ich – nun ja – nach einer Weile einfach nicht mehr *gefragt* wurde, all diese Dinge zu tun." Welpott räumte seiner Kunst und dem Unterrichten anderer mehr Priorität ein als der Bürokratie und den Gepflogenheiten des Universitätslebens. Sie brauchen nun die Art, wie er seine Prioritäten lebte, nicht unbedingt für gutheißen, aber Sie werden sicherlich zustimmen, dass er sie kannte.

## Prioritäten helfen uns, eine weise Wahl zu treffen

Der Autor Robert J. McKain sagte: „Der Grund, warum viele Ziele niemals erreicht werden, ist, dass wir unsere Zeit damit verbringen, die zweitwichtigsten Dinge zuerst zu erledigen." Stellen wir uns den Tatsachen: Es gibt viele Dinge, die unsere Aufmerksamkeit auf sich ziehen. Viele Menschen wollen Sie für ihre eigenen Pläne einsetzen. Tausende Hersteller wollen, dass Sie Ihr Geld für deren Produkte ausgeben. Sogar Ihre eigenen Wünsche können so unterschiedlich und Ihre Aufmerksamkeit so verzettelt sein, dass Sie oftmals nicht mehr sicher sind, worauf Sie sich als nächstes konzentrieren sollen. Aber genau deshalb brauchen Sie Fokus! Um Erfolg zu haben, nutzt es nichts, einfach auf der Überholspur zu laufen; laufen Sie auf *Ihrer* Spur. Menschen, die ihr volles Potenzial erreichen und ihre Träume leben, legen täglich ihre Prioritäten fest und handeln entsprechend.

> *„Um Erfolg zu haben, nutzt es nichts, einfach auf der Überholspur zu laufen; laufen Sie auf Ihrer Spur."*

## *Der Entscheidungsprozess: Wie man die Prioritäten täglich festlegt und umsetzt*

Nachdem ich das Studium beendet hatte und meine Karriere startete, arbeitete ich nicht gerade nach meinen eigenen Vorstellungen. Als ich in den 1960er-Jahren Theologie studierte, umfasste das Studium hauptsächlich Lehreinheiten, die mich auf die Seelsorgearbeit und den Büroalltag vorbereiteten. Also raten Sie mal, womit ich mich 1969, als ich zu arbeiten begann, die meiste Zeit beschäftigte. Richtig: mit Seelsorge und Büroalltag. Nichts war weiter entfernt von meinen natürlichen Talenten oder meiner natürlichen Neigung. Obwohl ich fleißig arbeitete, war ich weder erfüllt noch effektiv.

Da ich stets besser werden und weitere Fähigkeiten erlangen wollte, die ich während meines Studiums nicht erworben hatte, begann ich 1971, mich auf dem Gebiet der Wirtschaft weiterzubilden. Als ich mich auf eine Vorlesung vorbereitete, stieß ich auf einen italienischen Ökonomen namens Vilfredo Pareto. Seine These: Fokussiert man seine Aufmerksamkeit auf die top 20 % all seiner Prioritäten, würde man am Ende 80 % für die erbrachte Mühe ernten. Das war mein Aha-Erlebnis! Damals traf ich die Entscheidung: ***Ich werde in meinem Leben Prioritäten setzen und mich auf die Dinge fokussieren und denen meine Energie widmen, die das höchste Resultat bringen.***

Dieser Moment veränderte für immer mein Denken über mich selbst und meine Arbeit. Ich erkannte, dass ich 80 % meiner Zeit, Energie und Möglichkeiten auf meine Stärken fokussieren musste, nicht auf Seelsorge oder Administration. Diese Tätigkeiten sind nicht schlecht, sie sind nur schlecht für mich. Von dem Moment an, an dem ich diese Entscheidung getroffen habe, habe ich stets das Pareto-Prinzip angewandt und mehr als 30 Jahre damit verbracht, es anderen beizubringen. (Wenn Sie das Thema Pareto-Prinzip für sich weiter vertiefen möchten, empfehle ich Ihnen mein Buch *Das Maxwell-Konzept: Entwickeln Sie Ihre Führungsqualität.*)

Die meiste Zeit half mir dieses Prinzip, auf Kurs und fokussiert zu bleiben, auch wenn die Resultate am Anfang nicht immer dem entsprachen, was ich mir vorgestellt hatte. Margaret und ich lachen noch heute über die Zeit, als sie mich fragte, ob ich ihr beim Rasenmähen behilflich sein könne. „Margaret", sagte ich zu ihr, direkt nachdem ich das Pareto-Prinzip kennengelernt hatte, „ich möchte meine Zeit nicht mit so etwas vergeuden. Ich versuche fokussiert zu bleiben. Wir können jemanden bezahlen, der das *für* uns erledigt."

Margaret sah mich damals an und antwortete: „Womit sollen wir die Person bezahlen?" Wir konnten das Problem lösen, aber es war ein bedeutender Moment für uns. Von dieser Zeit an habe ich versucht, stets meinen Fokus auf den mir wichtigen Dingen zu haben und mich nicht ablenken zu lassen.

Wenn Sie Ihr Selbstbild und Ihre Tätigkeiten verändern wollen, indem Sie eine Entscheidung für Ihre Prioritäten treffen, dann gehen Sie wie folgt vor:

## Treten Sie heute einen Schritt zurück

Haben Sie schon einmal bemerkt, dass die Menschen, die nichts zu tun haben, am liebsten Zeit mit Ihnen verbringen würden? Der Dichter Carl Sandburg sagte: „Zeit ist die wertvollste Münze in Ihrer Hand. Sie – Sie allein – bestimmen, wofür diese Münze ausgegeben wird. Geben Sie acht, dass Sie es nicht anderen überlassen, diese *für* Sie auszugeben!"

Ihr größter Besitz sind die nächsten 24 Stunden. Was werden Sie damit tun? Werden Sie dem Druck nachgeben oder sich auf Ihre Prioritäten fokussieren? Werden Sie es all den bedeutungslosen E-Mails, unwichtigen Aufgaben, Telefonverkäufern, Unterbrechungen und anderen Ablenkungen erlauben, Ihren Tag aufzusaugen? Oder werden Sie die volle Verantwortung dafür übernehmen, wie Sie Ihre Zeit vergeben, die Kontrolle übernehmen und den Tag zu Ihrem machen? Wenn Sie sich nicht entscheiden, wie Sie diesen Tag verbringen wollen, wird es jemand für Sie tun.

## Stellen Sie sich drei Fragen

Kein Bereich des ‚*Täglichen Dutzend*' prägte meinen Erfolg mehr als das Prinzip der Prioritäten. Als ich bemerkte, dass ich meine Herangehensweise an meinen Tag und meine Karriere ändern musste, begann ich den Prozess, indem ich mir drei entscheidende Fragen stellte:

1. **Was wird von mir *erwartet*?** Jede Einschätzung der Prioritäten – egal in welchem Lebensbereich – muss mit einer realistischen Einschätzung beginnen, was eine Person tun *muss*. Was müssen Sie erfüllen, damit Sie ein guter Lebenspartner oder Elternteil sind? Was müssen Sie tun, um Ihrem Arbeitgeber Genüge zu leisten? (Wenn Sie eine Führungskraft sind, dann würde die Frage lauten: Was müssen Sie selbst erledigen, das nicht an andere delegiert werden kann?) Wenn Sie Ihre Prioritäten ordnen, dann beginnen Sie immer mit der Frage nach den Notwendigkeiten.
   Denken Sie gut darüber nach, bevor Sie sich der nächsten Frage zuwenden.
2. **Was bringt mir den größten Gewinn?** Wenn Sie Ihren Werdegang betrachten, werden Sie feststellen, dass einige Aktivitäten einen viel höheren Gewinn für all die Anstrengungen bringen als andere. (Jeder, der das noch nicht festgestellt hat, macht wahrscheinlich *keinerlei* Fortschritte in seiner Karriere!) Im nächsten Schritt richten Sie Ihren Fokus auf all die Aktivitäten, die reiche Ernte hervorbringen.
3. **Wodurch erfahre ich die größte Erfüllung?** Wenn Sie nur tun, was Sie tun müssen und was effektiv ist, werden Sie sehr produktiv sein, aber Sie finden wahrscheinlich keine Erfüllung. Ich denke, dass es genauso wichtig ist, darauf zu achten, was einem persönliche

> Zufriedenheit bringt. Doch manchmal glaube ich, dass einige mit der Frage nach der *Belohnung* beginnen wollen und nie darüber hinauskommen. Niemand wird erfolgreich sein, der nicht die Disziplin aufbringt, sich auch um die ersten beiden Bereiche zu kümmern, bevor er den dritten hinzufügt.

Der Philosoph William James drückte dies so aus: „Die Kunst, weise zu sein, ist die Kunst zu wissen, was man übersehen sollte.“ Wenn Sie Ihre Prioritäten richtig setzen, indem Sie diese drei Fragen beantworten, werden Sie auch viel mehr Ahnung davon haben, was sie übersehen sollten.

> *„Die Kunst weise zu sein, ist die Kunst zu wissen, was man übersehen sollte.“*
> – WILLIAM JAMES

## Bleiben Sie bei Ihren Stärken

Man wird heute nicht für eine durchschnittliche Leistung bezahlt. Die Menschen halten heute nicht nach einem durchschnittlichen Restaurant Ausschau oder nach einem mittelmäßigen Film, wenn sie ausgehen. Arbeitgeber stellen keine Verkäufer ein, die als Mr. Durchschnitt bekannt sind. Und niemand sagt: „Vergeben wir den Auftrag an eine Firma, die die Aufgabe halbwegs gut erledigen wird.“

Für meine Gemeinde war es ein großer Tag, als ich mit der Seelsorge aufhörte und mich nicht weiter in administrativen Details verlor. Aber bis ich meine Stärken herausfand, dauerte es noch eine Weile. Wenn auch Sie noch nicht wirklich wissen, was Ihre Stärken sind, werden Sie vielleicht ein paar der folgenden Vorschläge ausprobieren wollen. Sie gründen auf dem, was ich tat, um meine eigenen zu finden:

1. **Versuch und Irrtum:** Nichts schult Sie besser als der eigene Erfolg und Misserfolg. Immer wenn Ihnen etwas als „Versuch" erscheint und Sie viele Fehler machen, ist es wahrscheinlich Zeit, zum Nächsten überzugehen. Sie müssen jedoch das Risiko des Irrtums eingehen, um Ihre Stärken zu finden.

2. **Suchen Sie den Rat anderer:** Andere darum zu bitten, Ihre Effektivität zu beurteilen, ist nicht immer ganz leicht, aber stets sehr hilfreich. Stellen Sie nur sicher, dass Sie sich Menschen suchen, die nicht ihre eigenen Pläne verfolgen – außer dem, Ihnen zu helfen.

3. **Persönlichkeitstests:** Hier können zum Beispiel der *DISG*, *Einfach typisch* von Florence Littauer oder der *Myers-Briggs-Typindikator* sehr hilfreich sein. Diese helfen Ihnen, einige natürliche Neigungen zu erkennen, ein paar Stärken zu definieren, aber auch Schwächen zu sehen, die Sie bisher nicht beachtet haben.

4. **Persönliche Erfahrung:** Sie bekommen ein wirklich gutes Gespür dafür, wie gut Sie etwas ausführen, wenn Sie es mehrmals tun. Erinnern Sie sich bloß an eines: Erfahrung ist nicht immer der beste Lehrmeister – reflektierte Erfahrung ist es dagegen schon!

Der Britische Premierminister William Gladstone sagte einst: „Weise ist, wer seine Energie nicht darauf verschwendet, nach dem zu trachten, wozu er nicht geschaffen wurde; und noch weiser ist der, der unter all den Dingen, die er gut kann, jene wählt und unablässig verfolgt, in denen er der Beste ist." Je mehr Sie im Bereich Ihrer Stärken bleiben, desto größer ist Ihre Produktivität und desto größer ist Ihre Chance, Ihr volles Potenzial zu entfalten.

*„Erfahrung ist nicht immer der beste Lehrmeister – reflektierte Erfahrung ist es dagegen schon!"*

## *Wie man die Prioritäten im Alltag lebt*

Nachdem ich die Entscheidung für ein Leben nach meinen Prioritäten getroffen hatte, fand ich sehr schnell heraus, dass diese ganz leicht durcheinandergerieten. Deshalb muss man sie ständig neu festlegen und im Auge behalten. Mich erinnert folgender Satz ständig daran, die Ordnung meiner Prioritäten zu wahren: *Ich werde jeden Tag nach meinen eigenen Prioritäten leben.* Was bedeutet das? Dazu fünf Dinge:

### 1. Legen Sie täglich Ihre Prioritäten fest

Ein Mann besuchte das Meisterschaftsspiel im amerikanischen Profi-Football und bahnte sich seinen Weg in die letzte Reihe ganz oben am Rand des Stadions bis zu seinem Sitz. Nachdem das Spiel begonnen hatte, erblickte er einen freien Platz in einer der besten Sitzreihen. Er bahnte sich seinen Weg und fragte den Mann neben dem freien Platz: „Entschuldigen Sie, aber sitzt hier jemand?"

„Nein", antwortete der Herr. „Die Sitzkarte gehört sogar mir. Ich wollte eigentlich mit meiner Frau das Spiel besuchen, aber sie ist gestorben. Seit wir im Jahr 1967 geheiratet haben, ist das hier das erste Meisterschaftsspiel, das wir nicht zusammen sehen."

„Das ist sehr traurig. Aber haben Sie denn niemanden finden können, der Sie zum Spiel begleitet. Einen guten Freund zum Beispiel oder einen Verwandten?"

„Nein", lautete erneut die Antwort. „Sie sind alle bei ihrer Beerdigung."

Prioritäten sind nicht in Stein gemeißelt. Man muss sie jeden Tag neu betrachten. Warum? Weil sich die Umstände ständig ändern. Führen Sie deshalb Abläufe dafür ein, wie Sie Dinge erledigen. Ihre Werte haben, sobald sie definiert worden sind, Bestand. Auf diese können Sie sich verlassen. Aber die Art, wie sie umgesetzt werden, muss flexibel bleiben.

## 2. Verplanen Sie Ihre Zeit achtsam

Ich las, dass Charles Schwab, der Geschäftsführer von Bethlehem Steel, sich Anfang des 20. Jahrhunderts mit Ivy Lee, einem Berater für Öffentlichkeitsarbeit und Unternehmensführung, traf, weil er die Produktivität seiner Firma steigern wollte. „Wir wissen, was wir tun sollten", erklärte Schwab. „Wenn Sie uns einen besseren Weg aufzeigen können, wie wir all das erledigen können, dann werde ich Ihnen zuhören – und jeden Preis, der annähernd realistisch ist, dafür bezahlen."

Lee antwortete, dass er ihm helfen könne und dazu nur 20 Minuten seiner Zeit benötige. Er reichte Schwab ein leeres Blatt Papier und bat ihn: „Schreiben Sie die sechs wichtigsten Dinge auf, die Sie morgen zu tun haben."

Nachdem Schwab dies getan hatte, fuhr er fort: „Ordnen Sie diese Punkte nun nach ihrer Wichtigkeit für Sie und Ihr Unternehmen." Danach stellte ihm Lee folgende Aufgabe: „Stecken Sie dieses Blatt in Ihre Tasche, nehmen Sie es morgen früh als Erstes heraus und sehen Sie sich den ersten Punkt an. Schauen Sie nicht auf die anderen Dinge, sondern nur auf Nummer eins. Beginnen Sie mit der Aufgabe und bleiben Sie dabei, bis sie erledigt ist. Dann fahren Sie mit Nummer zwei auf dieselbe Art und Weise fort, dann Nummer drei und so weiter, bis Sie am Ende des Tages sind. Machen Sie sich keine Sorgen, wenn Sie nur Nummer eins oder zwei bearbeitet haben. Sie haben an den wichtigsten Punkten gearbeitet. Die anderen hätten Sie auch mit einer anderen Methode nicht erledigen können. Und ohne jede Art von System würden Sie wahrscheinlich zehnmal so lange brauchen – und hätten wahrscheinlich nicht einmal entsprechend der Wichtigkeit gehandelt."

„Gestalten Sie jeden Arbeitstag auf diese Weise", sagte Lee. „Und wenn Sie sich selbst von dieser Arbeitsweise überzeugt haben, dann geben Sie diese an Ihre Leute weiter. Versuchen Sie es, solange Sie wollen und dann überweisen Sie mir die Summe, die Ihnen für diese Idee angemessen erscheint."

Nach einigen Wochen erhielt Lee eine Überweisung über 25 000 Dollar und einen Brief, in dem Schwab schrieb, dass dies die lohnendste Lektion gewesen war, die er je gelernt hatte. Kurz darauf wurde Bethlehem Steel zur größten unabhängigen Stahlproduktion jener Zeit.

Einer Umfrage zufolge, die von Day-Timers, Inc., durchgeführt wurde, planen nur ein Drittel der Amerikaner ihren Tag. Und nur 9 % handeln danach und beenden, was sie sich vorgenommen haben. [6] Wenn Sie effektiv sein wollen, müssen Sie es schaffen zu planen. Ich plane meinen Kalender immer im 40-Tage-Rhythmus. Wenn ich einen Tag beginne, habe ich diesen bereits komplett durchstrukturiert – Stunde für Stunde. Es kommt sehr selten vor, dass ich morgens aufwache und mich frage, was ich heute wohl tun werde – sogar im Urlaub.

### 3. Setzen Sie Ihre Pläne um

Ich möchte nicht Ihre Intelligenz anzweifeln, indem ich den Vorschlag mache, Ihre Pläne auch in die Tat umzusetzen, aber es muss einfach gesagt werden. Gemäß Alec Mackenzie, einem Experten im Bereich Zeitmanagement, besagen Studien, dass die meisten Führungskräfte erst am Nachmittag zu ihren wichtigsten Aufgaben kommen. Warum? Sehr viele bearbeiten erst die Aufgaben mit niedriger Priorität, um schon ein gewisses Erfolgsgefühl zu haben. [7]

Johann Wolfgang von Goethe sagte: „Die Dinge, die am wichtigsten sind, sollten niemals den Dingen ausgeliefert sein, die weniger wichtiger sind.“ Wenn Sie in Ihrem Leben Prioritäten setzen und Ihren Tag planen, dies aber nicht umsetzen, dann werden Sie das gleiche Ergebnis haben wie derjenige, der überhaupt keine Prioritäten setzt.

### 4. Delegieren Sie so viel wie möglich

Ich habe beobachtet, dass es zwei Kategorien von Menschen gibt, wenn es darum geht zu delegieren: die Bewahrer und die Voreiligen. Die Bewahrer wollen nichts loslassen, von dessen Wichtigkeit sie überzeugt sind – egal, ob sie darin der Beste sind oder nicht. Ihr Ziel ist Perfektion. Die Voreiligen wollen die Aufgaben schnell erledigt haben, achten jedoch wenig darauf, wie erfolgreich ihre Bemühungen des Delegierens sind. Ihr Ziel ist es einfach, die Aufgaben vom Schreibtisch zu haben.

Wie findet man also den richtigen Maßstab? Wann ist es an der Zeit, etwas abzugeben, und wann sollte man etwas weiterhin selbst erledigen? Ich wende folgenden Grundsatz an: Wenn es jemanden gibt, der dieselbe Aufgabe zu 80 % wie ich persönlich erledigen kann, dann gebe ich sie ab. Das ist schon verflixt gut. Und wenn ich gut darin bin, andere zu motivieren, zu ermutigen und zu belohnen, dann werden sie nur noch besser. Auf diese Weise habe ich schon viele Verantwortungsbereiche abgegeben und nach einer Weile war die verantwortliche Person in ihrer Aufgabe sogar viel besser, als ich es jemals hätte sein können. Wenn das eintrifft, dann hat sich alles gelohnt!

Heute habe ich viele Menschen in meinem Team, die vieles weitaus besser tun als ich selbst. Sie gleichen meine Schwächen aus und sie übertreffen meine Erwartungen. Sie machen es mir möglich, viel mehr zu erreichen, als ich es selbst könnte, und sie geben mir die Möglichkeit, meine Prioritäten zu leben. Der Rat des Managementexperten Peter Drucker ist einfach wahr: „Keine Führungskraft hat je darunter gelitten, dass ihre Untergebenen stark und effektiv sind."

> *„Keine Führungskraft hat je darunter gelitten, dass ihre Untergebenen stark und effektiv sind."*
> *– Peter Drucker*

## 5. Investieren Sie täglich in die richtigen Menschen

Es gibt noch einen weiteren Bereich zum Thema Prioritäten, den man ansprechen muss: Es ist sehr wichtig, Schwerpunkte dabei zu setzen, welchen Menschen ich meine Zeit widme. Mein Freund Waylon Moore hat beobachtet, dass wir oft „die wichtigste Zeit mit Menschen verbringen, die Probleme mitbringen, anstatt mit den Menschen, die großes Potenzial mitbringen". Ich glaube, dass das absolut zutrifft.

Wonach entscheiden Sie, mit wem Sie Zeit verbringen? Sicherlich wollen Sie jedem mit Respekt begegnen und versuchen, gute, positive Beziehungen zu führen. Aber Sie sollten nicht mit jedem gleich viel Zeit verbringen. Dies sind die Punkte, durch die ich herausfinde, wo ich meine Zeit investieren will:

- Beitrag zum gesamten Team
- natürliche Begabungen
- Verantwortung
- Zeitpunkt
- Potenzial
- Lerneffekt

Zurzeit verbringe ich am liebsten Zeit damit, Kevin Small zu unterstützen, den Geschäftsführer von INJOY, einer meiner Firmen. Er hat enormes Talent. Sein Potenzial ist schier endlos. Niemand beeinflusst das Team so sehr wie er. Er ist im Alter von 32 Jahren bereits einer der besten Führungskräfte des Landes. Ich kann es kaum abwarten zu erleben, wie er sich in den nächsten zehn Jahren entwickeln wird.

## *Kurzer Rückblick zum Thema Prioritäten*

Ich bin sehr dankbar, dass ich schon früh in meinem Leben lernen durfte, Prioritäten zu setzen. Keine weitere Entscheidung war für mein Leben und meine Karriere von größerer Bedeutung. Und das ist der Grund dafür:

| | |
|---|---|
| In meinen 20er-Jahren … | nahmen meine Prioritäten mir meine Schuldgefühle, nicht alles tun zu können. |
| In meinen 30er-Jahren … | halfen mir meine Prioritäten dabei, meine Stärken von meinen Schwächen zu unterscheiden. |
| In meinen 40er-Jahren … | ermöglichten mir meine Prioritäten eine reiche Ernte meiner Arbeit. |
| In meinen 50er-Jahren … | erlauben es mir meine Prioritäten, Mitarbeiter im Bereich meiner Schwächen einzusetzen. |

Wenn Sie Ihren Fokus verstärken und effektiver als jemals zuvor sein wollen, dann treffen Sie die Entscheidung, in Ihrem Leben Prioritäten zu setzen, und leben Sie diese täglich.

## *Die Kinder sind ihre Priorität*

Immer wenn Menschen die höchste Karrierestufe in ihrem Beruf erreichen, können Sie sicher sein, dass ihnen das Thema Prioritäten extrem wichtig ist. Dies trifft sicherlich auch auf Betsy Rogers zu, einer Lehrerin aus Leeds, Alabama, die im Jahr 2003 zur nationalen Lehrerin des Jahres gewählt worden ist. Rogers kann sich nicht daran erinnern, jemals einen anderen Berufswunsch als Lehrerin gehabt zu haben. Es liegt ihr im Blut – und in ihrer Familie. Schon ihre Großmutter begann im ländlichen Alabama mit gerade einmal 16 Jahren zu unterrichten. Ihre beiden Schwestern folgten ihr. Und Rogers Mutter unterrichtete mehr als 50 Jahre in der Sonntagsschule. Als Betsy Rogers also ihr Studium begann, studierte sie natürlich Lehramt.

„Ich wollte die Welt für sie verändern", sagte Rogers. „Und ich brauchte einige Jahre, um zu erkennen, dass ich die Welt, in der meine Schüler lebten, nicht verändern konnte. Ich verstand aber, dass die Schule für einige meiner Schüler der Lebensmittelpunkt war und verschrieb mich der Aufgabe, mein Klassenzimmer in einen Ort zu verwandeln, an dem sie sich sicher fühlen und wo Kinder, die unter bedauernswerten Umständen lebten, Freude erleben konnten." [8]

1974 begann Rogers zu unterrichten, gleich nach ihrem Abschluss. Sie nahm sich für sechs Jahre eine Auszeit, um sich um ihre Söhne zu kümmern, bis sie in die Schule kamen, wusste aber stets, dass sie ins Klassenzimmer zurückkehren würde. Auch in dieser Zeit weiter in ihrer Heimatstadt ans öffentliche Leben angeschlossen zu sein, war eine ihrer Prioritäten. Deshalb kaufte sie sich zusammen mit ihrem Mann in den frühen 1980er-Jahren eine verlassene Farm in der Nähe ihrer Schule. Rogers sagte:

> „Als mein Mann und ich uns vor 21 Jahren dazu entschieden, mit unserer Familie aus einer wohlhabenden Gegend weg nach Leeds zu ziehen, war unser Beweggrund, unsere Kinder in einer Gegend mit facettenreicheren Menschen und in einem ländlicheren Gebiet aufzuziehen. … Viele meiner Kollegen glaubten nicht, dass es einen Nutzen hätte, in der Stadt zu leben, in der man auch unterrichtete. Aber ich konnte feststellen, dass es sehr gewinnbringend und produktiv war, Beziehungen hier in Leeds zu haben. Indem wir hier lebten und arbeiteten, war ich ein echter Eckpfeiler der Gesellschaft geworden." [9]

Dadurch, dass sie diese gesellschaftliche Bindung zu ihrer Priorität gemacht hatte, war sie für ihre Schüler eine viel bessere Lehrerin. Sie erreichte die Eltern, konnte die Schüler zu sich nach Hause einladen und nahm an vielen ihrer außerschulischen Aktivitäten teil. „Wir sollten stolz auf unseren Beruf sein", sagte sie. „Wir müssen Vorbilder sein. Und wir sollten nie die Tatsache vergessen, dass wir auch Einfluss auf Dinge haben, die uns vielleicht immer verborgen bleiben." [10]

## *Fokussiert auf ständigen Fortschritt*

Da Rogers fokussiert ist, wird sie ständig besser und arbeitet unablässig daran, ihr volles Potenzial in ihrem Bereich auszuschöpfen. Sie ist davon überzeugt, dass Lehrer ein Vorbild für leidenschaftliches, lebenslanges Lernen sein müssen – und sie belässt es nicht bei einem Lippenbekenntnis. Als ihre beiden Kinder an die Universität gehen, nimmt auch sie das Studium wieder auf. Seitdem hat sie drei weitere Abschlüsse gemacht – 1998, 2000 und 2002.

Als nationale Lehrerin des Jahres erwartet man von ihr, dass sie ein Jahr damit verbringt, Schulen zu besuchen, und dass sie eine internationale Fürsprecherin zum Thema Bildung ist. Sobald sie damit fertig ist, könnte sie ihre Anerkennung als Sprungbrett nutzen, um als Ausbilderin tätig zu sein oder eine besser bezahlte Stelle in der Verwaltung anzutreten. Doch das ist nicht ihr Ziel. Laut Bob Neighbors, dem zuständigen Leiter ihres Bezirks, hat sich Rogers für eine Stelle an einer ländlichen Schule beworben, die aufgrund schlechter Testergebnisse auffällig geworden ist. [11] Was bringt es letztendlich, ständig nach persönlichem Wachstum zu streben, wenn sie am Ende ihr Wissen nicht dazu einsetzen kann, anderen zu helfen? Die Nachbarn bezeichnen Rogers als einen „dieser außergewöhnlichen Menschen, für den das Unterrichten nicht nur ein Beruf ist, sondern Freude, tägliches Abenteuer und Berufung.“ [12] Rogers selbst fasst es so zusammen: „Mir wurde beigebracht, dass wir auf dieser Erde sind, um anderen zu dienen.“ [13] Das ist ihre Priorität – und diese lebt sie jeden Tag!

## *Prioritäten – Anwendung und Übungen*

Wie man täglich die wichtigen Prioritäten wählt und umsetzt

### Die heutige Entscheidung für Ihre Prioritäten

Wo stehen Sie gerade, wenn es um Ihre heutigen Prioritäten geht? Beantworten Sie sich selbst folgende drei Fragen:

1. *Habe ich bereits eine Entscheidung getroffen, täglich die wichtigsten Prioritäten festzulegen und diese umzusetzen?*
2. *Wenn dem so ist, wann habe ich die Entscheidung getroffen?*
3. *Was genau habe ich entschieden? (Schreiben Sie es hier auf.)*

____________________________________________

____________________________________________

____________________________________________

### Ihre tägliche Disziplin für Ihre Prioritäten

Ausgehend von Ihrer Entscheidung, die Sie bezüglich der Prioritäten getroffen haben – was ist der eine Bereich, den Sie *heute und jeden Tag* üben müssen, um erfolgreich zu sein? Schreiben Sie es hier auf.

____________________________________________

____________________________________________

____________________________________________

____________________________________________

## Das gestrige Versäumnis aufholen

Wenn Sie Hilfe dabei brauchen, die richtige Entscheidung zu treffen und die tägliche Disziplin zu entwickeln, um diese zu leben, dann machen Sie folgende Übungen:

1. *Wie haben Sie Zeit in der Vergangenheit betrachtet? Haben Sie sie als wertvolles Gut geschätzt oder sind sie nachlässig mit ihr umgegangen? Wie hat Ihr Umgang mit Zeit Ihr bisheriges Leben gestaltet?*

2. *Nehmen Sie sich einen Tag frei und denken Sie intensiv über die Fragen in diesem Kapitel nach:*

   Was wird von mir verlangt?
   Was bringt mir den größten Gewinn?
   Was schenkt mir die größte Erfüllung?

   *Inwiefern drängt Sie die Auswertung dieser drei Bereiche dazu, Ihr bisheriges Leben zu verändern?*

3. *Versuchen Sie, Ihr nächstes großes Ziel anhand des folgenden Rasters zu verwirklichen:*

   - Prioritäten setzen: Erkennen Sie, was wichtig ist.
   - Organisieren: Entscheiden Sie, wie etwas getan wird.
   - Planen: Entscheiden Sie, wann Sie es tun werden.
   - Kommunikation: Teilen Sie Ihre Prioritäten Ihrem Team mit.
   - Durchführung: Folgen Sie Ihrem Plan bis zum Schluss.
   - Auswertung: Betrachten Sie sich selbst und Ihr Ergebnis im Licht Ihrer Prioritäten.

## Freuen Sie sich auf morgen

Nehmen Sie sich nun einen Moment Zeit und denken Sie darüber nach, wie Ihre Entscheidung für Ihre Prioritäten und deren tägliche Umsetzung, die daraus resultiert, Ihre Zukunft positiv beeinflussen werden. Wie wird das belohnende Ergebnis aussehen? Schreiben Sie es auf:

____________________________________________________

____________________________________________________

____________________________________________________

____________________________________________________

Behalten Sie sich das Aufgeschriebene als eine bleibende Erinnerung, denn …

Ihre heutigen Gedanken sind der Motor für die tägliche Disziplin und

Ihre tägliche Disziplin maximiert Ihre gestrige Entscheidung.

KAPITEL 5

# Meine heutige Gesundheit schenkt mir Kraft

Dieses Kapitel muss ich mit einem Bekenntnis beginnen: Für gewöhnlich denken die Leute, dass der Autor eines Buches, besonders wenn es sich um ein Buch voller Ratschläge handelt, ein Experte auf dem Gebiet ist, über das er schreibt. Wenn es aber um Gesundheit geht, trifft dies auf mich nicht zu.

Die meiste Zeit meines Lebens ließ ich dieses Thema links liegen. Ich vernachlässigte meine Gesundheit einfach und hatte das Privileg, immer mit Gesundheit gesegnet zu sein. Das Einzige, das mich alljährlich plagte, war ein Heuschnupfen, aber auch den lernte ich zu umgehen. Tatsächlich musste ich in den 30 Jahren als Vortragender, erst als Pastor und dann als Seminarredner, nicht einen einzigen Termin aufgrund von Krankheit absagen. Nicht einen! Ich wurde einfach nicht krank und hatte schon immer sehr viel Energie. Sogar wenn ich mich übernahm, hatte ich noch viel Energie übrig.

Ich führte einen rasanten Lebensstil. Zehn Jahre lang hatte ich zwei anspruchsvolle Aufgaben gleichzeitig. Ich leitete eine Gemeinde mit mehr als 3 000 Menschen, über 50 Mitarbeitern und einem Budget von mehr als fünf Millionen Dollar pro Jahr. Gleichzeitig stand ich an der Spitze einer

Organisation zur Ausbildung von Führungskräften, für die ich mehr als 100 Tage im Jahr unterwegs war, um Vorträge zu halten. Als ich meinen pastoralen Dienst schließlich aufgab, um mich ganz meiner Organisation zu widmen, verdoppelte sich meine Reisezeit. Außerdem vergrößerte ich die Firma und erhöhte die Zahl der Mitarbeiter von 18 auf 175.

Diesen Lebensstil beizubehalten, bedeutete, dass ich wenig Sport trieb, mich schlecht ernährte und übergewichtig war. Aber ich machte mir keine Sorgen. Jedes Jahr führte ich einen Gesundheitstest durch und bekam von meinem Arzt hervorragende Bewertungen. Also betrachtete ich meine Gesundheit als selbstverständlich.

## *Feier des Herzens*

Doch alles änderte sich am 18. Dezember 1998. An diesem Tag fand die jährliche Weihnachtsfeier für meine Angestellten und deren Lebenspartner statt. Wir hatten ein langes Abendessen genossen und viele von uns freuten sich an der Musik und tanzten. Am Ende er Feier fühlte ich mich nicht gut. Einer meiner Mitarbeiter umarmte mich zum Abschied und spürte den kalten Schweiß auf meinem Nacken. Kurz darauf fühlte ich plötzlich einen heftigen Schmerz in meiner Brust, der mich in die Knie zwang. Ich hatte noch nie zuvor so etwas erlebt. Als ich am Boden lag und auf den Notarzt wartete, hatte ich das Gefühl, als ob ein Elefant auf meinem Brustkorb säße. Ich war dankbar dafür, dass Margaret, unsere Kinder und viele meiner engsten Freunde anwesend waren, denn ich dachte, ich würde das hier nicht überleben.

Im Krankenhaus angekommen, sagte man mir, dass ich einen schweren Herzinfarkt erlitten hatte. Und als ich so im Behandlungsraum lag und die Ärzte in den nächsten Stunden verschiedene Behandlungsmethoden ausprobierten und nichts zu funktionieren schien, rief meine Assistentin Linda Eggers einen Bekannten von mir an. Bereits sechs Monate zuvor hatte ich mich mit John Bright Cage, einem Kardiologen aus Nashville, getroffen und er hatte mir mitgeteilt, dass er um meine Gesundheit sehr besorgt sei. Am Ende unseres Gesprächs hatte er mir gesagt, dass ich ihn immer anrufen könne – ob Tag oder Nacht –, wenn ich seine Hilfe bräuchte, und hatte mir seine persönliche Telefonnummer überlassen. Deshalb rief ihn Linda nun um zwei Uhr in der Nacht an. Weniger als eine Stunde später erschien Dr. Jeff Marshall mit einigen seiner Kollegen und meinte: „Das A-Team ist nun da." Dr. Cage hatte einen seiner besten Kardiologenkollegen in Atlanta angerufen und ihn gebeten, mir zu helfen.

In den frühen Morgenstunden vollbrachte Dr. Marshall also das Kunststück, ein Blutgerinnsel zu entfernen, das den Weg in mein Herz gefunden hatte. Er hat mir das Leben gerettet. Später erzählte er mir, dass er ein Verfahren angewandt hatte, das erst kurze Zeit zuvor entwickelt worden war. Wenn ich den Herzinfarkt ein oder zwei Jahre früher gehabt hätte, hätte man nichts für mich tun können. Er wäre mein Todesurteil gewesen!

## *Warum die Gesundheit heute wichtig ist*

Eigentlich scheint es mehr als offensichtlich, dass unsere Gesundheit heute wichtig ist. Trotzdem glaube ich, dass ich es erwähnen muss, denn viele Menschen behandeln ihren Körper so, wie ich auch meinen Körper mehr als 50 Jahre behandelt habe. Deshalb will ich hier zusammenfassen, was hinsichtlich Ihrer Gesundheit besonders wichtig ist:

### Ihre Gesundheit beeinflusst Sie emotional, intellektuell und spirituell

Man kann vielen Dingen, die einem gefährlich werden können, aus dem Weg gehen. Man kann einen riskanten Beruf aufgeben. Man kann aufgrund des Klimas umziehen. Man kann sich von einer Person, die einem Böses will, fernhalten. Aber seinen Körper kann man nicht verlassen. Solange man lebt, ist man an ihn gebunden. Wenn man also Entscheidungen so trifft, dass einem ständig etwas wehtut oder man nicht gesund ist, beeinflusst dies jeden Aspekt des Lebens – das Herz, den Verstand und den Geist. Denken Sie bloß daran, wie schwer es ist, positiv zu sein, sich zu konzentrieren oder zu beten, wenn man Zahnschmerzen hat. Noch ernstere Zustände lenken natürlich noch viel mehr ab.

### Die Gesundheit bestimmt oftmals die Qualität, aber auch die Quantität des Lebens

Mein Freund Zig Ziglar fragt stets: „Wenn Sie ein millionenschweres Rennpferd im Stall hätten, würden Sie zulassen, dass es Zigaretten raucht, Whiskey trinkt und jede Nacht durchfeiert? Wie wäre es mit einem Hund, der 1 000 Dollar wert ist?" Natürlich würden Sie das unterbinden. Ein Rassepferd, das nicht die entsprechende Pflege erhält, könnte niemals ein Rennen gewinnen. Ein kranker Hund hätte keine Lebensqualität und wäre ungehorsam. Die Frage dahinter lautet natürlich: Wenn Sie es Ihren Tieren nicht erlauben würden, diese Dinge zu tun, warum erlauben Sie es sich selbst?

Kennen Sie jemanden, der exzessiv trinkt, raucht oder Drogen nimmt? Der Missbrauch führt manchmal sehr früh zum Tod. Andere altern vorzeitig und leiden unter schwerwiegenden Gesundheitsproblemen.

### Es ist einfacher, seine Gesundheit zu erhalten, als diese wiederzuerlangen

Die Menschen sind schon seltsam. Wenn sie jung sind, setzen sie ihre Gesundheit ein, um reich zu werden. Später bezahlen sie dann jeden Preis dafür, ihre Gesundheit zurückzuerlangen. Ich bin in eine ähnliche Falle geraten, obwohl ich keinen Reichtum anzuhäufen versuchte. Meine Motive waren meine Mission und das Verlangen, etwas zu erreichen. Deshalb unterliefen mir einige schwerwiegende Fehler:

- Ich war arrogant, was meine Gesundheit betraf.
- Ich dachte, ich sei gesund, nur weil ich mich gut fühlte.

- Ich arbeitete zu viel.
- Ich trieb zu wenig Sport.
- Ich hörte nicht auf meine wahren Freunde, die vergebens versucht hatten, mich auf meinen Lebensstil aufmerksam zu machen.

Es ist immer leichter, die Gesundheit zu erhalten, als sie wiederzuerlangen. (Vielleicht erinnern Sie sich daran, wie es sich anfühlt, nach einer längeren Pause in der nächsten Saison für eine Sportart wieder fit zu werden.) Unglücklicherweise sind einige Gesundheitseinbußen permanent und man kann sie nicht wiedererlangen, sobald sie verloren sind.

> *„Die Menschen sind schon seltsam.*
> *Wenn sie jung sind, setzen sie ihre Gesundheit ein,*
> *um reich zu werden. Später bezahlen sie dann jeden Preis*
> *dafür, ihre Gesundheit zurückzuerlangen."*

## *Der Entscheidungsprozess: Wie man täglich die wichtigen Gesundheitsleitlinien erkennt und umsetzt*

Als ich mich nach meinem Herzinfarkt vollständig erholt hatte, war ich sehr dankbar dafür, am Leben zu sein. Herz-Kreislauf-Erkrankungen sind in den USA und Europa die Todesursache Nummer eins. [1] Aber den wahren Segen erkannte ich erst, als mir Dr. Marshall mitteilte, dass mein Herz keinerlei Schaden zurückbehalten hatte. Das bedeutete, dass ich einer vollständigen Genesung entgegensehen konnte.

Dr. Marshall erzählte mir auch, dass Männer, die einen frühen Herzinfarkt überlebten (und daraus lernten) oftmals länger und gesünder lebten als jene, die nie einen Herzinfarkt erlitten hatten. Der Schlüssel für meine gesundheitliche Zukunft lag also in meiner Bereitschaft, die Entscheidung zu treffen, meinen Lebenswandel zu ändern und diesen beizubehalten. Ganz speziell riet er mir, auf fettarme Speisen zu achten und mich jeden Tag zu bewegen. Sicher hatte ich schon viele Diäten zuvor ausprobiert, aber oftmals endeten sie dann so:

**Frühstück:**
½ Grapefruit
eine Scheibe Vollkornbrot
250 Milliliter Magermilch

**Mittagessen:**
100 Gramm Hühnerbrust ohne Haut
etwas Brokkoli
ein Keks
ungesüßter Tee

**Nachmittagssnack:**
ein paar Kekse
etwas Eis
ein Schokoriegel

**Abendessen:**
zwei Knoblauchbrote
eine große Pizza Salami
eine große Cola
drei Milky-Way-Riegel
ein ganzer gefrorener Käsekuchen, den ich gleich am Gefrierschrank gegessen habe

Sonst nichts! Mit 51 Jahren habe ich dann meine Gesundheitsentscheidung getroffen: ***Ich werde mich gut versorgen, indem ich Sport treibe und das Richtige esse.***

Wenn Sie den Wert der Gesundheit erkennen und es Ihnen trotzdem schwerfällt, eine Verpflichtung für das Einhalten bestimmter Gesundheitsleitlinien einzugehen, dann werden Ihnen folgende Vorschläge wahrscheinlich helfen, Ihre Aufmerksamkeit auf das Thema zu richten und es anzugehen:

## Haben Sie ein Ziel, für das es sich lohnt zu leben

Eine Perspektive zu haben, ist für jeden, der das Richtige tun möchte, absolut wichtig. Wenn man etwas hat, wofür es sich lohnt zu leben, möchte man nicht nur länger leben, sondern man erkennt auch die Wichtigkeit der einzelnen Schritte auf dem Weg dorthin. Und wenn man das große Bild vor Augen hat, befähigt uns dies, mit kleinen Störfaktoren besser umzugehen.

Im Gegensatz dazu fällt es schwer, sich zu motivieren, wenn man keine Hoffnung für die Zukunft hat. Der Blick auf den Sinn im Leben hilft dabei, eine Entscheidung zu treffen und diese dann auch umzusetzen – mit der Disziplin, die nötig ist, diese Veränderung auch dauerhaft durchzuhalten. Nach meinem Herzinfarkt fand ich heraus, dass dies wahr ist. Ein Freund, der während meiner Genesungszeit sehr viel Zeit mit mir verbrachte, beobachtete, dass ich das Dessert immer zurückgehen ließ. Das war so gar nicht charakteristisch für mich und deshalb fragte er schließlich: „Hast Du Dein Verlangen nach Süßem verloren?"

„Nein", antwortete ich, „aber mein Verlangen nach dem Leben ist größer."

> *„Es fällt schwer, sich zu motivieren, wenn man keine Hoffnung für die Zukunft hat."*

## Gehen Sie einer Arbeit nach, die Sie gerne tun

Eine der größten Stressquellen der heutigen Zeit ist es, einen Beruf auszuüben, den man nicht mag. So wie Lily Tomlin, eine Komödiantin, sagt: „Das Problem beim Rattenrennen ist, dass man immer noch eine Ratte ist, auch wenn man das Rennen gewinnt.“ Ich denke, dass es zwei große Frustrationspunkte gibt, die dem Stress beisteuern: Einer davon ist, eine Arbeit zu erledigen, die man für unwichtig hält. Wenn man einer Arbeit nachgeht, von der man glaubt, dass sie einem selbst oder anderen keinen Nutzen bringt, wird man schnell entmutigt. Und wenn man einen solchen Zustand für eine lange Zeit beibehält, macht einen das fix und fertig. Um gesund zu bleiben, muss die Arbeit im Einklang mit den eigenen Werten stehen.

Ein weiterer Grund, warum viele Menschen ihren Beruf nicht mögen, liegt darin, dass sie eine Arbeit machen, die mit ihren Schwächen übereinstimmt. Niemand kann das lange durchhalten und erfolgreich sein. So finden es zum Beispiel viele Leute schrecklich, vor vielen Menschen zu sprechen. Wie würde es Ihnen gefallen, jeden Tag vor Publikum zu stehen und zu sprechen? Für einige Menschen ist das die allergrößte Angst. Für mich ist es jedoch die größte Freude. Wenn ich sechs oder sieben Stunden auf einem Seminar gesprochen habe, bin ich nicht einmal müde. Ich bin völlig aufgedreht! Vor einem Publikum zu sprechen, beflügelt mich.

Sie können sicher sein, dass Sie im Bereich Ihrer Stärken arbeiten, wenn Sie aus Ihrem Tun Energie gewinnen. Sogar wenn Sie noch am Anfang Ihrer Karriere stehen oder eine neue Unternehmung beginnen und im Moment noch nicht gerade gut in dem sind, was Sie tun, können Sie trotzdem herausfinden, ob diese Tätigkeit in Ihrem Stärkenbereich liegt, indem Sie einfach darauf achten, wie sie auf Rückschläge reagieren. Fehler, die Sie herausfordern, zeigen die Bereiche Ihrer Stärken. Fehler, die Sie erschrecken, zeigen Ihnen Bereiche Ihrer Schwächen.

## Finden Sie Ihr eigenes Tempo

Mickey Mantle sagte angeblich: „Wenn ich gewusst hätte, dass ich so lange leben würde, dann hätte ich besser auf mich achtgegeben."

> *„Wenn ich gewusst hätte, dass ich so lange leben würde, dann hätte ich besser auf mich achtgegeben."*
> – MICKEY MANTLE

Ich denke dieses Zitat trifft auf viele Menschen zu, die ein hohes Alter erreichen. Ein Teil dieser Achtsamkeit besteht auch darin, herauszufinden, welches Tempo für einen das richtige ist, und dieses dann beizubehalten. Wenn Sie ein Leben unterhalb Ihrer Kräfte leben, werden Sie faul. Wenn Sie ständig ein schnelleres Tempo vorlegen, als Sie halten können, brennen Sie aus. Sie müssen Ihre Balance finden!

Wie ich schon an früherer Stelle erwähnte, war ich ein Mensch mit viel Energie und dachte stets, dass es nichts gäbe, was ich nicht tun könnte. Aber 1995, als ich 47 Jahre alt war, war ich es leid, meine Gemeinde und mein eigenes Unternehmen gleichzeitig zu führen. Ich war ziemlich durcheinander. Ich liebte beides, aber plötzlich zahlte ich den Tribut dafür, dass ich über zehn Jahre lang zwei Dinge getan hatte.

Eines Tages sagte ich zu Margaret: „Ich kann nicht mehr. Ich muss entweder die Gemeinde oder mein Unternehmen aufgeben." Margaret war schockiert über meiner Aussage, obwohl sie mir schon seit Jahren riet, meinen vollen Terminkalender zu reduzieren.

„John", sagte sie, „in all den Jahren, in denen ich dich nun schon kenne, höre ich dich zum ersten Mal sagen, dass du erschöpft bist."

Sogar heute noch, mit 57, habe ich die Tendenz, so vieles tun zu wollen, dass ich ein schnelleres Tempo vorlegen müsste, als gut für mich ist. Es gibt so viele Möglichkeiten, die ich wahrnehmen möchte, Bücher, die ich noch schreiben möchte, und Menschen, denen ich gerne helfen würde. Ich versuche ständig, die Balance zu finden zwischen meinem Verlangen, das richtige Tempo einzuhalten, und meinem Bestreben, das Bestmögliche aus meiner Lebenszeit herauszuholen.

## Erkennen Sie Ihren persönlichen Wert

In den Wochen und Monaten nach dem Terroranschlag auf das World Trade Center wurde der Song „God bless America" wieder sehr beliebt und ständig auf Bällen und anderen Veranstaltungen gespielt. Er wurde von Irving Berlin geschrieben, dem Komponisten vieler bekannter Hits, wie zum Beispiel „White Christmas", „Easter Parade", „Puttin' on the Ritz" und „There's No Business Like Show Business". Ich erinnerte mich noch gut daran, dass ich ein Interview mit ihm in der *Union Tribune* gelesen hatte, als ich noch in San Diego lebte. Don Freeman fragte ihn darin, ob es eine Frage gäbe, von der er sich wünschte, dass man sie ihm einmal gestellt hätte. Berlin antwortete: „Ja, da gibt es wirklich eine. ‚Wie denken Sie über all die Lieder, die Sie geschrieben haben, die aber keine Welthits geworden sind?' Meine Antwort wäre, dass ich *immer noch* davon überzeugt bin, dass sie wundervoll sind!"

Berlin hatte ein starkes Selbstbewusstsein und Vertrauen in seine Arbeit, ganz egal, ob das von anderen auch so gesehen wurde oder nicht. Das trifft sicherlich nicht auf jeden zu. Tatsache ist, dass ein mickriges oder verzerrtes Selbstbild oft die Ursache für viele gesundheitsbedrohliche Zustände oder Aktivitäten ist, angefangen beim Drogenkonsum und Alkoholismus bis hin zu schlechten Essgewohnheiten und Fettleibigkeit.

Die Psychologin Joyce Brothers sagte: „Die Selbstwahrnehmung hat Einfluss auf jegliches menschliche Verhalten. Die Fähigkeit zu lernen … die Möglichkeit für Wachstum und Veränderung … die Wahl der Freunde, Partner und die beruflichen Entwicklungen. Es ist nicht übertrieben zu sagen, dass ein starkes positives Selbstbild die bestmögliche Vorbereitung auf Erfolg im Leben ist." Wenn Ihre Selbstwahrnehmung dazu führt, dass Sie Dinge tun, die Ihre Gesundheit negativ beeinflussen, dann suchen Sie sich bitte Hilfe.

> *„Es ist nicht übertrieben zu sagen, dass ein starkes positives Selbstbild die bestmögliche Vorbereitung auf Erfolg im Leben ist.“*
> *– Dr. Joyce Brothers*

**Lachen Sie**

Der Arzt Bernie S. Siegel schrieb in seinem Buch *Peace, Love and Healing* Folgendes: „Ich habe lange nachgeforscht und traue mich kaum, es zu sagen, aber jeder stirbt – die Liebenden, Jogger, Vegetarier und Nichtraucher. Ich sage Ihnen das, damit diejenigen von Ihnen, die um fünf Uhr morgens aufstehen, um zu joggen, und viel Gemüse essen, auch ab und zu spät ins Bett gehen und sich ein Eis gönnen.“ [2]

Wir sollten das Leben oder uns selbst niemals zu ernst nehmen. Jeder von uns hat Eigenarten, die uns entweder zum Verzweifeln oder zum Lachen bringen. Ich bin zum Beispiel völlig planlos, wenn es um irgendwelche Werkzeuge oder Technik geht. Ich bin nicht der geborene Heimwerker, sondern eher der hoffnungslose Fall. Aber ich lasse nicht zu, dass mich das stört. Wenn Sie über sich selbst laut und oft lachen können, werden Sie herausfinden, wie befreiend das ist. Es gibt keinen besseren Weg zu verhindern, dass Stress zur Verzweiflung führt.

## *Wie man Gesundheit im Alltag lebt*

Für manche scheint es leicht, die Grundsätze für ein gesundes Leben umzusetzen. Mein Freund Bill Hybels scheint einer von ihnen zu sein. Er isst gesund, läuft regelmäßig und hält sein Gewicht im Normbereich. Schon Jahre bevor ich den Herzinfarkt hatte, forderte er mich heraus, endlich besser auf mich achtzugeben. Er witzelte vor Freunden, dass ich immer Steaks und Nachtisch äße, während er sich mit Körnerfutter begnüge. Er hatte recht damit, dass mich das eines Tages einholen würde. Denn obwohl ein großer Teil meines Problems erblich bedingt war, hatte mein Lebensstil alles noch schlimmer gemacht.

Nach meinem Treffen mit Dr. Marshall im Anschluss an meinen Herzinfarkt hatte ich ein neue Disziplin, die ich umsetzen wollte: *Ich werde jeden Tag fettarme Kost zu mir nehmen und mich mindestens 35 Minuten sportlich betätigen.* Er erzählte mir, dass 85 % aller Herzpatienten die Gesundheitsleitlinien innerhalb der ersten sechs Monate wieder über Bord warfen. Obwohl ich die ersten 50 Jahre in diesem Bereich nicht erfolgreich war, war ich fest entschlossen, für den Rest meines Lebens darin erfolgreich zu sein.

Margaret und ich studierten nun alles über das Thema Herz, Low-Fat-Diäten und Sport. Ich wurde ein wahres Vorbild in deren Umsetzung. Und im Mai 2001, als ich Dr. Marshall wieder besuchte, gratulierte er mir. „John", sagte er, „Sie machen alles richtig. Sie müssen sich nun nicht mehr länger als Herzpatient betrachten."

Ich wünschte, ich hätte diese Worte niemals gehört. Dazu müssen Sie wissen, dass ich Essen liebe und sogar mal ein Schildchen mit dem Wort „Essaholic" bekommen habe. Da ich nun diese gute Nachricht von Dr. Marshall erhalten hatte, erlaubte ich es mir, ab und an meine Prinzipien nicht ganz einzuhalten – etwas, das ich in den zweieinhalb Jahren zuvor nicht ein einziges Mal getan hatte. Einige Wochen danach machten Margaret und ich mit Freunden Urlaub in London und ich aß Speisen, die ich in all der Zeit nicht angerührt hatte. Ich genoss jeden Bissen, ganz besonders ‚Fish and Chips'.

Das Problem dabei: Ich hatte aufgehört, nach der Entscheidung zu leben, die ich getroffen hatte. Ich hatte meine Disziplin aufgeweicht. Und nachdem ich meine Verpflichtung nicht mehr zu den vollen 100 % erfüllte, hatte ich ein Problem. Ich brauchte den Sport und meine gesunde Ernährung *jeden Tag*, aber ich kam ins Schlingern: Erst war es jeder Tag, dann waren es die meisten Tage und zuletzt nur noch einige Tage. Ich missachtete meine eigene Predigt, dass *das Heute zählt*. Und vernachlässigt man das ‚Heute' genug, lebt man das ‚Irgendwann', das man eigentlich vermeiden wollte!

Die gute Nachricht: Ich laufe nicht mehr länger ‚neben dem Zug'! Ich habe mich meiner täglichen Disziplin wieder verpflichtet. Und die schlechte: Ich erreiche heute nur mehr etwa 80 % von dem, was ich zuvor getan habe. Dr. Marshall versucht, mir zu helfen. Er ist ein guter Arzt und ein guter Freund und weiß, dass manchmal die beste Medizin der Tritt in den Hintern ist. Der Bereich ‚Gesundheit' ist für mich immer noch ein Kampf, aber ich bin fest entschlossen, ihn zu gewinnen. Und während ich hier einen guten Kampf kämpfe, hoffe ich, dass Sie mir beistehen, indem Sie täglich Folgendes tun:

## Gesund essen

Ein älteres Ehepaar starb eines Tages durch einen Autounfall. Sie waren 60 Jahre verheiratet gewesen und erfreuten sich bester Gesundheit, da die Frau stets auf sportliche Betätigung und gesundes Essen bestanden hatte. Im Himmel trafen sie Petrus am Tor und er begleitete sie zu ihrem Anwesen. Es gab darin eine voll ausgestattete Küche, ein elegantes Schlafzimmer und einen Jacuzzi.

„Das ist wunderschön!", freute sich der Herr, „aber wie viel kostet das?"

„Natürlich nichts", antwortete Petrus. „Das ist der Himmel." Er führte das Paar nach draußen und zeigte ihnen, dass ihr Haus direkt am 18. Loch des Golfplatzes lag, wie der in Augusta.

„Ihr könnt so viel Golf spielen, wie ihr möchtet", sagte Petrus. „Heute in Augusta, nächste Woche wird es Pebble Beach sein, dann St. Andrews – ihr könnt den Plan im Vereinshaus einsehen."

„Das ist unglaublich!", sagte der Mann. „Wie hoch sind die Gebühren?"

„Es gibt keine Gebühren im Himmel. Es ist alles kostenlos", antwortete Petrus.

Als Nächstes besuchten sie das Clubhaus und dort gab es ein Buffet, wie sie es noch nie zuvor gesehen hatten. Es gab Hummer, Kaviar, Prime Rib, exotisches Hähnchen, jede Art von Gemüse hervorragend zubereitet, frisch gebackenes Brot, süße Butter und einen atemberaubenden Tisch mit verschiedenen Desserts.

„Was müssen wir bezahlen, um hier zu essen?", fragte der alte Mann wieder.

„Verstehen Sie nicht?", sagte Petrus etwas genervt. „Das ist der Himmel! Das Essen ist frei. *Alles* ist frei!"

„Ich verstehe", meinte der Mann, „aber wo sind die Tische mit den kalorien- und fettreduzierten Speisen?"

„Das ist das Beste!", meinte Petrus. „Sie können so viel essen, wie sie wollen und werden niemals dick oder krank."

Der alte Mann war außer sich. Er warf seinen Hut auf den Boden, stampfte auf ihm herum und lief schreiend durch den Raum. Als Petrus und seine Frau ihn endlich so zur Ruhe gebracht hatten, dass er wieder sprechen konnte, sah er seine Frau an und meinte: „Das ist alles deine Schuld! Wenn du nicht immer auf deine Frühstücksflocken bestanden hättest, hätten wir schon zehn Jahre eher hier sein können!"

Und Mark Twain beobachtete: „Der einzige Weg, die Gesundheit zu erhalten ist der, zu essen, was man nicht mag, zu trinken, was man nicht mag, und zu tun, was man nicht mag." Twain war schon fast zynisch, aber darin steckt sehr viel Wahrheit. Wenn wir unsere eigenen Gesundheitsleitlinien aufstellen könnten, dann würden die wohl in etwa so aussehen:

- Wenn dir niemand beim Essen zusieht, hat es auch keine Kalorien.
- Wenn man eine Cola light trinkt und dazu einen Schokoriegel isst, heben sich die Kalorien auf.
- Wenn man zusammen mit einem Freund isst und dieser

nimmt genau das Gleiche zu sich, dann zählen die Kalorien für keinen.

- Soulfood zählt gar nicht; Schokolade, Brandy und selbstgemachte Kuchen eingeschlossen.
- Das Geheimnis, dünner auszusehen, liegt darin, die Menschen um einen herum zum Zunehmen zu bewegen.

Der Schlüssel für gesundes Essen liegt in der Ausgewogenheit und in täglicher Disziplin. Verlassen Sie sich nicht auf Crash-Diäten. Und machen Sie sich keine Gedanken über das, was sie gestern gegessen haben. Verschieben Sie gute Essgewohnheiten nicht auf morgen. Versuchen Sie einfach, das zu essen, was im Moment am besten für Sie ist. Konzentrieren Sie sich auf das Jetzt.

> *„Der einzige Weg, die Gesundheit zu erhalten, ist der, zu essen, was man nicht mag, zu trinken, was man nicht mag, und zu tun, was man nicht mag."*
> – Mark Twain

Wenn Sie nicht sicher sind, ob Sie auf dem richtigen Weg sind oder was Sie essen sollen (und was nicht), dann suchen Sie ärztlichen Rat. Ihr Arzt weiß, was Sie tun müssen und wie Sie Ihre Essgewohnheiten ändern sollen.

## Treiben Sie Sport

Die meisten Menschen in meinem Bekanntenkreis lieben entweder Sport und betreiben ihn exzessiv oder sie hassen ihn und vermeiden jegliche Aktivität. Trotzdem ist sportliche Betätigung einer der Schlüssel zu guter Gesundheit. Dr. Ralph S. Paffenbarger, Jr., hat als Epidemiologe und Arzt an der University of California in Berkeley geforscht und einige bahnbrechende Studien durchgeführt. Sie zeigen, welchen Einfluss die Bewegung auf die Gesundheit hat. Paffenbarger schreibt:

> „Wir wissen heute, dass die physische Fitness ein Weg ist, um sich vor Herz-Kreislauf-Erkrankungen, Bluthochdruck und Hirnschlag zu schützen, zudem vor Altersdiabetes, Übergewicht, Osteoporose, wahrscheinlich vor Darmkrebs und anderen Krebsarten und vermutlich auch vor klinischer Depression. Bewegung hat einen enormen Einfluss auf die Lebensqualität.“ [3]

Paffenbarger, der selbst an 151 Marathons teilnahm, behauptet auch, dass Bewegung für alle Altersklassen einen hohen Nutzen hat.

Eine große Herausforderung besteht allerdings darin, dass das sofortige Ergebnis so minimal erscheint. Man stellt sich nach dem Training auf die Waage. Nichts. Man trainiert am nächsten Tag. Nichts. Und am nächsten und übernächsten. Immer noch nichts. Nach der fünften Trainingseinheit bewegt sich die Waage vielleicht um 250 Gramm. So verliert man leicht den Mut, besonders wenn man meist keinerlei Resultat erkennt. Doch die vier Tage Disziplin machen es erst möglich, dass man am fünften Tag eventuell den Erfolg sieht.

Der Schlüssel zum Erfolg in diesem Bereich ist Ausdauer. Ich trainiere mindestens fünf Tage die Woche, indem ich mich für mindestens 35 Minuten auf unser Laufband stelle. Das hat mir mein Arzt empfohlen. Wenn Sie es noch nicht gewohnt sind, sich täglich zu bewegen, dann finden Sie einen Weg, um damit zu beginnen. Es ist zweitrangig, was sie tun, Hauptsache Sie tun etwas. Sprechen Sie mit Ihrem Arzt. Engagieren Sie einen Trainer. Unternehmen Sie alles Nötige, um mit einem für Sie richtigen Ritual zu beginnen.

## Gehen Sie effektiv mit dem Thema Stress um

Vor 100 Jahren noch waren Infektionen der häufigste Auslöser für Krankheiten. Heute ist es Stress. Vor einiger Zeit bin ich über einen Fragenkatalog gestolpert, den die United Kingdom-based National Association für Mentale Gesundheit herausgegeben hat, um herauszufinden, ob Stress für eine Person zum Problem wird. Er hat folgende Fragen enthalten:

- Tangieren Sie nebensächliche Probleme und Enttäuschungen mehr, als sie sollten?
- Finden Sie es schwierig, mit anderen zurechtzukommen (und diese mit ihnen)?
- Haben Sie schon festgestellt, dass Ihnen die Dinge, die Sie normalerweise genießen, keine Freude mehr bereiten?
- Werden Sie von Ihren Ängsten verfolgt?
- Haben Sie Angst vor Situation oder Menschen, die Sie zuvor noch niemals tangierten?
- Sind Sie anderen gegenüber misstrauisch geworden, selbst Ihren Freunden gegenüber?
- Fühlen Sie sich manchmal gefangen?
- Fühlen Sie sich manchmal als Versager?
- Wenn Sie viele dieser Fragen mit Ja beantworten, dann könnte Stress für Sie ein Problem sein. Jeder von uns steht manchmal vor Problemen und spürt Druck auf seinen Schultern. Ob dieser Druck zum Stress wird oder nicht, hängt davon ab, wie man mit der Situation umgeht. So gehe ich mit den Dingen um, damit sie für mich nicht zum Stress werden:
- Familienprobleme: Kommunikation, bedingungslose Liebe, gemeinsame Zeit
- Begrenzte Möglichkeiten: kreative Gedanken, Rat anderer, Durchhaltevermögen

- Probleme mit der Produktivität der Mitarbeiter: sofortiges Gespräch mit der betreffenden Person und Ansprechen des Problems
- Führungskräfte im Team mit schlechter Einstellung: Auflösung der Zusammenarbeit

Ich fand heraus, dass es das denkbar Schlechteste ist, eine potenzielle Drucksituation, egal welcher Art, auf die lange Bank zu schieben. Wenn man Probleme mit anderen sobald wie möglich anspricht und nicht zulässt, dass sie sich multiplizieren, dann verringert man die Möglichkeit, in Stress zu geraten, ganz beachtlich.

## *Kurzer Rückblick zum Thema Gesundheit*

Erfolgreiche Menschen treffen die großen Entscheidungen ihres Lebens schon frühzeitig und setzen sie täglich um. In den anderen Kapiteln dieses Buches versuche ich Ihnen aufzuzeigen, wie die Entscheidungen, die ich getroffen und im Alltag umgesetzt habe, mein Leben positiv beeinflusst haben. Es tut mir leid, sagen zu müssen, dass ich das in diesem Bereich nicht kann. Stattdessen will ich Sie daran teilhaben lassen, welchen Effekt die negativen Entscheidungen in meinem Leben gehabt haben:

| | |
|---|---|
| In meinen Teenagerjahren … | entwickelte ich viele schlechte Essgewohnheiten. |
| In meinen 20er-Jahren … | aß ich, um Stress bei harter Arbeit zu vermeiden. |
| In meinen 30er-Jahren … | begann ich mit Bewegung, allerdings hatte sie letzte Priorität. |
| In meinen 40er-Jahren … | erkannte ich, dass ich meiner Gesundheit mehr Aufmerksamkeit |

| | |
|---|---|
| | widmen müsste. Allerdings scheiterte dieser Vorsatz an meiner täglichen Disziplin. |
| In meinen 50er-Jahren … | traf ich schließlich die Entscheidung, mir Gesundheitsleitlinien aufzustellen und diese umzusetzen – eine Verpflichtung, an der ich täglich hart arbeite. |

Vielleicht haben Sie einen oder mehrere Bereiche, die ich in diesem Buch erwähne, vernachlässigt. Vielleicht fühlen Sie sich diesbezüglich auch nicht gut und möchten sich gar nicht ändern, so wie ich es tue. Bitte verlieren Sie nicht den Mut und geben Sie nicht auf! Die folgenden Worte sind für genau solche Zeiten geschrieben worden – für Sie wie für mich:

> *„Obwohl du heute nicht mehr zurückkannst, um einen Neustart zu versuchen, mein Freund, kannst du heute starten und einen neuen Ausgang schaffen."*

## *Das Alter spielt keine Rolle*

Jedes Mal wenn ich Gefahr laufe, meinen Mut zu verlieren, da ich im Gesundheitsbereich erst so spät umgedacht habe, denke ich an jemanden, der es nie zugelassen hat, dass ihn das Alter von seinem Verlangen abhält, die Gesundheitsleitlinien anzuerkennen und umzusetzen. Schauen Sie mal, welche Meisterleistungen er in seiner zweiten Lebenshälfte vollbracht hat:

- Im Alter von 41 Jahren schwamm er mit gefesselten Händen von Alcatraz nach Fisherman's Warf, San Francisco.

- Im Alter von 45 Jahren machte er 1 000 Push-ups und 1 000 Klimmzüge innerhalb 1 Stunde und 22 Minuten.
- Im Alter von 61 Jahren tauchte er (mit Sauerstoffflasche) über die gesamte Länge der Golden Gate Bridge, mit Handschellen gefesselt und ein Boot – eine Tonne schwer – hinter sich herziehend.
- Im Alter von 70 Jahren zog er 70 Boote mit 70 Passagieren 2,7 Kilometer am Long Beach Harbor entlang, während er mit Handschellen gefesselt war.

Der Mann, den ich hier beschreibe, ist heute 88 Jahre alt und Fitnessexperte. Er heißt Jack LaLanne und seine Fitnessprogramme sind zwischen 1951 und 1985 im Fernsehen gelaufen. Wenn Sie in etwa mein Alter haben, erinnern Sie sich sicherlich an ihn. Ich habe ihn irgendwann in den 50er-Jahren im Fernsehen entdeckt.

LaLanne traf bereits mit gerade 15 Jahren die Entscheidung für seine Gesundheit. Zu diesem Zeitpunkt lernte er etwas über gesundes Essen und Training. Er stellte seine Ernährungsgewohnheiten um und begann, mit Gewichten zu trainieren; dies hatte er in Berkeley an der YMCA kennengelernt. „Ich trainierte mich selbst, bis ich zum Spitzensportler wurde", sagte LaLanne. „Ich war ein dürres, ungelenkes Kind, das später Kapitän des Highschool-Footballteams wurde." [5]

LaLanne begann ein Medizinstudium, entschied sich aber, dass er seinen Fokus lieber darauf richten wollte, den Menschen bei der Gesundheitsprävention zu helfen. (Später schloss er die Ausbildung zum Chiropraktiker erfolgreich ab.) Stattdessen eröffnete er ein Fitnessstudio. Er erklärte: „Ich musste viel Kritik von den Ärzten einstecken, die meinten, dass das Training mit Gewichten gesundheitsschädigend sei und ich nur ein Quacksalber. Ich pflege immer zu sagen, dass ich zwei Zentimeter größer wäre, wenn all die Gesundheitsexperten nicht all die Jahre auf mich eingeschlagen hätten. Heute steht die medizinische Gemeinschaft auf meiner Seite." [6]

Das war 1936 in Oakland, Kalifornien, als er gerade einmal 22 Jahre alt war. LaLanne entwickelte viele Trainingsgeräte, die heute in Fitnessstudios verwendet werden, und wurde Bodybuilder. Doch sein Schwerpunkt lag immer darauf, Menschen zu helfen. Sogar heute noch, mit fast 90 Jahren, reist er durch die USA und um die Welt, um sein Wissen über Gesundheit und Fitness weiterzugeben. Und natürlich achtet er selbst auch heute noch auf seine Gesundheit. Er trainiert zwei Stunden am Tag sieben Tage die Woche. Er bezeichnet sich selbst als sportsüchtig und empfiehlt diese Routine nicht jedem. Er sagt: „Als durchschnittlicher Mensch … braucht man nicht mehr als 20, 30 Minuten … drei- bis viermal die Woche ist viel, und trainieren Sie energisch. Beginnen Sie langsam und suchen Sie einen Arzt auf, wenn Sie mit dem Training beginnen.“ [7]

LaLanne glaubt daran, dass jeder – egal, wie alt er ist, egal, wie die aktuelle Gesundheitssituation aussieht – seine Gesundheit verbessern kann. Sein Rat ist ganz klar:

> „Wenn Sie übergewichtig sind, normalisieren Sie Ihr Gewicht. Hören Sie auf damit, die Sättigungslinie zu überschreiten. Bewegung ist das wichtigste! Ich weiß nicht, wozu Sie imstande sind, aber sie können etwas tun – richtig? Vielleicht gibt es zehn Übungen, die Sie nicht ausführen können, aber es gibt 100 andere, die Sie machen können.“ [8]

LaLanne wird immer noch stärker. Er sagt sogar, dass er noch ein Ziel hat, das er gerne erreichen möchte: Er will von Catalina Island nach Los Angeles schwimmen – ganze 42 Kilometer – unter Wasser! „Ich denke nie ans Alter“, sagt er, „Ich denke nur an heute. Ich denke auch nicht an morgen. Ich denke an diesen Moment und was ich damit tun werde.“ [9] Diesen Rat sollte sich jeder von uns zu Herzen nehmen.

## *Gesundheit – Anwendung und Übungen*
## Wie man täglich die wichtigen Gesundheitsleitlinien wählt und umsetzt

### Die heutige Entscheidung für Ihre Gesundheit

Wo stehen Sie gerade, wenn es um Ihre heutige Gesundheit geht? Beantworten Sie sich selbst folgende drei Fragen:

1. *Habe ich bereits eine Entscheidung getroffen, täglich die wichtigsten Gesundheitsleitlinien festzulegen und diese umzusetzen?*
2. *Wenn dem so ist, wann habe ich die Entscheidung getroffen?*
3. *Was genau habe ich entschieden? (Schreiben Sie es hier auf.)*

________________________________________________________

________________________________________________________

________________________________________________________

### Ihre tägliche Disziplin für Ihre Gesundheit

Ausgehend von Ihrer Entscheidung, die Sie bezüglich Ihrer Gesundheit getroffen haben – was ist der eine Bereich, den Sie *heute und jeden Tag* üben müssen, um erfolgreich zu sein? Schreiben Sie es hier auf.

________________________________________________________

________________________________________________________

________________________________________________________

________________________________________________________

## Das gestrige Versäumnis aufholen

Wenn Sie Hilfe dabei brauchen, die Entscheidung für die Verpflichtung gegenüber Ihrer Gesundheit zu treffen und eine tägliche Disziplin zu entwickeln, um diese zu leben, dann machen Sie folgende Übungen:

1. *Nehmen Sie sich etwas Zeit und denken Sie an all die Dinge (und Personen),* für die es sich zu leben lohnt. Dann schreiben Sie bitte alles Gute auf, *das aus einem langen, gesunden Leben für Sie resultiert.*

______________________________________________

______________________________________________

______________________________________________

______________________________________________

2. *Analysieren Sie Ihre Arbeitssituation. Gehen Sie einer Arbeit nach, die Sie lieben? Holt Ihre berufliche Laufbahn das Beste aus Ihren natürlichen Fähigkeiten, Talenten und Interessen? Je älter Sie sind, desto größer sollte die Übereinstimmung sein. Wenn Sie bereits über 40 sind und immer noch darauf warten, „auf Kurs" zu kommen, oder immer noch versuchen herauszufinden, was sie möchten, dann müssen Sie einige Veränderungen vornehmen.*

______________________________________________

______________________________________________

______________________________________________

______________________________________________

3. *Gehen Sie die ersten Schritte, um eine bessere Gesundheit zu erhalten, indem Sie die zehn einfachen Leitlinien befolgen, die Dr. Richard Carmona, ehemaliger Gesundheitsminister der USA, empfiehlt:*

    1. Rauchen Sie nicht.
    2. Essen Sie ausgewogen.
    3. Bewegen Sie sich.
    4. Wenn Sie Alkohol trinken, tun sie dies in Maßen und fahren Sie niemals unter Alkoholeinfluss.
    5. Nehmen Sie die regelmäßigen Vorsorgeuntersuchungen wahr.
    6. Halten Sie sich von Drogen fern.
    7. Nutzen Sie Sicherheitsgurte, Schutzbrillen, Sturzhelme etc.
    8. Sprechen Sie über Ihre Gefühle.
    9. Kennen Sie Ihre Familiengeschichte was die Gesundheit betrifft.
    10. Entspannen Sie! [10]

4. *Lassen Sie sich einen Termin bei Ihrem Hausarzt geben und besprechen Sie Ihre aktuelle gesundheitliche Situation. Fragen Sie nach einen individuellem Plan, wie Sie sich einen gesunden Lebensstil aneignen können. (Beachten Sie: Im Vergleich zu Frauen sind nur halb so viele Männer dazu bereit, einmal jährlich zum Arzt zu gehen, und noch weniger, regelmäßige Vorsorgeuntersuchungen wahrzunehmen oder erkennbare Symptome untersuchen zu lassen.* [11] *Deshalb müssen wir hier ganz besonders gewissenhaft sein und uns dazu zwingen, diesen Schritt zu befolgen.)*

## Freuen Sie sich auf morgen

Nehmen Sie sich nun einen Moment Zeit und denken Sie darüber nach, wie Ihre Entscheidung für Ihre Gesundheit und deren tägliche Umsetzung, die daraus resultiert, Ihre Zukunft positiv beeinflussen werden. Wie wird das belohnende Ergebnis aussehen? Schreiben Sie es auf:

____________________________________________________

____________________________________________________

____________________________________________________

____________________________________________________

Behalten Sie sich das Aufgeschriebene als eine bleibende Erinnerung, denn …

Ihre heutigen Gedanken sind der Motor für die tägliche Disziplin und

Ihre tägliche Disziplin maximiert Ihre gestrige Entscheidung.

KAPITEL 6

# Meine heutige Familie schenkt mir Stabilität

Was macht die Familie aus? Wie beeinflusst sie das Leben einer Person? Diese Frage stellte sich Richard L. Dugdale 1874. Als Mitglied des Aufsichtsrats des Gefängnisverbands in New York wurde er ausgewählt die 13 Staatsgefängnisse zu begutachten. In einem bestimmten Bezirk überraschte es ihn sehr, dass sechs Leute, die miteinander blutsverwandt waren, im selben Gefängnis saßen. Sie waren aufgrund verschiedener Verbrechen verurteilt worden, darunter Einbruch, versuchte Vergewaltigung und Körperverletzung mit Tötungsabsicht. Als Dugdale mit dem Sheriff des Bezirks und einem 84-jährigen ortsansässigen Arzt sprach, fand er heraus, dass die Familie schon seit Beginn der Besiedelung im Staat New York lebte und immer wieder durch ihr kriminelles Verhalten auffiel.

Dugdales Interesse war geweckt und er entschied sich, diese Familie genauer zu untersuchen und seine Ergebnisse zu veröffentlichen. Er nannte die Familie in seinem Bericht „Jukes". Dugdale verfolgte die Familiengeschichte bis zu einem Mann, der irgendwann zwischen 1720 und 1740 geboren worden war, und nannte ihn Max. Dieser hatte sechs Töchter und zwei Söhne. Einige davon wurden außerehelich geboren.

Er war ein starker Alkoholiker und es war bekannt, dass er nicht gern arbeitete.

Dugdale vermutete, dass die Familie etwa 1 200 Mitglieder umfasste, aber er konnte nur 709 davon genauer betrachten. 1877 veröffentlichte er seine Ergebnisse in *The Jukes: A Study in Crime, Pauperism, Disease and Heredity* (Die Jukes: Eine Studie über Kriminalität, Armut, Krankheit und Vererbung). Er fand heraus, dass die ungewöhnlich hohe Kriminalitätsrate, Hurerei und Armut den statistischen Durchschnitt überstieg:

- 180 lebten in Armut (25 %)
- 140 waren kriminell (20 %)
- 60 waren Diebe (8,5 %)
- 50 waren Prostituierte (7 %)

Der Ruf der Familie war so schlecht, dass „ihr Name zu einem allgemein bekannten Wort der Schande geworden war", behauptete Dugdale. Der Besitzer einer Fabrik hatte sogar eine Liste aller Namen in seinem Büro, um sicherzustellen, dass kein Familienmitglied eingestellt wurde. [1]

Dugdale und viele der ihm folgenden Forscher wollten herausfinden, welche Rolle die Vererbung im Verhalten der Familie Jukes spielte. Heute stimmt die Wissenschaft darin überein, dass es kein „kriminelles" Gen gibt, um das Verhalten zu erklären. Aber eines ist sicher: Mitglied der Familie Jukes zu sein, hat einen negativen, schwächenden Einfluss auf das Leben vieler Menschen gehabt.

## *Eine andere Art Familie*

Hat es Leute in dieser Familie gegeben, die dem Teufelskreis entgangen sind? Sicherlich. Aber das negative Grundprinzip ist leicht erkennbar. Betrachtet man im Vergleich dazu eine andere Familie, die in der gleichen Region lebt, kann man den Unterschied sehr deutlich erkennen.

Es war die Familie von Jonathan Edwards, einem Theologen, Pastor und Bürgermeister von Princeton, der 1703 geboren wurde und in Connecticut, New York, Massachusetts und New Jersey lebte. Edwards widmete sich intensiv seiner Familie. Er und seine Frau Sarah hatten elf Kinder – drei Söhne und acht Töchter. Sie waren 31 Jahre verheiratet, bis er an einem Fieber infolge einer Pockenimpfung starb.

Um 1900 betrachtete A.E. Winship 1 400 Nachkommen von Jonathan und Sarah Edwards. Darunter fand er:

- 13 Collegedirektoren
- 65 Professoren
- 100 Anwälte, darunter ein Studiendekan
- 30 Richter
- 66 Ärzte, darunter ein Studiendekan
- 80 arbeiteten im öffentlichen Dienst, darunter drei US-Senatoren, drei Bürgermeister großer Städte, drei Gouverneure, ein US-Schatzmeister und ein US-Vizepräsident [2]

Der Gegensatz kann gar nicht größer sein. Sind nun alle Nachkommen der Edwards Erfolgstypen gewesen? Sicher nicht. Aber wieder ist das Grundprinzip deutlich: Eine gute Familie ist von unschätzbarem Vorteil für das ganze Leben.

## *Warum die Familie heute zählt*

Sie denken jetzt vielleicht: „Das ist ja alles schön und gut, aber meine Familie ist nicht wie die der Edwards. Was geht das mich an?" Stellen wir uns den Tatsachen. Einige Leute werden von ihren Familien nicht ermutigt, sondern entmutigt. Mark Twain, ein großer amerikanischer Schriftsteller, erzählte, dass er viel Geld dafür ausgegeben hatte, seine

Familiengeschichte ausfindig zu machen, und dann das Doppelte dafür ausgab, um seine Herkunft zu verheimlichen! Er war jemand, der zwar seine Familiengeschichte aufschreiben lassen wollte und dafür einen professionellen Biografen beauftragt hatte, sich aber gleichzeitig Sorgen darüber machte, welche Auswirkungen wohl die schwarzen Schafe darin haben könnten. Onkel George zum Beispiel wurde auf dem elektrischen Stuhl hingerichtet, da er einen Mord begangen hatte. „Kein Problem", meinte der Biograf. „Ich werde einfach berichten, dass Onkel George einen Sitz an einer sehr wichtigen staatlichen Einrichtung inne hatte, der unter Strom stand. Er war durch sehr starke Verbindungen mit seiner Position verbunden und sein Tod war ein wahrer Schlag."

Es ist wahr, dass man nichts tun kann, um seine Herkunft zu ändern oder seine Erziehung. Man hat einfach keinerlei Kontrolle darüber, was die Eltern oder Großeltern mit einem getan haben oder wie sie einen behandelt haben. Aber während man nicht viel an seiner eigenen Vergangenheit ändern kann, kann man die Zukunft der eigenen Nachkommen umso stärker beeinflussen. Sie legen fest, wie *Sie Ihre* Familie behandeln. Sie sind derjenige, der entscheidet, ob er bleibt und die Konflikte ausarbeitet oder seine Familie verlässt, wenn raue Zeiten anbrechen – wie es immer wieder mal vorkommt. Sie sind derjenige, der entscheidet, wie viel Zeit er mit den Verwandten verbringt, die einen aufbauen, und wie viel mit solchen, die einen entmutigen. (Selbst in den schlechtesten oder destruktivsten Familien gibt es immer noch ein paar gute, beständige Personen. Das hat auch auf die Jukes zugetroffen.) Sie legen fest, wie Sie andere behandeln.

Die Art und Weise, wie Sie Ihr Familienleben angehen, hat einen gravierenden Einfluss auf Ihr Leben (und auf das Vermächtnis, das *Sie Ihren* Nachkommen hinterlassen). Wenn Sie bereit sind, daran zu arbeiten – und ich weiß, dass dieser Punkt für Menschen aus sehr schwierigen Familienverhältnissen extrem viel Arbeit bedeutet –, dann kann auch Ihre Familie eine Quelle der Stabilität und Kraft werden. Eine gesunde, unterstützende **Familie ist wie ...**

## … ein sicherer Hafen im Sturm

Heutzutage müssen die Menschen sehr viel Druck aushalten. Die Arbeitsstelle ist anspruchsvoll. Schulen bieten leider oft ein feindseliges Umfeld. Das eigene Lebenstempo läuft häufig aus dem Ruder. Sogar eine Fahrt von A nach B ist in den meisten Städten stressig. Wo kann man in einem solchen Umfeld noch Schutz finden? Wenn nicht zu Hause, dann wahrscheinlich nirgends.

Präsident Theodore Roosevelt wurde einst von einem Reporter gefragt, mit wem er am liebsten seine Zeit verbringe. Er antwortete, dass er lieber Zeit mit seiner Familie verbringe als mit irgendeinem Prominenten. Für ihn – und seine Familie – war das Zuhause ein sicherer Hafen in der Mitte eines Sturms.

## … ein Fotoalbum voller Erinnerungen

Ein jungvermähltes Paar war gerade von der Hochzeitsreise zurückgekehrt. Am ersten Morgen in ihrem neuen Zuhause wollte die Frau für ihren Mann ein ganz besonderes Frühstück bereiten. Sie machte Spiegelei, Toastbrot und schenkte ihm eine große Tasse Kaffee ein. Sie hatte noch nicht viel Erfahrung im Kochen und hoffte, dass er ihre Mühe schätzen würde. Doch nach ein paar Bissen meinte er: „Es schmeckt einfach nicht so wie bei meiner Mutter."

Sie versuchte, nicht zuzulassen, dass sein Kommentar ihre Gefühle verletzte. Da sie wollte, dass ihr Leben mit einer positiven Note begann, beschloss sie, auch am nächsten Tag früh aufzustehen und es nochmals zu versuchen. Wieder stand sie früh auf, bereitete das Frühstück zu und lud ihren Mann dazu ein. Wieder lautete seine Antwort: „Es schmeckt einfach nicht so wie bei meiner Mutter."

Noch an zwei weiteren Morgen machte sie ihm Frühstück und zweimal mehr bekam sie dieselbe Antwort. Schließlich hatte sie die Nase voll. Am nächsten Morgen kochte sie zwei Eier, bis sie steinhart waren. Sie verbrannte den Speck und ließ das Toastbrot so lange im Toaster, bis er schwarz war. Dazu kochte sie zu starken Kaffee.

Als ihr Mann das Zimmer betrat, reichte sie ihm sein Frühstück und wartete. Er schlürfte seinen Kaffee, warf einen Blick auf seinen Teller und sagte: „Hey! Genau wie es meine Mutter auch macht!“

Selbst Menschen ohne eine perfekte Kindheit haben gute Erinnerungen an ihr Zuhause und ihre Familie. Denken Sie einmal an Ihre eigene Kindheit zurück. An was erinnern Sie sich am liebsten? Welche positiven Erinnerungen bringen Sie selbst heute noch zum Lachen? Wenn Sie Kinder haben – was denken Sie, sind ihre schönsten Erinnerungen? (Vielleicht fragen Sie sie einmal danach.)

Je positiver und liebevoller das Umfeld ist, das Sie mit Ihrem Zuhause schaffen, desto mehr gute Erinnerungen werden Sie haben, die Ihnen Rückhalt geben.

## … eine Feuerprobe für den Charakter

Mehr als alles andere formt die Familie in den prägenden Jahren den Charakter. Perry F. Webb sagt: „Das Zuhause … ist die Brille, durch die wir einen ersten Blick auf die Ehe bekommen und auf alle anderen bürgerlichen Pflichten. Es ist die Werkstatt, in der durch Gespräche und Einstellungen Prägungen hinsichtlich der Ernsthaftigkeit und Wertschätzung geschaffen werden. Es ist die Schule, in der die Lektionen über Wahrheit und Lüge, Ehrlichkeit und Betrug gelernt werden. Es ist die Gussform, die letztendlich die Struktur unserer Gesellschaft bestimmt.“ [3]

Das eigene Familienleben formt aber nicht nur den Charakter eines jeden in diesem Haushalt lebenden Kindes, sondern es schleift auch den Charakter des Erwachsenen. Der Charakter ist nicht viel mehr als die Ansammlung der getroffenen Entscheidungen und täglichen Gewohnheiten. Und da die eigene Familie das primäre Umfeld darstellt, beeinflusst es wiederum die Entscheidungen und Gewohnheiten. Starke, gesunde Familien ermutigen die Menschen dazu, konstruktive

Entscheidungen zu treffen, positive Gewohnheiten zu entwickeln und den Preis für den Erfolg schon heute zu bezahlen.

## ... ein Spiegel der Wahrheit

Um zu wachsen, muss man sich selbst kennen. Man muss mit seinen Schwächen und Stärken vertraut sein. Man muss unverstellt leben und sich selbst realistisch einschätzen können und wissen, wo man Veränderung braucht. Wo ist jedoch der beste Platz, um diese Fähigkeiten zu erlernen? Zu Hause. Wenn Sie es schaffen, zu Hause ein Umfeld der Geborgenheit zu schaffen, in dem es absolut sicher ist, die Wahrheit über sich selbst und andere preiszugeben, dann wird die Familie zu einer starken Charakterschule.

Ein solches Zuhause ist voll bedingungsloser Liebe. Dort ist es den Familienmitgliedern erlaubt, offen mit ihren Fehlern und Defiziten umzugehen. Es ist ein sicherer Ort, um zu scheitern. In seinem Umfeld findet man verständnisvolle und wohlwollende Zuhörer. Ich selbst habe das Privileg gehabt, in einem solchen Zuhause aufzuwachsen. Und obwohl ich natürlich auch gerügt worden bin, wenn ich etwas falsch gemacht habe, haben mir meine Eltern sowohl mit Worten als auch physisch stets ihre Liebe gezeigt. Dies hat mir sehr viel Selbstsicherheit gegeben und ich habe sehr viel über mich selbst gelernt.

## ... eine Schatztruhe an wertvollen Beziehungen

Samuel Osherson, Psychologe an der Harvard University, untersuchte während seines Studiums Familienbeziehungen. Er setzte diese Studien in den 20 Jahren danach mit 370 Harvard-Absolventen fort. Seine Schlussfolgerung lautete: Schafft man es nicht, seinen Frieden mit vergangenen Beziehungen, besonders der Beziehung zu den eigenen Eltern, zu finden, wird man höchstwahrscheinlich in deren Fußstapfen treten. Dann wird man als Elternteil genau so, wie man sich geschworen hat, niemals zu werden. [4]

*„Schafft man es nicht, seinen Frieden mit vergangenen Beziehungen, besonders der Beziehung zu den eigenen Eltern, zu finden, wird man höchstwahrscheinlich in deren Fußstapfen treten.“*

Es gibt keinen Zweifel daran, dass die Beziehungen zu Familienmitgliedern und zum eigenen Lebenspartner die wichtigsten im Leben sind. Die Menschen, die einem am nächsten stehen, prägen die eigene Persönlichkeit – und man selbst deren Persönlichkeit. Das sollte Grund genug dafür sein, ihnen Wertschätzung entgegenzubringen.

Als Mutter Teresa den Friedensnobelpreis erhielt, wurde sie gefragt: „Was können wir alle zum Frieden in der Welt beitragen?“ Ihre Antwort lautete: „Geht nach Hause und liebt eure Familien.“ Wenn auch Sie einen positiven Einfluss haben möchten, egal, wie weitreichend, dann beginnen Sie zu Hause. Behandeln Sie Ihre Familienmitglieder wie Kostbarkeiten.

Vor Jahren habe ich ein Zitat von Nick Stinnett ausgeschnitten, das die Wichtigkeit der Familie sehr gut zusammenfasst: „Wenn Sie ein stabiles Familienleben haben, dann dürfen Sie gewiss sein, dass Sie geliebt werden, dass es jemanden gibt, der sich um Sie kümmert, und dass Sie wichtig sind. Diese positive Aufnahme mit Liebe, Warmherzigkeit und Respekt … schenkt Ihnen innere Ressourcen, um mit dem Leben erfolgreicher umzugehen.“ [5] Mit anderen Worten: Die Familie gibt Stabilität.

## *Der Entscheidungsprozess: Wie man mit seiner Familie täglich richtig redet und umgeht*

1986, als ich 39 Jahre alt war, bemerkte ich einen besorgniserregenden Trend. Die Ehen einiger Kollegen, Studienfreunde und Freunde zerbrachen und endeten mit der Scheidung. Das erregte meine

Aufmerksamkeit, denn sogar einige der Beziehungen, die Margaret und ich für besonders stark hielten, brachen auseinander. Wir nahmen nicht an, dass unsere eigene Ehe in Gefahr sei, bemerkten aber, dass einige der Paare vor dem Zerwürfnis genauso gedacht hatten.

Dies geschah zu einem Zeitpunkt, als meine Karriere gerade steil nach oben ging. Ich wollte noch immer erfolgreich sein, aber meine Familie dabei keinesfalls verlieren. Dies veranlasste mich dazu, eine weitere Schlüsselentscheidung zu treffen, und das tat ich, indem ich meine Definition von Erfolg neu aufstellte. Ab diesem Moment hieß es für mich: ***Erfolg bedeutet, dass die Menschen, die mir am nächsten stehen, auch die sind, die mich am meisten lieben und respektieren.***

Diese Entscheidung stellte meine Frau Margaret und meine Kinder Elizabeth und Joel in den Mittelpunkt meiner Erfolgsdefinition. Erfolg wäre somit niemals, wenn ich ihn nur äußerlich erreichte, aber es nicht schaffte, meine Familie auf die Reise mitzunehmen. Der Applaus anderer könnte niemals die Anerkennung meiner Familie ersetzen. Der Respekt anderer bedeutete nur wenig, wenn ich nicht den Respekt derer hätte, die ich liebte. Ich würde deshalb der Kommunikation mit meiner Familie und der Fürsorge für sie eine große Priorität in meinem Leben einräumen.

Ich kenne Ihre Familiensituation nicht – und jede Situation ist einzigartig. Vielleicht haben Sie ein großartiges Familienleben. Oder vielleicht haben Sie auch ein paar schwere Fehler gemacht und Sie haben Angst, dass Ihre Beziehung sich davon nie wieder erholen wird. Vielleicht sind Sie Single ohne Kinder und haben nur Ihre Verwandtschaft. Aber ich kann Ihnen eines versichern: Egal, wie Ihre Situation gerade aussieht, Sie können immens von der Stabilität profitieren, die sich daraus ergibt, wenn man sich täglich um seine Familie kümmert und miteinander redet.

So habe ich damit begonnen:

## Setzen Sie Ihre Prioritäten

In einem russischen Sprichwort heißt es:

*Bevor Du in den Krieg ziehst – bete einmal.*
*Bevor Du zur See fährst – bete zweimal.*
*Bevor Du heiratest – bete dreimal.*

Anders ausgedrückt: Immer wenn Sie ein großes (und potenziell riskantes) Vorhaben angehen, machen Sie sich zuerst ein paar ernsthafte Gedanken. Wie sollten Sie sonst herausfinden, welche Priorität dieses in Ihrem Leben einnehmen soll?

Ich lernte diese Lektion mit der Härte des Lebens. Innerhalb eines Monats im Jahr 1969 beendete ich mein Studium, heiratete Margaret und trat meine erste Arbeitsstelle an. Wir kamen von der Hochzeitsreise zurück, zogen unverzüglich in eine neue Stadt und ich begann meine Arbeit. Ich war nun der Pastor einer kleinen Kirchengemeinde auf dem Lande und war entschlossen erfolgreich zu sein. Ich widmete mich hingebungsvoll meinem Job und gab alles. Und wenn ich alles sage, dann meine ich auch wirklich ALLES. Ich arbeitete den ganzen Tag in der Gemeinde und jeden Abend verabredete ich mich mit Menschen aus der Gemeinde. Ich arbeitete an sechs Tagen in der Woche und erwischte mich dabei, dass ich auch an meinem freien Tag immer wieder arbeitete. Unterdessen hatte auch Margaret verschiedene Tätigkeiten angenommen, um uns finanziell über Wasser zu halten, da mein Einkommen nicht ausreichte. Das Problem daran war nur, dass ich sie und unsere Ehe vernachlässigte.

Wir kannten uns schon aus der Schulzeit und führten sechs Jahre eine Beziehung, bevor wir heirateten. So hatten wir bereits einiges zusammen erlebt, besonders für ein so junges Paar. Zu dieser Zeit dachte ich, dass diese gemeinsam erlebte Zeit uns tragen würde, während ich mich nun dem Beruf widmete. Aber eine Ehe kann nicht für immer allein von dem überleben, was gerade übrigbleibt. Man muss sie stets nähren oder sie verhungert irgendwann.

> *„Aber eine Ehe kann nicht für immer allein von dem überleben, was gerade übrigbleibt."*

Viele Menschen lassen es heutzutage zu, dass Ihre Familien „verhungern". Laut dem Psychologen Ronald L. Klinger, Präsident des Instituts für *Successful Fathering* (erfolgreiche Vaterschaft), verbringen Eltern heute 40 % weniger Zeit mit ihren Kindern als die Eltern vorheriger Generationen. [6] Die Rate der Familien, die zerbrechen, ist erschreckend hoch. Innerhalb der ersten fünf Jahre zerbrechen bereits 20 % der Ehen. Nach weiteren zehn Jahren erhöht sich dieser Prozentsatz auf 33. [7] Mehr als ein Viertel aller Familien in den USA (28 % im Jahr 2000) sind Alleinerziehende. [8] Und beinahe drei Viertel der Kinder Alleinerziehender erleben, was Armut bedeutet, wenn sie etwa elf Jahre alt sind. [9] Jedes Jahr werden 20 bis 30 Milliarden Dollar an Steuergeldern allein dafür benötigt, die Kinder zu unterstützen, die von ihren unterhaltspflichtigen Eltern finanziell vernachlässigt werden. [10]

Eine stabile Familie aufzubauen, geschieht nicht von allein. Daran muss man stets arbeiten. Nachdem ich verstanden hatte, dass ich Margaret vernachlässigte, änderte ich die Herangehensweise an meine Karriere. Ich nahm mir bewusst Zeit für sie und hielt meinen freien Tag ein. Ich plante in unserem Budget etwas Geld ein, um besondere Momente zu ermöglichen. Ich wollte immer noch erfolgreich sein, aber nicht auf Kosten meiner Familie! Und ich arbeite bis heute daran, meiner Familie die richtige Priorität einzuräumen. Jeder, der seine Familie vernachlässigt oder verlässt, um des Ruhms, des Status oder des Geldes willen, ist nicht wirklich erfolgreich.

## Entscheiden Sie sich für Ihre persönliche Familienphilosophie

Sobald Sie entschieden haben, welchen Platz Ihre Familie in Ihrem Leben einnehmen soll, müssen Sie beschließen, wofür Ihre Familie stehen soll. Dies sollte auf der Grundlage Ihrer Werte geschehen. Im ersten Jahrzehnt unserer Ehe legten Margaret und ich unsere persönliche Familienphilosophie fest. Zuerst versuchten wir, diese als Paar zu leben. Als wir später Kinder hatten, arbeiteten wir daran, diese Philosophie als Basis für unsere Entscheidungen als Eltern zu wahren. Für uns bestand das Fundament der Familie darin, folgende Punkte zu pflegen und zu erhalten:

- Hingabe zu Gott: Unser Glaube nahm in unserem Leben stets die erste Priorität ein. Wenn wir diesen Punkt vernachlässigen oder hier Kompromisse machen würden, wäre alles andere wertlos.
- Kontinuierliches Wachstum: Unser persönliches Potenzial zu leben und unseren Kindern dabei zu helfen, dasselbe zu tun, waren unsere höchsten Ziele. Wir wollten am Ende unseres Lebens zurückblicken und erkennen, dass wir unser Leben wirklich voll ausgeschöpft hatten.
- Gemeinsame Erlebnisse: Die größten Verbindungen zwischen Menschen entstehen aufgrund gemeinsamer Erlebnisse, sowohl guter als auch schlechter. Wir schaffen uns deshalb so viele positive Erlebnisse wie möglich und überstehen die schlechten gemeinsam. Vertrauen – in Gott, uns selbst und andere: Der Glaube bestimmt, wie man sein Leben lebt, und beeinflusst das Ergebnis jeglicher Handlung.
- Unser Beitrag für das Leben selbst: Wir Menschen sollten stets versuchen, die Welt als einen besseren Ort zurückzulassen, als wir ihn vorgefunden haben. Wir wollen nicht nur unserer eigenen Familie von Nutzen sein, sondern auch jeder einzelnen Persönlichkeit, der wir begegnen.

Wie gesagt, das ist unsere Liste. Ich empfehle Ihnen nun nicht, einfach unsere Familienphilosophie zu übernehmen. Ich weiß, dass Sie Ihre eigene erschaffen wollen. Mein Tipp: Halten Sie die Liste einfach.

Wenn Sie auf Ihrer Liste gleich 17 verschiedene Punkte haben, die Sie leben möchten, dann werden Sie scheitern. Vielleicht können Sie sich nach einiger Zeit nicht einmal mehr an alle erinnern! Beschränken Sie die Liste auf die Kernpunkte.

## Entwickeln Sie eine Problemlösungsstrategie

Viele Menschen beginnen Ihre Ehe mit der Erwartung, dass es einfach sei. Vielleicht haben sie zu viele Filme gesehen. Eine Ehe ist nicht leicht. Familie ist nicht leicht. Das Leben ist nicht leicht. Erwarten Sie Probleme, halten Sie zusammen und entwickeln Sie eine Strategie, wie Sie die schwierigen Zeiten überstehen. Einige Familien halten Familientreffen ab, um Unstimmigkeiten zu besprechen, andere haben Systeme oder Regeln aufgestellt.

Meine Freunde Kevin und Marcia Myers entwickelten für sich faire Kommunikationsregeln bei Streitigkeiten, nachdem sie ein paar Jahre verheiratet waren. Kevin ist sehr aufgeschlossen, energisch und wortgewandt, wohingegen Marcia sehr viel ruhiger und zurückhaltender ist. Am Anfang ihrer Ehe bügelte er sie verbal einfach nieder. So wurden ihre Streitigkeiten wahre Marathons der Argumente. Deshalb entschieden sie sich dafür, ein paar Regeln aufzustellen, die sie bei Unstimmigkeiten stets befolgen würden. Eine Regel besagte, dass sie sich für eine bestimmte Zeit verabreden würden, um etwas zu besprechen, anstatt sich gleich gegenseitig anzugiften. Eine andere Regel besagte, dass Marcia *immer* zuerst sprechen durfte. Sie sind nun mehr als 20 Jahre verheiratet und ihr System scheint für sie toll zu funktionieren.

Denken Sie darüber nach, wie Sie zu Hause Ihre Problemlösungsstrategie verbessern können. Dann sprechen Sie mit Ihren Familienmitgliedern darüber (in einer ruhigen Zeit, nicht mitten in einer Konfliktsituation). Verwenden Sie, was auch immer an Strategie für Sie funktioniert. Achten Sie nur darauf, dass sie drei Dinge fördert und verstärkt: erstens besseres Verständnis, zweitens positive Veränderung und drittens Beziehungswachstum.

### *Wie man Familie im Alltag lebt*

Das Verlangen, seiner Familie oberste Priorität einzuräumen, ist das eine, dies dann tatsächlich zu leben, ist etwas ganz anderes. Ich habe die Erfahrung gemacht, dass es oftmals einfacher ist, Zustimmung von Fremden oder Kollegen zu bekommen als den Respekt derjenigen, die einen an besten kennen. Deshalb übe ich ständig an meinem Grundsatz:

***Jeden Tag gebe ich mein Bestes, um die Liebe und den Respekt derer zu verdienen, die mir am nächsten stehen.***

Vor Jahren erzählte ich sofort meinen Kollegen und Freunden davon, wenn etwas Interessantes passiert war oder ich eine Neuigkeit gehört hatte. Wenn ich dann nach Hause kam, war nur noch wenig Begeisterung da, um es auch Margaret zu erzählen. Deshalb begann ich bewusst, Dinge für mich zu behalten, bis ich sie zuerst Margaret erzählt hatte. Auf diese Weise bekam sie nie nur die „Reste". Ich habe herausgefunden, was die beste Art ist, meine Familie an die erste Stelle zu stellen: Ich muss ihnen nur etwas von meiner besten Stimmung und Aufmerksamkeit abgeben!

Wenn Sie danach streben, Ihr Familienleben zu stärken und es zur Quelle der Stabilität zu machen, dann versuchen Sie einmal drei Dinge:

#### Legen Sie die Zeiten mit der Familie zuerst in Ihrem Kalender fest

Meiner Erfahrung nach verschlingt die Arbeit jedes bisschen Zeit, wenn man das zulässt. Bevor ich die Entscheidung getroffen habe, dass meine Familie Priorität hat, habe ich ihr nicht die Zeit zugestanden, die ich ihr hätte einräumen sollen. Ich denke, dies trifft auf jeden zu, der seine berufliche Karriere genießt. Andere haben Hobbys oder Interessen, die sehr viel Zeit in Anspruch nehmen. Wenn Sie keine Grenzen setzen, wie Sie Ihre Zeit verbringen, dann bekommt Ihre Familie immer nur die „Reste". Sogar heute noch laufe ich Gefahr, dass die Arbeit meinen Kalender füllt, sobald ich diese geschützten Zeiten lockere.

Dieser Tendenz begegne ich, indem ich die Zeit für meine Familie zuerst im Kalender festlege. Ich blockiere die Urlaubswochen. (Das scheint für Sie vielleicht selbstverständlich zu sein, aber ich erwähne es, da wir in den ersten Jahren unserer Ehe unsere Urlaubsziele so wählten, dass ich gewisse Leute treffen konnte und dies meiner Karriere förderlich war.) Ich plane nun meine Zeit mit Margaret, nicht nur, um etwas zu unternehmen, wie ins Kino oder ins Theater zu gehen, sondern auch einfach, um beieinander zu sein. Ich nehme mir Zeit für unsere Enkel. Und als unsere Kinder noch klein waren, nahm ich mir die Zeit, um beim Fußballspiel, bei Aufführungen und anderen Aktivitäten dabei zu sein.

Jemand sagte einmal: Man sollte nie das Gefühl haben, dass man bei der Familie sein sollte, wenn man gerade arbeitete – und man sollte nie das Gefühl haben, dass man arbeiten sollte, wenn man gerade bei der Familie war. Das ist eine großartige Sichtweise. Wenn Sie und Ihre Familie sich darauf einigen können, wie viel Zeit Sie miteinander verbringen wollen, und wenn Sie diese Zeiten einhalten, dann sollte es Ihnen möglich sein, auch diese Sichtweise zu haben.

## Schaffen Sie und wertschätzen Sie Ihre Familientradition

Ich möchte, dass Sie einmal etwas ausprobieren: Holen Sie sich ein Blatt Papier und schreiben Sie alle Weihnachts- und Geburtstagsgeschenke auf, die Sie während Ihrer Kindheit bis zum Auszug bekommen haben. Nehmen Sie sich so viel Zeit, wie Sie brauchen.

An wie viele können Sie sich erinnern? Es gibt vielleicht ein paar herausragende, aber wenn Sie wie die meisten Menschen sind, dann werden Sie sich nur schwer erinnern können. Nun versuchen Sie Folgendes: Schreiben Sie alle Urlaube auf, die sie in derselben Zeit mit Ihrer Familie unternommen haben. Nehmen Sie sich wieder so viel Zeit, wie Sie möchten.

Ich traue mich zu wetten, dass sie sich an mehr Urlaube als Geschenke erinnern können, selbst wenn Sie jedes Jahr mit Ihrer Familie unterwegs waren. Warum ist das so? Weil das, was man bekommt nicht glücklich macht. Es sind die gemeinsamen Erlebnisse. Deshalb empfehle ich sehr, Familientraditionen zu schaffen.

Traditionen geben Ihrer Familie eine gemeinsame Geschichte und einen starken Sinn für Identität. Erinnern Sie sich daran, wie Ihre Familie Thanksgiving gefeiert hat, als sie noch ein Kind gewesen sind? Oder Weihnachten? (Und dachten Sie nicht, dass Ihre Art die *richtige* Art wäre, als Sie heirateten und herausfanden, dass Ihr Partner etwas anderes tun wollte?) Die Traditionen in Ihrer Familie helfen Ihnen dabei, zu definieren, wer Sie sind und wer Ihre Familie ist.

Denken Sie darüber nach, wie Sie Urlaube genießen, Meilensteine würdigen und Schritte in die Selbstständigkeit Ihrer Kinder feiern wollen. Beginnen Sie, indem Sie die Traditionen auf Ihren Werten aufbauen. Nehmen Sie Traditionen dazu, die Sie seit Ihrer Kindheit genießen. Wenn Sie verheiratet sind, dann schließen Sie auch die Ihres Partners ein. Nehmen Sie auch kulturelle Elemente dazu, wenn Sie möchten. Schaffen Sie neue, gemäß den Interessen Ihrer Kinder. Geben Sie den Traditionen eine Bedeutung und machen Sie diese zu Ihren eigenen.

## Finden Sie Wege, Zeit miteinander zu verbringen

Eine ganze Zeit lang wurden die abgedroschenen Worte „Quality Time“ (qualitative Zeit) verwendet. Aber die Wahrheit ist: Es gibt keinen Ersatz für die Menge an Zeit. Der Psychiater Armand Nicholi sagt: „Zeit ist wie Sauerstoff – man braucht ein Minimum, um zu überleben. Und man benötigt Quantität und Qualität, um herzliche und liebevolle Beziehungen zu entwickeln.“

> *„Zeit ist wie Sauerstoff – man braucht ein Minimum, um zu überleben. Und man benötigt Quantität und Qualität, um herzliche und liebevolle Beziehungen zu entwickeln.“*
> – ARMAND NICHOLI

Da man heute häufig auf hecktische Haushalte Alleinerziehender trifft und in den meisten Familien beide Elternteile arbeiten, muss man kreativ sein, um Wege zu finden, Zeit miteinander zu verbringen. Etwa sechs Jahre lang, als meine Kinder Teenager waren, gab ich das Golfspielen auf, um mehr Zeit zu haben. Und Margaret und ich arbeiteten besonders daran, Zeit für bestimmte Sachen zu finden, wie zum Beispiel …

- ... besondere Ereignisse: Wir gaben Geburtstagen, Spielen, Aufführungen etc. besondere Wichtigkeit.
- ... besondere Bedürfnisse: Man kann ein Familienmitglied, das gerade Hilfe braucht, nicht auf die Warteliste setzen.
- ... Freizeit: Wir fanden heraus, dass jeder entspannter und viel kommunikativer war, wenn wir zusammen Spaß hatten.
- ... Vier-Augen-Gespräche: Nichts zeigt einer anderen Person mehr, wie wichtig sie für einen ist, als die ungeteilte Aufmerksamkeit.
- Nun erstellen Sie eine eigene Liste, wie Sie Zeit mit Ihrer Familie verbringen wollen.

## Kümmern Sie sich als Erstes um eine intakte Ehe

Die Basis der Beziehungen in jeder Familie ist die Ehe. Sie bestimmt den Ton in einem Haus und ist die Vorbildbeziehung, von der die Kinder am meisten lernen.

Deshalb stellte der frühere Präsident der University of Notre Dame, Theodore Hesburgh, fest: „Das Wichtigste, das ein Vater für seine Kinder tun kann, ist, deren Mutter zu lieben.“

> *„Das Wichtigste, das ein Vater für seine Kinder tun kann, ist, deren Mutter zu lieben.“*
> – THEODORE HESBURGH

Keine Ehe hält man einfach so am Laufen. Man sagt, dass eine erfolgreiche Ehe jene ist, die von Krise zu Krise geht und deren Verbindlichkeit dabei wächst. Letztendlich geht es genau um das: Verbindlichkeit. Verbindlichkeit trägt uns hindurch. Bei Menschen, die ihre Gefühle als Barometer benutzen, um die Intaktheit ihrer Ehe festzustellen, ist das Scheitern der Beziehung schon vorprogrammiert. Wenn Sie vorhaben, nur so lange verheiratet zu bleiben, solange Sie die Liebe *spüren*, dann können Sie gleich aufgeben. Wie alles andere, wofür es sich zu kämpfen lohnt, erfordert eine Ehe tägliche Disziplin und gegenseitige Verpflichtung.

### Wertschätzen Sie sich gegenseitig

Der Psychologe William James sagte: „Jede Person hat das tiefe Verlangen nach Anerkennung – von der Wiege bis zum Grab." Wenn Menschen zu Hause keinen Zuspruch und keine Anerkennung erfahren, dann ist die Chance hoch, dass sie diese niemals erleben, denn für gewöhnlich wird dieses Verlangen in der Welt nicht gestillt. Eines der wichtigsten Dinge, die Sie für Ihren Partner und Ihre Kinder tun können ist, sie wirklich kennenzulernen und zu lieben, einfach nur, weil Sie in Ihrem Leben sind, nicht aufgrund irgendeiner Leistung.

## Lösen sie Konflikte so schnell wie möglich

Ich habe bereits erwähnt, wie wichtig es ist, eine Strategie zur Konfliktlösung zu entwickeln, aber dieser Punkt ist so wichtig, dass ich nochmals daran erinnern möchte. In jeder Familie treten Konflikte auf, aber nicht in allen Familien werden diese positiv gelöst. Die Art und Weise, wie eine Familie auf Probleme reagiert, stärkt entweder die Verbindungen oder zerstört sie. Löst man sie schnell und effektiv, bringen sie Heilung. Vernachlässigt man die Konflikte, dann stimmt man vielleicht dem Autor F. Scott Fitzgerald zu, der gesagt hat: „Familienstreitigkeiten sind bitter. Es gibt keine Regeln. Sie sind nicht wie Schmerzen oder Wunden, die vergehen, sondern eher wie tiefe Risse in der Haut. Sie heilen nicht mehr ohne Narben.“ So muss es eben nicht sein.

## *Kurzer Rückblick zum Thema Familie*

Wenn ich auf meine Entscheidungen bezüglich meiner Familie zurückblicke, dann tue ich das mit großer Dankbarkeit gegenüber Margaret und meinen Kindern. Und ich erkenne, dass …

| | |
|---|---|
| in meinen 30er-Jahren ... | mich die Entscheidung für meine Familie davor geschützt hat, ähnliche Fehler zu machen, wie viele meiner Freunde. |
| in meinen 40er-Jahren ... | meine Entscheidung für die Familie, mir dabei geholfen hat, meine Familie wirklich an erste Stelle zu setzen. |
| in meinen 50er-Jahren ... | ich das positive Ergebnis der Entscheidung für meine Familie im Erfolg meiner nun erwachsenen Kinder sehen kann. |

18 Jahre lang haben meine Familie und ich von meiner Entscheidung profitiert, gemäß einer anderen Definition von Erfolg zu leben. Ich kann mir gar nicht vorstellen, wie mein Leben verlaufen wäre, ohne die Stabilität, die mir meine Familie gibt.

## *Top of the world*

Kommunikation mit der Familie und Fürsorge für sie sind oft nicht einfach. Oftmals verlangt die Familie Opfer. Haben Sie jemals darüber nachgedacht, was Sie bereit wären, um Ihrer Familie willen zu opfern? Mit ziemlicher Sicherheit würden Sie sogar Ihr Leben riskieren, zum Beispiel wenn Ihr Haus in Flammen stünde und Ihre Kinder noch darin wären. Sie würden hineinlaufen, um sie herauszuholen. Aber was, wenn es um etwas weniger dramatisches ginge wie Ihren Traumberuf? Karen Hughes ist in sich gegangen und hat für sich festgestellt, dass die Antwort darauf ein klares „Ja" ist.

Karen Hughes war als mächtigste Frau Amerikas bekannt. [11] Die *BusinessWeek* zeigte auf, dass sie die „Frau mit dem höchsten Rang im Weißen Haus war, sogar bezogen auf jegliches Amt in der amerikanischen Geschichte." [12] Am Tag vor seiner Amtseinführung zeigte George W. Bush auf sie und sagte: „Ich möchte, dass keine wichtige Entscheidung in diesem Raum ohne sie getroffen wird." [13] Regelmäßig führte sie auch Aufgaben aus, die normalerweise dem Vizepräsidenten oder dem Außenminister oblagen. Und Präsident Bush delegierte an sie oftmals 20 seiner täglich 100 Entscheidungen. Andrew Card, der Stabschef, erzählte bewundernd: „Es ist wirklich skurril, wenn die Person, der man am meisten vertrauen kann und die die meiste Erfahrung aus der Heimat mitbringt, gleichzeitig auch die begabteste, kraftvollste und kreativste Person im ganzen Haus ist. ... Ein Glücksfall! Einfach erstaunlich." [14]

Karen Hughes war angekommen. Sie war ihrer Partei in Texas Mitte der 80er-Jahre beigetreten und hatte ihre Zusammenarbeit mit George W. Bush 1994 begonnen, als er sich gerade zur Wahl als Gouverneur hatte aufstellen lassen. Sie arbeitete im Wahlkampf mit; für eine frühere TV-Journalistin, die noch nie in ein Amt gewählt worden war, hätte es keine machtvollere Position geben können als die ihre. Der einzige weitere Schritt wäre gewesen, selbst eine Wahl auf nationaler Ebene für sich zu entscheiden.

Doch im Jahr 2002 gab Karen Hughes ihre Position im Büro des Weißen Hauses auf, da sie andere Prioritäten hatte. Sicherlich, sie war weiterhin eine große Unterstützung für den Präsidenten, aber sie gab ihre Macht und ihren Einfluss als die „rechte Hand" des Präsidenten bei allen täglichen Angelegenheiten auf.

In einer Pressekonferenz erklärte sie: „Mein Mann und ich haben eine schwere, aber – wie wir denken – richtige Entscheidung getroffen: Wir ziehen mit unserer Familie wieder in unsere Heimat Texas. Wie Sie wissen, haben wir dort unsere Wurzeln. Meine Tochter und Enkeltochter leben in Austin. Mein Sohn beginnt nun die letzten drei Jahre der Highschool, bevor er auf ein College gehen wird. Und wir wünschen uns, dass auch er seine Wurzeln in Texas hat.“ [15]

Kurz nachdem sie diese Entscheidung getroffen hatte, traf sich Präsident Bush mit King Mohammed VI von Marocco im „Oval Office“. Als Bush nach Hughes gefragt wurde, erklärte er dem Monarchen, dass sie gehen würde, „weil ihr Ehemann und auch ihr Sohn in Texas glücklicher sein würden und sie ihre Familie höher stellte als ihren Dienst für die Regierung. Und ich bin äußerst dankbar für diese Sichtweise und Reihung der Prioritäten.“ [16]

Die Position, die Karen Hughes innehatte, war eine wirklich mehr als einmalige Gelegenheit. Das Zeitfenster für jemanden wie sie, war nicht gerade groß – vielleicht vier bis acht Jahre. Aufgrund ihrer sehr ungewöhnlichen Beziehung zu Bush, würde sie wohl keine weitere Chance bekommen. Aber das Zeitfenster für ihren Sohn Robert, auf diese Highschool zu gehen, war ebenso klein. Auch er würde hierfür keine zweite Chance bekommen. Sie entschied sich also für die Familie und gegen ihre Karriere. Nicht viele Menschen in ihrer Situation hätten so entschieden.

Doug Fletcher, der Pastor der Gemeinde in Austin, in der auch Karen Hughes Mitglied ist, hat erklärt, wie Hughes so etwas hat tun können: „Karen hat niemals die Macht um der Macht willen genossen. Ebenso wenig [ihr Mann] Jerry. Karen hat pflichtbewusst und standhaft gedient … nun ist sie pflichtbewusst sich selbst und ihrer Familie gegenüber.“ [17] Danach sollten wir alle trachten. Für Karen Hughes trifft sicherlich zu, dass ihre heutige Familie ihr Stabilität schenkt.

## *Familie – Anwendung und Übungen*

## Wie man täglich mit der Familie richtig kommuniziert und für sie sorgt

### Die heutige Entscheidung für Ihre Familie

Wo stehen Sie gerade, wenn es um Ihre heutige Familie geht? Beantworten Sie sich selbst folgende drei Fragen:

1. *Habe ich bereits eine Entscheidung getroffen, täglich mit meiner Familie zu sprechen und für sie zu sorgen?*
2. *Wenn dem so ist, wann habe ich die Entscheidung getroffen?*
3. *Was genau habe ich entschieden? (Schreiben Sie es hier auf.)*

________________________________________

________________________________________

________________________________________

________________________________________

### Ihre tägliche Disziplin in Bezug auf Ihre Familie

Ausgehend von Ihrer Entscheidung, die Sie bezüglich Ihrer Familie getroffen haben – was ist der eine Bereich, den Sie *heute und jeden Tag* üben müssen, um erfolgreich zu sein? Schreiben Sie es hier auf.

________________________________________

________________________________________

________________________________________

________________________________________

## Das gestrige Versäumnis aufholen

Wenn Sie Hilfe dabei brauchen, die Entscheidung für Ihre Familie zu treffen und die tägliche Disziplin zu entwickeln, um diese zu leben, dann machen Sie folgende Übungen:

1. *Wie viel Prozent der Zeit, in der Sie wach sind, schenken Sie Ihrer Familie? Sind das für gewöhnlich besondere Zeiten oder einfach die übrig gebliebene Zeit? Schreiben Sie Ihre Einschätzung auf.*

   ________________________________________
   ________________________________________
   ________________________________________
   ________________________________________

   *Sprechen Sie nun mit Familienmitgliedern darüber. Bitten Sie sie darum, Ihnen ihre ehrliche Einschätzung zu geben. Wenn Sie sehr schlecht dabei abschneiden, bitten Sie sie um Verzeihung.*

2. *Nehmen Sie sich Zeit, um über Ihre Familienphilosophie zu sprechen. Wenn Sie verheiratet sind, versuchen Sie eine Auszeit zu schaffen, in der Sie mit Ihrem Partner darüber reden können. Erwarten Sie aber bitte nicht, dass Sie gleich eine perfekt ausgefeilte Philosophie haben werden, nur weil Sie sich ein paar Stunden oder ein Wochenende damit beschäftigt haben. Sie wird mit der Zeit entstehen und es wird ein paar Jahre dauern, bis Sie die endgültige Fassung haben werden.*

   ________________________________________
   ________________________________________
   ________________________________________
   ________________________________________

3. *Wenn Sie verheiratet sind, entwickeln Sie Ihre persönlichen Streitregeln, basierend auf Ihren Persönlichkeiten, Werten und Ihrer gemeinsamen Geschichte.*

4. *Lernen Sie, Ihren Kalender effektiv zu gestalten, sodass Sie Zeit für Ihre Familie haben. Nehmen Sie sich die Zeit, die nächsten 30 Tage zu planen. Markieren Sie die wichtigen Familienereignisse zuerst und suchen Sie kreative Wege, um Zeit miteinander zu verbringen. (Zum Beispiel können Sie Ihren Partner oder ein Kind mit auf eine Geschäftsreise nehmen, sie dazu einladen, Ihr Hobby mit Ihnen zu teilen oder Sie schließen sich einer ihrer Aktivitäten an.) Sobald Sie diese Dinge in Ihrem Kalender eingeplant haben, planen Sie alle anderen Aktivitäten, sodass Ihre Familientage geschützt sind. Wenn Sie sich so einen Überblick verschaffen, achten Sie auch auf Ferien oder andere besondere Tage, die Ihnen die Möglichkeit geben, Spaß oder eine neue Familientradition in Ihr Leben einzubauen.*

5. *Wenn Sie verheiratet sind – wann haben Sie und Ihr Partner das letzte Mal wirklich Zeit alleine verbracht? Wenn dies mehr als sechs Monate zurückliegt – oder Sie sich nicht einmal mehr daran erinnern können –, planen Sie etwas.*

6. *Nehmen Sie sich jeden Tag kurz Zeit, um darüber nachzudenken, wofür Sie bei jedem Familienmitglied dankbar sind. (Jede Phase im Leben Ihrer Kinder hat etwas Positives und etwas Negatives. Fokussieren Sie sich auf die guten Dinge.)*

## Freuen Sie sich auf morgen

Nehmen Sie sich nun einen Moment Zeit und denken Sie darüber nach, wie Ihre Entscheidung für Ihre Familie und deren tägliche Umsetzung, die daraus resultiert, Ihre Zukunft positiv beeinflussen werden. Wie wird das belohnende Ergebnis aussehen? Schreiben Sie es auf:

________________________________________

________________________________________

________________________________________

________________________________________

Behalten Sie sich das Aufgeschriebene als eine bleibende Erinnerung, denn …

Ihre heutigen Gedanken sind der Motor für die tägliche Disziplin und

Ihre tägliche Disziplin maximiert Ihre gestrige Entscheidung.

KAPITEL 7

# Mein heutiges Denken schenkt mir einen Vorteil

Ich lese ständig Bücher zu den Themen Leadership und Kommunikation. Jeden Monat versuche ich, ein sehr gutes Buch komplett zu lesen und ein zweites durchzublättern, das einen weniger tiefen Inhalt hat. 2001 habe ich das fantastische Buch *Der Weg zu den Besten* von Jim Collins gelesen, einem Businessexperten. Es beinhaltet die Geschichte der A&P-Supermarktkette. Und sie ist ein schönes Beispiel dafür, was passieren kann, wenn Menschen es nicht schaffen, eine Entscheidung für positives Denken zu treffen und danach zu handeln.

Das Unternehmen legte einen guten Start hin. 1859 überredete George Huntington Hartford seinen Arbeitgeber George P. Gilman, den Besitzer einer Fell- und Ledermanufaktur in New York City, ins Teegeschäft einzusteigen. In diesem Moment wurde *The Great American Tea Company* geboren. Die beiden hatten die Idee, Tee in großen Mengen zu erwerben – gleich eine gesamte Schiffsladung auf einmal – und dann direkt an die Kunden zu verkaufen, also den Zwischenhändler auszuschließen. Das war ein guter Gedanke. Ihr Produkt kostete nur etwa ein Drittel dessen, was ihre Mitbewerber verlangten, und so nahm ihr Unternehmen Fahrt auf.

Vier Jahre später hatten sie sich von einem auf sechs Geschäfte vergrößert und damit begonnen, weitere Lebensmittel zu verkaufen.

## *Innovation und Expansion*

1869 verkaufte Gilman seinen Anteil an Hartford und setzte sich zur Ruhe. Schon im selben Jahr änderte Hartford den Firmennamen, um aus der Eröffnung der transkontinentalen Eisenbahnstrecke Profit zu schlagen. Von da an sollte die Firma als *Great Atlantic and Pacific Tea Company* bekannt sein – A&P war die Abkürzung. Hartford entschied sich auch, eine eigene Kaffeemarke zu kreieren, die er *Eight O'Clock Breakfast Coffee* nannte. Sie war sehr beliebt und der Gewinn wuchs. Hartfords positives Denken und sein ausgeprägter Sinn fürs Geschäft machten die Firma zu einem vollen Erfolg. Im Jahr 1880 war die Firma auf 95 Geschäfte angewachsen und reichte von Boston im Osten bis nach Milwaukee im Westen.

Doch so gut George Huntington Hartford auch vorausdenken konnte, seine Söhne George und John waren noch besser. Der jüngere Sohn George stellte schnell fest, dass die Firma die Ausgaben weiter verringern könnte und den Gewinn vergrößern würde, wenn sie ihre eigenen Produkte herstellten. Unterdessen erforschte John noch genauer, was die Kunden wirklich brauchten. Zu jener Zeit lieferten die meisten Händler ihre Waren direkt an die Kunden und gewährten den Leuten, auf Rechnung zu kaufen. John wollte etwas Neues und Innovatives ausprobieren. Er überredete seinen Vater und seinen Bruder dazu, einen preisgünstigeren Selbstabholungsmarkt gegen Barzahlung zu eröffnen. Sie starteten im Jahr 1912 und schon nach sechs Monaten war der herkömmliche A&P-Markt aus dem Rennen. Innerhalb von zwei Jahren eröffneten sie 1 600 solcher neuartigen Märkte. 1916 übergab Hartford die Firma an seine beiden Söhne. Bis dahin hatten sie den Umsatz von 31 Millionen Dollar auf 76 Millionen Dollar erhöht. Neun Jahre später besaßen sie 13 961 Geschäfte mit einem jährlichen Umsatz von 437 Millionen Dollar. [1] Außerdem war

A&P 1929 der größte Kaffeehändler der Welt. [2]

In den frühen 30er-Jahren stand die Lebensmittelindustrie vor einer weiteren großen Veränderung. Mitbewerber führten die Supermärkte ein. Da änderten die Hartford-Brüder ihre Denkweise und nahmen die Herausforderung an. Sie begannen, Ihre kleineren Märkte zu schließen und Supermärkte zu eröffnen. Und obwohl sie für jeden neuen Laden etwa sechs der alten schlossen, wuchsen sie weiter. Die Umsätze waren hoch – und ebenso die Gewinne. Im Jahr 1950 überstiegen die Umsätze 3,2 Milliarden US-Dollar. A&P war die größte Firma im Privatbesitz und der größte Einzelhändler weltweit. Die einzige Firma, die diese Umsatzzahlen noch überbieten konnte, war General Motors. [3]

## *Die Windrichtung ändert sich*

In den 60er- und 70er-Jahren änderten sich die Bedürfnisse der Kunden erneut dramatisch. Nun war es nicht mehr so wichtig zu sparen, sondern zu wählen. Die Menschen wollten nicht mehr länger nur Supermärkte – sie wollten Einkaufscenter. Sie suchten große, saubere Läden, die ihnen mehr Möglichkeiten eröffneten, nicht nur bezogen auf die Produkte, sondern auch auf die Marken. Und sie wollten auch lieber einen als mehrere Läden besuchen, um alles zu erledigen. Anstatt in der Apotheke ihre Medizin abzuholen, in der Bäckerei Frischgebackenes und in der Drogerie ihre Vitamine zu kaufen, in einem Fotogeschäft ihre Filme zum Entwickeln abzugeben, sich Blumen im Blumenladen zu holen und auf der Bank einen Scheck einzulösen, wollten sie all das nun an einem Ort erledigen. Eigentlich war diese Veränderung nicht größer als die, der die Firma in den 30er-Jahren gegenüberstand. Das einzige Problem lag nur darin, dass die Hartfords A&P nicht mehr führten. Ihr Nachfolger war Ralph Burger, der im Jahr 1950 zum Geschäftsführer und 1958 zum Aufsichtsratvorsitzenden ernannt worden war.

Laut Collins war Burger dieser Herausforderung nicht gewachsen. Wo die Hartfords ihr kreatives Denken nutzten, um sich einen Vorteil zu verschaffen, „versuchte Burger an zwei Dingen festzuhalten: an den Dividenden für die Stiftung der Familie [Hartford] und dem vergangenen Ruhm der Hartford-Brüder“. [4] Collins zitierte einen A&P-Geschäftsführer, der sagte, dass Burger „versuchte entgegen aller Widrigkeiten auszuführen, wovon er dachte, dass Mr. John [Hartford] es so gewollt hätte.“ Collins fuhr fort: „Burger fragte immer ‚Was hätte Mr. Hartford getan?‘, wenn es um Entscheidungen ging und lebte nach dem Motto: ‚Man kann 100 Jahre Erfolg nicht abstreiten.‘“ [5]

Man kann ihn vielleicht nicht abstreiten, aber man kann ihn sicherlich an die Wand fahren. Niemand kann sagen, wie ein großartiger Geschäftsführer unter ganz neuen Umständen entscheiden würde. Es gibt keine Erfolgsformel, die von Generation zu Generation weitergegeben werden kann. Um erfolgreich zu sein, muss man selbst denken. Burger versuchte vergangene Handlungen der Hartfords zu wiederholen, anstatt den Versuch zu wagen, die Probleme mit derselben innovativen Denkart zu lösen, wie diese es getan hatten.

## *Ein ungenutzter Schlüssel*

Das schlimmste Beispiel dieser falschen Denkart zeigte Collins ebenfalls auf: A&P wagte das Experiment, einen neuen Markt zu eröffnen, den sie ‚Golden Key‘ nannten. So wollten sie herausfinden, warum sie so schnell Marktanteile verloren. Dieser Markt wurde unabhängig geführt und hatte die Möglichkeit, Neues auszuprobieren und innovative Abteilungen einzuführen. Die Kunden mochten das und der Markt entwickelte sich zu einem modernen Einkaufscenter. Alle gesammelten Daten sprachen dafür, das A&P die alten Niederlassungen schließen und neue Center eröffnen sollte. Wie wurde auf diese Ergebnisse reagiert? Da dem Vorstand die Antworten nicht gefielen, schlossen sie das Einkaufscenter ‚Golden Key‘ wieder.

Stattdessen dachten sie weiterhin, dass die alten Strategien ihnen dabei helfen würden, die Probleme zu lösen. Sie folgten jedem neuen Trend.

Feuerten die Geschäftsführer. Sie versuchten sogar, die Preise radikal zu senken, was dazu führte, dass sie die Kosten senken mussten, und das wiederum führte dazu, dass die Märkte mehr und mehr heruntergekommen aussahen und der Service nachließ. Als A&P schrumpfte, verfielen sie in Akquisitionslaune. Sie erwarben einige regionale Lebensmittelkonzerne, aber all das brachte nicht den vergangenen Ruhm zurück. (Collins führte hierzu eine Übernahmeanalyse der großen Firmen durch und verglich sie mit den Firmen in seinem Buch. Die höchstmögliche Punktzahl war +3 und die niedrigste -3, basierend auf einer Finanz- und Qualitätsanalyse. A&P schloss sich mit drei Firmen zusammen, die ebenfalls die niedrigste Punktzahl -3 erreicht hatten. [6])

Heute führt A&P noch 667 Märkte in zwölf Bundesstaaten, in D.C. und Ontario, Kanada, unter folgenden Namen: A&P, Waldbaum's, Food Emporium, Super Foodmart, Super Fresh, Farmer Jack, Kohl's, Sav-A-Center, Dominion, The Barn Markets, Food Basics und Ultra Food & Drug. [7] Finanzexperten halten nicht mehr viel von der Firma und Standard & Poor's Ratings Services verkündet am 1. August 2003, dass die Firma von einem ‚B+' auf ein ‚B' herabgestuft wird. Es erscheint unwahrscheinlich, dass die Firma jemals wieder den Status oder die Profitabilität erreicht, die sie einst besessen hat.

## *Warum kreatives Denken heute so wichtig ist*

Claude M. Bristol, Autor des Buches *Erfolgreich – The Magic of Believing*, hat gesagt: „Die Gedanken sind der wahre Ursprung des Reichtums, des Erfolgs, materiellen Gewinns, aller großen Entdeckungen und Erfindungen und jeglicher Vollendung." [8] Was für eine gewagte Aussage! Welchen Wert geben Sie dem kreativen Denken? Hat es auch Priorität in Ihrem Leben? Ich nehme an, Sie finden es wichtig, lesen aber im Moment kein Buch darüber, wie Sie Ihre Gedanken verbessern können. Aber haben Sie schon einmal daran gedacht, dass Denken eine Entscheidung ist und der täglichen Ausübung bedarf? Ich möchte Ihnen eine Liste aufzählen, warum es wichtig ist, das kreative Denken zu einer Priorität in Ihrem Leben zu machen:

> *„Die Gedanken sind der wahre Ursprung des Reichtums,*
> *des Erfolgs, materiellen Gewinns,*
> *aller großen Entdeckungen und Erfindungen*
> *und jeglicher Vollendung."*
> – Claude M. Bristol

## Gute Gedanken gehen guten Ergebnissen voraus

Ein Freund hat mir einmal ein paar sehr interessante Fragen geschickt, die ziemlich gut veranschaulichen, wie komisch manche Leute heute denken. Einige dieser Fragen lauten:

- Sollte eine Person einen Schönheitschirurgen beauftragen, wenn ihr Büro voll mit Porträts von Picasso ist?
- Wie viel tiefer wäre der Ozean, wenn keine Schwämme in ihm lebten?
- Wenn ältere Menschen viel in der Bibel lesen, lernen sie dann etwas für ihr Ableben? [9]

Ganz offensichtlich sind diese Fragen nicht ganz ernst gemeint, aber trotzdem zeigen sie, dass die Gedanken in eine bestimmte Richtung gehen. Es ist ganz egal, welchen Beruf eine Person ausübt, das Denken kommt immer vor dem Erfolg. Erfolg passiert nicht einfach so. Die Menschen stolpern nicht einfach so in den Erfolg und finden hinterher heraus, wieso alles so gekommen ist. Egal, ob Sie Arzt sind, Geschäftsmann, Tischler, Lehrer oder Mutter/Vater, Ihr Erfolgslevel steigt dramatisch an, wenn Sie dem Thema Denken Bedeutung zukommen lassen. Je besser Ihre

Gedanken, desto größer Ihr Potenzial. Wie der Schriftsteller Victor Hugo schon gesagt hat: „Ein kleiner Mann besteht aus lauter kleinen Gedanken."

## Kreatives Denken erhöht Ihre Bedeutsamkeit

Welche Person ist in jeder Organisation von größter Bedeutung? Die Antwort lautet: die Person mit den Ideen. Harvey Firestone, ein großer amerikanischer Geschäftsmann, hat einmal gesagt: „Kapital ist im Geschäft zweitrangig. Auch Erfahrung. Beides kann man sich erarbeiten. Was wichtig ist, sind die Ideen! Wenn Sie Ideen haben, dann haben sie das Allerwichtigste in der Hand und es gibt nichts, das Sie in Ihrem Geschäft oder Ihrem Leben nicht erreichen könnten."

> *„Kapital ist im Geschäft zweitrangig. Auch Erfahrung. Beides kann man sich erarbeiten. Was wichtig ist, sind die Ideen! Wenn Sie Ideen haben, dann haben sie das Allerwichtigste in der Hand und es gibt nichts, das Sie in Ihrem Geschäft oder Ihrem Leben nicht erreichen könnten."*
> – HARVEY FIRESTONE

Auf Ideen ist unser Land gegründet worden. Ideen haben große Unternehmen hervorgebracht und sind der Antrieb unserer Wirtschaft, der größten der Welt. Ideen sind das Fundament, auf dem alles andere aufbaut, jeder Fortschritt, den wir machen. Wenn eine Person ein guter Denker ist und viele Ideen hat, dann ist diese Person sehr wertvoll für ihr Umfeld. Wenn Sie ein großartiger Denker sind, dann haben Sie einen großen Vorteil. Gerald Nadler schreibt in seinem Buch *Breakthrough Thinking*: „Nur 10–12 % aller Manager sind effektiv genug, um es auf die Überholspur zu schaffen und dort zu bleiben." [10] Der Grund dafür? Die meisten bleiben gedanklich nicht am Ball.

## Gedankenlose Menschen sind die Sklaven ihrer Umwelt

Menschen, die keine kreativen Gedanken entwickeln und umsetzen, sind oftmals den Umständen ausgeliefert. Sie sind nicht dazu in der Lage, Probleme zu lösen, und sie stehen immer und immer wieder vor den gleichen Herausforderungen. Weil sie nicht vorausdenken, reagieren sie für gewöhnlich nur. Ein altes deutsches Sprichwort lautet: „Besser einen leeren Geldbeutel als einen leeren Kopf." Kreative Denker werden mit Schwierigkeiten immer fertig, selbst wenn ihnen die Ressourcen fehlen.

*Ein altes deutsches Sprichwort lautet: „Besser einen leeren Geldbeutel als einen leeren Kopf."*

Ebenso sind es häufig die wenig denkenden Menschen, die den kreativen Denkern ausgeliefert sind.

### *Der Entscheidungsprozess: Wie man kreatives Denken entwickelt und täglich einsetzt*

Ich hatte Glück, denn ich durfte schon sehr früh im Leben die Kraft der kreativen Gedanken erlernen. Mein Vater verlangte von allen seinen drei Kindern, dass sie täglich 30 Minuten lasen. Manchmal durften wir uns aussuchen, was wir lesen wollten, doch oftmals wählte unser Vater das Lesematerial aus. Zwei der Bücher, die er für mich auswählte, haben mich stark beeindruckt. Das erste war *Die Kraft positiven Denkens* von Norman Vincent Peale, das ich in der siebten Klasse las. [11] In diesem Jahr nahm mich mein Vater auch mit ins Veterans Memorial Auditorium nach Ohio, um Dr. Peale sprechen zu hören und persönlich zu treffen. Das hat mein Leben geprägt.

Noch bedeutender als die Begegnung mit Dr. Peale war es, das Buch *Heile deine Gedanken – Werde Meister deines Schicksals* von James Allen zu lesen. [12] Ich las das Buch 1961 im Alter von 14 Jahren und es faszinierte mich so sehr, dass ich gleich darauf eine der Entscheidungen für mein ‚*Tägliches Dutzend*' traf. Dieses Buch besitze ich noch immer. Auf Seite 49 schreibt Allen: „Alles, was ein Mensch erreicht oder auch was ihm missglückt, ist das direkte Ergebnis seiner Gedanken." Das gesamte Buch hat mich stark beeinflusst, aber diese Aussage hat mir so deutlich gezeigt, dass meine Gedanken darüber entscheiden, ob ich im Leben Erfolg habe oder nicht. Deshalb habe ich entschieden: ***Ich werde stets Dinge denken, die für mich und andere von Nutzen sind.***

Wenn auch Sie das Verlangen haben, kreatives Denken zu einem Teil Ihres Lebens zu machen, dann bedenken Sie:

## Verstehen Sie, dass vor herausragendem Denken gutes Denken kommt

Bei einem Abendessen erzählte ein Freund von John Kilcullen, was er in einem Bücherladen gehört hatte. Ein Kunde fragte den Angestellten: „Haben Sie ein einfaches Buch über Microsoft DOS – so etwas wie *DOS für Dummies*?" Es war nur ein flüchtiger Kommentar, als Witz gemeint. Aber es traf Kilcullen wie der Blitz, er machte etwas daraus. Er erschuf die „Dummies"-Bücher.

Ein unbekannter Kunde hatte eine gute Idee und die verlief im Sande. Wahrscheinlich weiß er nicht einmal, dass seine Idee so gut war. Aber in den Händen eines Denkers wurde aus dieser guten Idee eine großartige Idee. Es wurde daraus ein ganzes Bündel an großartigen Ideen. Die „Dummies"-Serie umfasst inzwischen 370 Titel in 31 Sprachen mit einer Gesamtauflage von über 60 Millionen Exemplaren. [13]

Wenn Sie ein großartiger Denker werden wollen, müssen Sie zuerst ein guter Denker werden. Bevor Sie ein guter Denker werden, müssen Sie ein Denker werden. Und um ein Denker zu werden, müssen Sie zuerst in Kauf nehmen, dass Sie auch einige mittelwertige oder gar schlechte

Ideen haben. Nur indem man täglich übt und seine Gedanken entwickelt, werden die Ideen immer besser. Ihre Fähigkeit zu denken wird nicht von Ihrem Verlangen danach bestimmt, sondern von Ihrem Denken in der Vergangenheit. Um ein guter Denker zu werden – denken Sie mehr! Wenn die Ideen einmal angefangen haben zu fließen, werden sie immer besser. Und wenn sie besser geworden sind, werden sie sogar noch besser.

## Beachten Sie, dass es viele Denkweisen gibt

Bisher habe ich angenommen, dass Denken *eine* Fähigkeit ist. Aber in Wahrheit besteht es aus einer Vielzahl von Fähigkeiten. Es ist wie ein mentaler Zehnkampf, in dem die Athleten in zehn verschiedenen Wettkämpfen antreten: 100-m-Lauf, 400-m-Lauf, Weitsprung, Kugelstoßen, Hochsprung, 110-m-Hürdenlauf, Diskuswerfen, Stabhochsprung, Speerwurf und 1 500-m-Lauf. Denken besteht aus vielerlei Facetten.

Meiner Meinung nach spielen elf verschiedene Denkfähigkeiten eine Rolle, wenn es um richtiges Denken geht. Detailliert habe ich darüber in meinem Buch *Thinking for a change* berichtet. Hier möchte ich einen kurzen Überblick über diese Fähigkeiten geben:

1. **Das Denken im großen Ganzen** … ist die Fähigkeit, über sich selbst und seine eigene Welt hinauszudenken, um Ideen mit einem ganzheitlichen Ansatz zu entwickeln.

2. **Fokussiertes Denken** … ist die Fähigkeit, einen klaren Blick für die Dinge zu bekommen, indem man mentale Ablenkungen und Gedankenmüll entfernt.

3. **Kreatives Denken** … ist die Fähigkeit, über die eigenen Grenzen hinauszuwachsen und Ideen und Möglichkeiten zu entdecken, die einen Durchbruch ermöglichen.

4. **Realistisches Denken** … ist die Fähigkeit, ein starkes Fundament aus Tatsachen zu errichten, um dann mit Sicherheit zu denken.

5. **Strategisches Denken** … ist die Fähigkeit, Pläne einzusetzen, die heute den Weg weisen und morgen das Potenzial erhöhen.
6. **Das Denken in Möglichkeiten** … ist die Fähigkeit, Enthusiasmus und Hoffnung freizusetzen, sodass man auch für schier ausweglose Situationen Lösungen findet.
7. **Reflektierendes Denken** … ist die Fähigkeit, sich in die Vergangenheit zurückzuversetzen, um die richtige Perspektive zu bekommen und neue Einsichten zu gewinnen.
8. **Hinterfragendes Denken** … ist die Fähigkeit, die Grenzen des gewohnten Denkens zu durchbrechen und ungewöhnliche Ergebnisse zu erzielen.
9. **Geteiltes Denken** … ist die Fähigkeit, das Wissen anderer einzubeziehen, um über sich selbst hinauszuwachsen und noch bessere Ergebnisse zu erzielen.
10. **Selbstloses Denken** … ist die Fähigkeit, andere und deren Reise einzubeziehen, um im Kollektiv zu denken.
11. **Gewinnorientiertes Denken** … ist die Fähigkeit, sich auf Resultate und den maximalen Gewinn zu konzentrieren, um die volle Ernte für sein Denken zu erhalten. [14]

Es wäre wirklich fatal zu denken, es gäbe nur eine Art des Denkens, und es wäre sehr engstirnig. Auch würde es dazu führen, dass eine Person nur jenes Denken schätzt, in dem sie selbst gut ist, und alle anderen Arten des Denkens abtut. Es tut mir leid, das zu sagen, aber es sind gerade immer wieder Akademiker, die in diese Falle tappen.

## Stärken Sie Ihre Stärken und holen Sie sich Hilfe für Ihre Schwächen

Die meisten Menschen besitzen schon von Natur aus einige dieser Denkweisen und schwächeln in den anderen. So selten es ist, einen

Athleten zu finden, der in allen zehn Disziplinen gut genug ist, um an Wettkämpfen teilzunehmen, so selten trifft man auch auf Menschen, die in allen elf Bereichen die Fähigkeit besitzen zu denken. Wenn Sie also realisiert haben, dass es viele verschiedene Denkweisen gibt, was sollten Sie tun? Sollten Sie versuchen alle zu beherrschen? Nein, ich denke das wäre ein Fehler.

Nehmen wir einmal an, dass Sie zum Beispiel ein sehr guter kreativer Denker sind, aber schwach darin, an das Gewinnemachen zu denken, aber *beides* beherrschen wollen. Wie sollten Sie vorgehen? Worauf würden Sie sich konzentrieren? Sie könnten jetzt natürlich an Ihrem gewinnorientierten Denken arbeiten, um hier ein Mittelmaß zu erreichen, aber dafür müssten Sie sehr viel Zeit, Energie und Ressourcen einsetzen. Und wie hoch wäre der Aufwand, um halbwegs gut darin zu werden? Das würde sogar noch größere Mühen bedeuten. Je höher Sie versuchten hinaufzukommen, desto mehr Energie würde jedes bisschen Erfolg kosten. Egal, wie sehr Sie sich anstrengten, wahrscheinlich würden Sie es nie schaffen, gewinnorientiertes Denken zu einer Ihrer Stärken zu machen.

Was wäre, wenn Sie stattdessen all diese Energie einsetzten, um Ihr kreatives Denken zu stärken? Da Sie hierin schon gut sind, würden eine angemessene Zeit und Energie genügen und Sie erreichten Ihre Höchstform. Wenn Sie sich richtig anstrengten, würden Sie vielleicht ein kreativer Denker der Weltklasse. Dies würde Sie dazu befähigen, großartige Ideen zu entwickeln und einen Beitrag zu leisten, wie es nur sehr wenige könnten. Das würde Sie besonders wertvoll machen und Ihnen einen wirklichen Vorteil für Ihr Leben und Ihre Karriere verschaffen.

Aber was machen Sie mit Ihren Schwächen? Suchen Sie sich in Ihrem Umfeld Menschen, die stark darin sind. Das tue ich seit Jahren. In meiner heutigen Lebenssituation kann ich mir Mitarbeiter suchen, die mit ihren Stärken meine Schwächen ausgleichen. Aber auch schon bevor ich „Chef“ gewesen bin, habe ich dieses Prinzip angewandt. 35 Jahre lang haben meine Frau Margaret und ich daran gearbeitet, unsere gegenseitigen

Schwächen auszugleichen. Ich habe mich oft auf meinen Bruder Larry verlassen, wenn es um realistisches Denken gegangen ist. Und ich habe es mir zur Angewohnheit gemacht, die Hilfe meiner Freunde in Anspruch zu nehmen, die in einem Bereich besser denken können als ich – und ich habe dasselbe für sie getan. Mich nicht nur auf mich selbst zu verlassen, wenn es um das Denken geht, ist für mich stets von großem Vorteil gewesen.

## *Wie man das Denken im Alltag umsetzt*

Es geschieht leicht, dass Situationen oder andere Menschen unser Denken negativ oder positiv beeinflussen. Das Verzwickte daran, den Rat und die Ideen anderer einzuholen, ist, dass einige Menschen ein anderes Ziel haben als das, einem zu helfen. Deshalb ist es so wichtig, dass man die Verantwortung für das eigene Denken übernimmt. Schon in meinen 20er-Jahren habe ich deshalb damit begonnen, mich darin zu üben: ***Ich werde mir jeden Tag etwas Zeit nehmen, um zu denken, und ich werde mich danach ausrichten, das Richtige zu denken.*** Wenn Sie ebenfalls dieses Bedürfnis haben, dann machen Sie Folgendes:

### Finden Sie den richtigen Ort, um zu denken

Von dem Moment an, an dem ich meine erste Arbeitsstelle im Jahr 1969 begann, fand ich immer einen Ort, der zu meinem täglichen Denk-Ort wurde. Während der ersten Jahre in Hillham, Indiana, war es neben einem Brunnen an unserem Haus. In Lancaster, Ohio, saß ich gewöhnlich auf einem großen Felsen. In San Diego war es ein geschlossener Raum im oberen Stockwerk des Kirchengebäudes. In Atlanta suchte ich mir einen bestimmten Sessel in meinem Büro aus. Die einzige Zeit, in der ich diesen benutzte war die, in der ich Zeit zum Denken brauchte.

Das waren sicherlich nicht die einzigen Orte, an denen ich nachdachte, aber es waren die, die ich für diesen Zweck bewusst auserkoren hatte.

Eigentlich kann man fast jeden Ort zu einem Ort des Denkens machen, solange man dort ungestört sein kann. Während ich diese Zeilen schreibe, sitze ich auf einem Stuhl, der sich auf dem Balkon eines Kreuzfahrtschiffes befindet. Meine Familie ist irgendwo auf dem Schiff unterwegs und ich habe mir ein paar Minuten für mich genommen, um über das Buch nachzudenken und ein paar Ideen aufzuschreiben.

Ich möchte Sie dazu ermutigen, auch einen Ort zum Denken zu finden. Welcher Ort der beste ist, hängt von der Person ab. Jeder ist anders. Einige sind gerne mit der Natur verbunden. Andere wollen, dass um sie herum Bewegung herrscht – sie aber nicht aktiv am Geschehen teilnehmen. Mein Freund Andy Stanley geht dazu gerne allein in ein Restaurant – er sagt, er braucht ein bisschen Ablenkung. J.K. Rowling, Autorin der Harry-Potter-Bücher, schrieb ihre ersten Bücher, während sie im Cafe saß. Welchen Ort Sie wählen, ist völlig egal, Hauptsache Sie werden dort inspiriert.

## Nehmen Sie sich jeden Tag Zeit zum Denken

Genauso wichtig wie der richtige Ort ist es, sich bewusst die Zeit zu nehmen. Ich denke am effektivsten in den frühen Morgenstunden – außer beim reflektierenden Denken. Das mache ich für gewöhnlich am Abend, bevor ich ins Bett gehe. In dieser Zeit schaue ich auf den Tag zurück und beurteile, wie gut ich heute darin war, das ‚*Tägliche Dutzend*' umzusetzen. Aber all die anderen Arten des Denkens praktiziere ich am besten am Morgen. Ich wache oft schon in der Dämmerung auf und sitze dann in meinem Sessel und halte alle Ideen auf meinem Notizblock fest. Ich empfehle Ihnen, herauszufinden, zu welcher Tageszeit Sie die klarsten Gedanken entwickeln können. Dann nehmen Sie sich täglich Zeit, um einfach nur zu denken. Ich bin davon überzeugt, dass Sie erleben werden, dass Sie weitaus produktiver und fokussierter sind.

## Finden Sie einen Weg, der für Sie funktioniert

Jeder hat eine andere Art, wie er an den Prozess des Denkens herangeht. Der Dichter Rudyard Kipling musste reine schwarze Tinte für seinen Stift haben, bevor er schreiben konnte. Der Philosoph Immanuel Kant starrte gewöhnlich aus seinem Fenster auf einen Steinturm; als die Bäume so hoch wurden, dass sie ihm die Sicht versperrten, stutzte er sie zurecht. Der Komponist Ludwig van Beethoven goss sich kaltes Wasser über den Kopf, um sich zu erfrischen und sein Denken anzuregen. Der Dichter Friedrich von Schiller ließ sich vom Duft faulender Äpfel inspirieren, die er auf seinem Tisch liegen ließ. Der Kritiker und Lexikograf Samuel Johnson sagte, dass er eine schnurrende Katze, die Schalen einer Orange und eine Tasse Tee brauchte, um zu schreiben. Und der Komponist Gioachino Rossini meinte, dass er am besten unter den Tüchern seines Bettes arbeiten konnte.

Ich brauche nichts Besonderes, um ins Denken zu kommen. Einige Menschen brauchen Musik. Andere denken am besten, während sie vor dem Computer sitzen. Andere müssen alles per Hand schreiben. Tun Sie, was auch immer für Sie funktioniert.

## Halten Sie Ihre Gedanken fest

Wenn Sie Ihre Gedanken nicht aufschreiben, dann laufen Sie Gefahr, dass Sie diese wieder verlieren. In ihrem Buch *Bird by Bird – Wort für Wort* erklärt Anne Lamott, wie sie dieser Gefahr begegnet:

> „Ich habe im ganzen Haus Notizkarten und Stifte verteilt – beim Bett, im Badezimmer, in der Küche, bei den Telefonen und auch im Handschuhfach meines Autos. Ich nehme auch welche in der Hosentasche mit, wenn ich mit meinem Hund spazieren gehe. … Früher habe ich gedacht, dass ich, wenn ein Gedanke wichtig genug wäre, diesen bis nach Hause in Erinnerung behalten würde, wo ich ihn dann gleich in mein Notizbuch schreiben würde. … Aber dann tat ich

> es nicht. … [Seine Gedanken sofort aufzuschreiben] bedeutet nicht zu Schummeln. Es sagt nichts über den Charakter einer Person aus.“ [15]

Ich schreibe meine Ideen immer auf. Wenn ich mich gerade an meinem Ort des Denkens befinde, nehme ich meinen Notizblock. Den Rest des Tages trage ich ein kleines ledergebundenes Notizheftchen mit mir. Ich habe sogar etwas neben meinem Bett liegen, um auch in der Nacht Dinge aufschreiben zu können: einen kleinen Block, bei dem ein kleines Lichtlein angeht, sobald man den Stift herauszieht. Auf diese Weise kann ich auch nachts einen Gedanken festhalten, ohne Margaret zu stören, weil ich das Licht anmache. Entwickeln Sie ein System und gebrauchen Sie es.

## Setzen Sie Ihre Gedanken schnell in die Tat um

Wenn Sie eine tolle Idee haben, aber nichts damit anfangen, kommen Sie auch nicht in den Genuss des Vorteils, den diese mit sich bringt. Dave Goetz, Gründer von CustomZines.com, sagt: „Wenn ich eine zündende Idee habe, trifft mich das fast so, als würde Gott zu mir sprechen. Das klingt jetzt vielleicht ketzerisch, aber so ist es. Je mehr Zeit vergeht, nachdem die Idee gezündet hat, desto weniger Hitze bringt sie. Ich vergesse Teile davon, sie scheint dann nicht mehr so toll zu sein. Ideen haben eine kurze Halbwertszeit.“ [16]

Hatten Sie schon einmal eine Idee für ein Produkt oder ein Dienstleistung, die dann ein paar Monate später von jemanden anderen auf den Markt gebracht wurde? Der Autor Alfred Montapert sagte: „Immer wenn jemand eine Idee umsetzt, gibt es zehn andere, die daran gedacht haben, *bevor* er sie umgesetzt hat – aber sie haben eben nur daran *gedacht*.“ Ideen, die auch umgesetzt werden, bringen einen Vorteil.

> *„Immer wenn jemand eine Idee umsetzt, gibt es zehn andere, die daran gedacht haben, bevor er sie umgesetzt hat – aber sie haben eben nur daran gedacht.“*
> *– Alfred Montapert*

## Versuchen Sie, Ihr Denken jeden Tag zu verbessern

Es ist wahr, dass Sie immer besser im Denken werden, je mehr Sie es tun. Ganz schnell können Sie Ihr Denken verbessern, indem Sie Folgendes tun:

- Konzentrieren Sie sich auf das Positive: Denken alleine ist keine Garantie für Erfolg. Man muss über die richtigen Dinge nachdenken. Negative Gedanken und Sorgen behindern den Denkprozess mehr, als dass sie ihn verbessern. Davon bin ich so sehr überzeugt, dass mein erstes Buch einfach aus einer Sammlung von kurzen ermutigenden und lehrreichen Kapiteln bestand. Ich gab ihm den Titel *Think on These Things* und baute den Inhalt auf folgendem Bibelvers auf: „Richtet eure Gedanken auf das, was schon bei euren Mitmenschen als rechtschaffen, ehrbar und gerecht gilt, was rein, liebenswert und ansprechend ist, auf alles, was Tugend heißt und Lob verdient.“ [17] (Gute Nachricht Bibel) Richten Sie Ihren Fokus auf das Positive und auch Ihre Gedanken werden sich in eine positive Richtung entwickeln.
- Sammeln Sie gute Inhalte: Ich war schon immer ein Ideensammler. Ich lese sehr viel und halte die Ideen und Zitate fest, die ich finde. (Ich werde Ihnen im Kapitel über Wachstum noch mehr darüber berichten.) Dabei habe ich herausgefunden, dass mein Denken besser wird, je mehr ich mich guten Ideen aussetzte.
- Verbringen Sie Zeit mit guten Denkern: Wenn Sie die Möglichkeit hätten, zehn Topführungskräfte – egal aus welcher Branche – zu interviewen, dann würden Sie feststellen, dass über die Hälfte von ihnen zu irgendeiner Zeit während ihrer Berufskarriere einen Mentor hatte. Und ich glaube, dass der größte Nutzen einer solchen Beziehung

> darin liegt, dass man lernt, wie der Mentor denkt. Wenn Sie Zeit mit guten Denkern verbringen, werden Sie merken, dass dies das eigene Denken schärft.

Ich bin davon überzeugt, dass die meisten Menschen das Denken als selbstverständlich betrachten. Sie sehen dies als natürliches Geschenk der Natur. Die Wahrheit ist jedoch, dass *bewusstes* Denken ganz und gar nicht alltäglich ist. Was Sie jeden Tag im Bereich des Denkens tun, ist wirklich entscheidend, denn dies bildet die Grundlage aller Handlungen und wird für Sie entweder von Nachteil oder von Vorteil sein.

## *Kurzer Rückblick zum Thema Denken*

Als ich jung und energiegeladen war, war ich immer für Aktivität. Je älter ich jedoch werde, desto mehr schätze ich meine Zeiten des Denkens. Vielleicht deshalb, weil ich begonnen habe, den Wert zu erkennen:

| | |
|---|---|
| In meinen Teenagerjahren … | begann sich mein Denken auf das Positive auszurichten. |
| In meinen 20er-Jahren … | unterschied mich mein Denken von den meisten in meiner Altersgruppe. |
| In meinen 30er-Jahren … | schenkte mir mein Denken Zuhörer und Fans. |
| In meinen 40er-Jahren … | hob mein Denken *meine Arbeit* auf ein viel höheres Niveau. |
| In meinen 50er-Jahren … | hob mein Denken *mich* auf ein viel höheres Niveau. |

Das Beste daran ist, dass ich noch längst nicht fertig bin. Ich bin nun 57 Jahre und glaube, dass die besten Tage meines Denkens noch vor mir liegen. Ich versuche immer, die Quantität und die Qualität meines Denkens zu erweitern, denn nur wenige Dinge haben einen so großartigen Ertrag wie gute Ideen. Wenn eine Person gute Gedanken hat, dann lösen sich viele andere Dinge im Leben dieser Person von selbst.

## *Ein Junge in Gefangenschaft*

Ich habe bereits erwähnt, dass Menschen, die nicht gut denken können, zu Sklaven ihrer Umwelt werden. Kürzlich habe ich einen Film gesehen, der dies sehr schön veranschaulicht – und auch zeigt, wie Menschen, wenn sie ihr Denken verändern, aus dieser Gefangenschaft befreit werden und ihr Leben verändern. Der Film heißt *Antwone Fisher* und basiert auf dem Leben des echten Antwone Fisher, der auch das Drehbuch geschrieben hat.

Antwone Fisher hielt sich sehr genau an die tatsächliche Geschichte der Hauptfigur, was nicht viele Filme tun, die auf einer wahren Begebenheit beruhen. Fisher wurde in Ohio in einer Strafvollzugsanstalt geboren, in der seine Mutter inhaftiert war. Zu dieser Zeit war sein Vater bereits zwei Monate tot. Deshalb wuchs er unter staatlicher Obhut in Pflegefamilien auf. Mehr als 13 Jahre lang lebte er in einer Familie, die ihn schrecklich missbrauchte. Täglich wurde er geschlagen – physisch, verbal und psychisch. Er erhielt nie ein Weihnachtsgeschenk oder auch nur einen Groschen, den er selbst ausgeben durfte von seinen Pflegeeltern. Oft wurde er im Keller an einen Pfosten gebunden und geschlagen. Seine Pflegemutter brüstete sich sogar damit, dass sie ihn einmal bis zur Bewusstlosigkeit geschlagen hatte. Als Fisher von einem Interviewer gefragt wurde, ob das Porträt seiner Pflegeeltern im Film real sei, antwortete er: „Ich war zu ihnen sowohl im Film milde als auch im Buch … Sie waren noch schlimmer.“ [18]

Im Film änderte sich Fishers Leben nicht, bis er für viele Jahre zur US-Navy ging. Dort nahm sich der Psychiater (gespielt von Denzel Washington) seiner an und half ihm dabei, den Schmerz seiner

Vergangenheit aufzuarbeiten. Der echte Fisher suchte selbst einen Psychiater auf, der ihm half, aber schon lange davor gab es eine andere Person, die Hoffnung in sein Leben gesät hatte.

Als Fisher mit der dritten Klasse begann, hatte er bereits jede natürliche Liebe zum Lernen verloren. Dazu kam die ständige Bearbeitung seiner Pflegemutter, er wäre das allerschlimmste Kind der Welt. Dies hatte ihn davon überzeugt, dass er nicht lernen konnte und keine Zukunft hätte. Er schaffte die vierte Klasse nicht und sollte sie wiederholen. Doch dann geschah etwas Wundervolles. Seine Pflegefamilie zog um und er musste eine neue Schule besuchen. Seine neue Lehrerin hieß Frau Profit. „Wenn es so etwas wie Engel in menschlichen Körpern in unserem Leben gibt, dann war Brenda Profit mein Engel.“ [19]

Unter Frau Profits Fittichen begann Fisher sein Denken über sich selbst zu verändern. Er sagte: „Wenn Selbstvertrauen wie ein Tank gefüllt werden kann, dann haben die Picketts [seine Pflegefamilie] meinen bis auf den letzten Tropfen ausgesaugt. Frau Profit hat mir geholfen, all das wieder zu ändern.“ [20] Trotz seiner Fortschritte waren seine akademischen Erfolge am Jahresende nur gering. Aber Fisher hatte noch einmal Glück. Es war entschieden worden, dass Frau Profit die Klasse auch in der fünften und sechsten Stufe unterrichten sollte. Und weil sie das wusste, versetzte sie Fisher in die fünfte Klasse. In dieser Zeit kam es zu einem Ereignis, das sein Denken für immer veränderte.

Es geschah eines Tages beim Lesen. Fisher war ein sehr schüchternes Kind und stotterte manchmal, doch an diesem Tag wurde er aufgefordert, laut vorzulesen. Und anstatt in Panik zu verfallen, las er gut und sprach sogar ein schwieriges Wort richtig aus. Da lobte Frau Profit ihn und sagte: „Ich bin stolz auf dich. Ich bin mir anfangs wirklich nicht sicher gewesen, ob ich dich versetzen soll, aber ich bin so froh, dass ich es getan habe. Du bist in diesem Jahr so gut.“ Da legte sich in Fishers Kopf ein Schalter um. Er schrieb:

> „Ihre ehrlichen, gut gewählten Worte waren das Äquivalent zu Blitz und Donner. Äußerlich nahm ich ihr Lob schüchtern an, aber innerlich erlebte ich eine wahre Neugeburt. Es war das erste Mal, dass ich realisierte, dass ich etwas tun konnte, um die Dinge für mich zu verändern. Nicht nur ich, sondern jeder. Denn, egal wie oft dir jemand sagt, dass du etwas nicht kannst, man kann das Gegenteil beweisen und sogar seine Umstände verändern, einfach indem man härter arbeitet und es versucht. Diese Lektion war für mich wie ein Stück Gold, das ich stets in meiner Hosentasche für den Rest meines Lebens gut aufbewahrte." [21]

In diesem Moment änderte Fisher sein Denken – und das veränderte sein Leben. Er erlebte noch viele Hochs und Tiefs, aber er wusste, dass er nicht hoffnungslos zu sein brauchte und dass eine bessere Zukunft für ihn möglich war. Er folgte seinem älteren Pflegebruder und seinen Freunden nicht in ein Leben der Kriminalität und Drogen.

Heute verdient Antwone Fisher mit Denken seinen Lebensunterhalt. Er ist ein erfolgreicher Drehbuchautor in Hollywood. Er hat sich diese Fähigkeit angeeignet, indem er 41 Entwürfe für das Drehbuch zu seiner eigenen Geschichte geschrieben hat. Er ist ein solch ehrenwerter Bürger und Familienvater geworden, wie er es immer gewollt hat. Er hat eine Frau und eine junge Tochter. Gefragt, welche Botschaft er mit seiner Geschichte weitergeben möchte, ist seine Antwort: „Es gibt Hoffnung, selbst wenn Du den allerschlechtesten Start hast, und es gibt wirklich gute Menschen auf dieser Welt." [22]

Ich weiß nicht, aus welchen Familienverhältnissen Sie stammen. Ich weiß nicht, in welchen Umständen Sie im Moment leben. Aber ich weiß, dass es Hoffnung gibt. Egal welche Ziele Sie haben oder welche Herausforderungen Sie überwinden müssen, Ihr Denken kann Ihnen von Vorteil sein. Dieser Vorteil hat das Potenzial, Ihr Leben zum Positiven zu wenden, ebenso wie er es für Antwone Fisher gehabt hat.

## *Denken – Anwendung und Übungen*
## Wie man täglich sein Denken übt und weiterentwickelt

### Die heutige Entscheidung zum Thema Denken

Wo stehen Sie gerade, wenn es um Ihr heutiges Denken geht? Beantworten Sie sich selbst folgende drei Fragen:

1. *Habe ich bereits eine Entscheidung getroffen, täglich zu Denken und mich darin zu entwickeln?*
2. *Wenn dem so ist, wann habe ich die Entscheidung getroffen?*
3. *Was genau habe ich entschieden? (Schreiben Sie es hier auf.)*

________________________________________

________________________________________

________________________________________

________________________________________

### Ihre tägliche Disziplin in Bezug auf Ihr Denken

Ausgehend von Ihrer Entscheidung, die Sie bezüglich Ihres Denkens getroffen haben – was ist der eine Bereich, den Sie *heute und jeden Tag* üben müssen, um erfolgreich zu sein? Schreiben Sie es hier auf.

________________________________________

________________________________________

________________________________________

________________________________________

## Das gestrige Versäumnis aufholen

Wenn Sie Hilfe dabei brauchen, um ein besserer Denker zu werden, dann machen Sie folgende Übungen:

1. *Beginnen Sie mit einer Selbsteinschätzung in allen elf Bereichen des Denkens, die in diesem Kapitel erwähnt werden. Auf einer Skala von 1 bis 10 (10 bedeutet die meisterhafte Ausübung) bewerten Sie nun bitte Ihre Fähigkeiten, indem Sie folgende Fragen nutzen:*

___ ***Eignen Sie sich die Weisheit an, im großen Ganzen zu denken:*** *Denke ich über mich selbst und meine Welt hinaus, sodass ich Ideen mit einer ganzheitlichen Perspektive entwickeln kann?*

___ ***Setzen Sie das Potenzial des fokussierten Denkens frei:*** *Bin ich wirklich gewillt, jegliche Ablenkung und mentalen Schrott zurückzulassen, damit ich mich mit Klarheit auf die tatsächliche Angelegenheit konzentrieren kann?*

___ ***Entdecken Sie die Freude des kreativen Denkens:*** *Arbeite ich daran, meine „Box" der Limitierungen zu verlassen, damit ich die Ideen und Möglichkeiten entdecken kann, um einen kreativen Durchbruch zu erleben?*

___ ***Erkennen Sie die Wichtigkeit des realistischen Denkens:*** *Baue ich ein stabiles Gedankenfundament auf Tatsachen, sodass ich mit Sicherheit denken kann?*

___ ***Setzen Sie die Kraft des strategischen Denkens frei:*** *Implementiere ich strategische Pläne, die mir heute ein Wegweiser sind und morgen mein Potenzial vergrößern?*

___ ***Fühlen Sie die Energie des Denkens in Möglichkeiten:*** *Setze ich den Enthusiasmus des Denkens in Möglichkeiten um, um Lösungen für schier unlösbare Herausforderungen zu finden?*

___ ***Begrüßen Sie die Lektionen des reflektierenden Denkens:*** *Setze ich mich regelmäßig mit der Vergangenheit auseinander, um die richtige Perspektive zu gewinnen und Einsichten zu erhalten?*

___ ***Akzeptieren Sie hinterfragendes Denken:*** *Durchbreche ich stets die Grenzen des gewohnten Denkens, um ungewöhnliche Ergebnisse zu erzielen?*

___ ***Fördern Sie die Annahme des geteilten Denkens:*** *Versuche ich stets andere einzuschließen, um über meinen „eigenen Kopf" hinauszudenken und bessere synergistische Ergebnisse zu erzielen?*

___ ***Entdecken Sie die Zufriedenheit aufgrund selbstlosen Denkens:*** *Denke ich immer an andere und deren Lebensweg, um ganzheitlich zu denken?*

___ ***Genießen Sie die Belohnung für gewinnorientiertes Denken:*** *Bin ich auf Ergebnisse fokussiert, um den maximalen Gewinn zu erzielen und das volle Potenzial meines Denkens zu ernten?*

*Die zwei oder drei Fähigkeiten, denen Sie die höchste Punktzahl gegeben haben, sind wahrscheinlich auch Ihre Stärken im Denken. Besprechen Sie dieses Ergebnis mit Freunden, Kollegen, Ihrem Partner oder Ihrem Chef. Dann konzentrieren Sie sich darauf, sich in diesen Bereichen weiterzuentwickeln. Die Fähigkeiten, die Sie am schlechtesten bewertet haben, sind jene, bei denen Sie sich Hilfe organisieren müssen. Sammeln Sie Freunde, Kollegen oder Mitarbeiter um sich, die Ihnen dabei helfen, diese Bereiche in Balance zu bringen.*

2. *Probieren Sie in den nächsten zwei bis drei Wochen, an verschiedenen Orten zu denken. Experimentieren Sie dabei! Nachdem Sie mindestens ein halbes Dutzend ausprobiert haben, versuchen Sie erneut jene, die Ihnen am besten gefallen haben, und verbringen Sie dort noch etwas mehr Zeit. Wenn Sie herausgefunden haben, an welchem Ort Sie am besten denken können, nutzen Sie diesen regelmäßig.*

3. *Sobald Sie den besten Ort herausgefunden haben, suchen Sie nach der besten Zeit. Probieren Sie verschiedene Tageszeiten aus. Idealerweise sollten Sie in den Zeiten denken, in denen Sie sich am „klarsten" fühlen. Dennoch ist es noch wichtiger, sich überhaupt Zeit dafür zu nehmen und das täglich.*

4. *Probieren Sie verschiedene Prozesse und Handlungen aus, um Ihr Denken anzuregen. Lassen Sie Musik im Hintergrund spielen. Gehen Sie spazieren oder treiben Sie Sport. Machen Sie etwas, das Ihre rechte Gehirnhälfte anregt, wie zum Beispiel ein Puzzle legen, zeichnen oder Golf spielen. Sie möchten Ihren Kopf freimachen und gleichzeitig Ihre Gedanken anregen. Das wird Ihre Gedanken absolut klar machen. Jazzmusiker Charles Mingus hat gesagt: „Für gewöhnlich wird etwas Einfaches verkompliziert. Das Komplizierte einfach zu machen – beeindruckend einfach – nennt man Kreativität." Das möchten Sie erreichen.*

## Freuen Sie sich auf morgen

Nehmen Sie sich nun einen Moment Zeit und denken Sie darüber nach, wie Ihre Entscheidung zu denken und deren tägliche Umsetzung, die daraus resultiert, Ihre Zukunft positiv beeinflussen werden. Wie wird das belohnende Ergebnis aussehen? Schreiben Sie es auf:

________________________________________

________________________________________

________________________________________

________________________________________

Behalten Sie sich das Aufgeschriebene als eine bleibende Erinnerung, denn …

Ihre heutigen Gedanken sind der Motor für die tägliche Disziplin und

Ihre tägliche Disziplin maximiert Ihre gestrige Entscheidung.

KAPITEL 8

# Meine heutige Verpflichtung schenkt mir Ausdauer

Er war vielleicht der begabteste Baseballspieler aller Zeiten. Am 18. Juni 1956 nannte Robert W. Creamer ihn in der *Sports Illustrated:* den *neuen Ruth* (ein berühmter Baseballspieler). Als er seine Baseballkarriere begann, war er wahrscheinlich der schnellste Mann auf dem Platz. Man hatte gemessen, dass er es in 2,9 Sekunden bis zur First Base schaffte. Und in unglaublichen 13 Sekunden gelang ihm ein Home Run. [1]

Doch die Geschwindigkeit war nichts im Vergleich zu der Stärke, mit der er schlagen konnte. Man spekulierte, dass er seine Stärke durch die Arbeit in einer Bleimine in der Nähe von Commerce in Oklahoma gewonnen hatte. Seine Aufgabe war es, große Felsblöcke mit einem Vorschlaghammer zu zertrümmern. Man arbeitete hier immer mit einem Partner zusammen – der eine schlug so lange auf die Felsblöcke ein, bis er nicht mehr konnte, dann übernahm der andere. Es hieß, dass es Home-Run-Läufer gab und dann gab es hier *diesen* Mann, der in seiner eigenen Liga spielte. Er steht im Guinness Buch der Rekorde mit dem längsten Home Run, der jemals gemessen worden ist – 196 Meter. Viele glauben, dass er 1951 mit 200 Meter den längsten Ball in der gesamten Geschichte des Baseball schoss. Er konnte einen Ball mit Leichtigkeit aus jeder denkbaren Position über das Spielfeld hinausschießen.

## *Geboren, um Baseball zu spielen*

Der Spieler, den ich hier beschrieben habe, ist natürlich Mickey Mantle von den New York Yankees. Da ich in Ohio aufwuchs, war ich natürlich Fan der Cincinnati Reds, aber ich sah und hörte viel von Mantle – besonders 1961, als die Reds endlich in die World Series aufstiegen, dann aber 4:1 gegen die Yankees verloren.

Mantles Können auf dem Baseballspielfeld war legendär. Er schien für Baseball geboren zu sein. Sein Vater, früher selbst Halbprofi, und sein Großvater begannen ihm das Schlagen zu lernen, als er gerade vier Jahre alt war. Sie warfen ihm jeden Tag nach der Arbeit die Bälle zu. Und da sein Vater Rechtshänder und sein Großvater Linkshänder war, lernte er von beiden Seiten der „Plate" zu schlagen.

Mit 16 spielte er bereits als Halbprofi. 1948 besuchte der Talentsucher Tom Greenwade für die New York Yankees Oklahoma, um sich das Spiel seines Teamkollegen, Billy Johnson, anzusehen. Mantle schlug an diesem Tag zwei Home Runs – einen rechtshändig und einen linkshändig. Greenwade erzählte, dass Mantle das beste Talent gewesen sei, das er je gesehen hätte, und er hätte den Vertrag mit ihm vom Fleck weg unterschrieben – bis er herausfand, dass er erst 16 war und noch die Highschool besuchte. Greenwade versprach, zurückzukommen, wenn er graduiert hätte. Und das tat er auch: Mantle unterschrieb seinen Vertrag mit den Yankees 1946 an dem Tag, an dem er sein Abschlusszeugnis erhielt.

## *Was für eine Rekordleistung*

In jenem Sommer spielte Mickey Mantle in der D-Liga innerhalb der Yankees. Im nächsten Jahr spielte er in der C-Liga in Joplin, Missouri.

1951 wurde er ins Frühlingstrainingslager der Yankees eingeladen und war so gut, dass er aus der C-Liga direkt zu den Yankees wechselte. Dies geschah zum allerersten Mal in der Geschichte der Organisation. Er war 19 Jahre alt. Er spielte in seinem Anfängerjahr in den World Series und kam mit einer gewonnen Meisterschaft nach Hause. Während seiner Karriere gewann sein Team den Pokal der American League, spielte zwölfmal in den World Series und gewann davon siebenmal.

Mantle legte eine unglaubliche Karriere hin, bis er 1969 in den Ruhestand ging. Er spielte als Yankee mehr Spiele als alle anderen (2 401), sogar mehr als Lou Gehrig. Er wurde dreimal zum Spieler der American League gewählt – 1956, 1957 und 1962. Im Jahr 1956 gewann er sogar die sogenannte dreifache Krone des Baseball: Er schloss die Saison mit der besten Durchschnittsleistung als Schläger (353), den meisten Home Runs (52) und den meisten gelaufenen Runden (130) ab. Bemerkenswerterweise hält er auch 30 Jahre danach noch den Rekord in den World Series für Home Runs (18), erzielte Punkte (42), Runs Batted In (40) und Bases on Balls (43).

Doch obwohl er eine einzigartige Karriere hinlegte, glaubten die Experten, dass er nie seine Höchstform erreichte. Die meisten schoben das auf seine Verletzungen. Mantle musste während seiner Laufbahn einige sehr schwere einstecken, oft waren es seine Knie. Er spielte eigentlich ständig mit großen Schmerzen. Vor jedem Spiel musste er beide Knie sorgfältig bandagieren. Lewis Early, Sportberichterstatter, schrieb: „Eine Frage, die sich die meisten Baseballschüler irgendwann stellen, ist die Was-wäre-wenn-Frage. Was hätte Mickey erreicht, wenn er während seiner Karriere gesund gewesen wäre?“ [2] Sicherlich, er hatte Verletzungen erlitten, die jeden anderen, wie ein Journalist einst schrieb, „ans Bett gefesselt“ [3] hätten, aber das war nicht die Wurzel des Problems. Mantle war, auch wenn es die meisten nicht wussten, ein schwerer Alkoholiker.

## *Eine andere Art von Rekord*

Die Menschen, die ihm besonders nahe standen, wussten von seinem Problem. Die Öffentlichkeit erfuhr erst davon, als er selbst seine Geschichte 1994 in der *Sports Illustrated* erzählte, da er sich in die Betty Ford Clinic zum Entzug begab. Mantle begann mit dem Trinken während seiner zweiten Saison bei den Yankees, nachdem sein Vater mit nur 39 Jahren gestorben war. So wie er auf dem Spielfeld Rekorde aufstellte, schien er auch Rekorde im Trinken mit seinen Kumpels aufzustellen. Er sagte, dass er während des Frühlingstrainingslagers immer eine Pause einlegte, um fit zu werden, und das Trinken wieder aufnahm, sobald die Saison wieder begann. Während der Pausen verschwendete er keinen Gedanken ans Baseballspiel.

Nachdem Mantle seine Karriere beendet hatte, wurde seine Sucht noch schlimmer. Er begann schon oft am Morgen mit dem Trinken und war bis zum Abend völlig betrunken. Irgendwie gelang es ihm, seine beruflichen Verpflichtungen trotzdem zu erfüllen. Mantle sagte:

> „Ich war immer stolz auf meine Zuverlässigkeit, was meine Öffentlichkeitsarbeit, mein Sponsoring und meine öffentlichen Auftritte anging. Ich wollte stets mein Bestes geben. Doch wenn ich keine Verpflichtungen, nichts zu tun und nirgends zu sein hatte, dann driftete ich in diese langen Phasen des Trinkens.“ [4]

Er sagte und tat oftmals Dinge, an die er sich am nächsten Tag nicht mehr erinnern konnte. Er war dann erschüttert, wenn ihm jemand über sein nächtliches Verhalten berichtete. Fans fragten nach seiner Zeit als Spieler und welchen Pitch er am liebsten geschlagen hatte und er konnte sich nicht einmal mehr daran erinnern.

Mit 62 Jahren kam Mantle schließlich am absoluten Tiefpunkt an. Er hatte seine Familie zerstört. Seine Gesundheit war ruiniert. Er wollte endlich trocken werden. Deshalb lieferte er sich selbst in die Betty Ford

Clinic ein. Er sagte, dass er zu dieser Zeit erstmals in seinem Leben ernsthaft über etwas nachgedacht hatte. Aus nüchterner Perspektive betrachtete Mantle sich und seine Laufbahn:

> „In den letzten vier Jahren bei den Yankees erkannte ich nicht, dass ich mich mit all der Trinkerei ruinierte. Ich dachte bloß, das wäre Spaß. … Heute kann ich zugeben, dass meine Trinkerei meine Karriere verkürzt hat. Als ich im Frühling 1969 aufhörte, war ich 37 Jahre alt. Casey [Stengel, Manager der Yankees] sagte, als ich aufstieg: ‚Dieser Junge wird noch besser als Joe DiMaggio und Babe Ruth.' Doch es kam nicht so weit. Ich erfüllte nie, was sich mein Vater gewünscht hatte [dass ich der größte Spieler aller Zeiten werden würde] und was ich hätte tun sollen. Gott gab mir einen tollen Körper, um zu spielen, aber ich kümmerte mich nicht gut um dieses Kapital. Die meiste Schuld daran gebe ich dem Alkohol.
>
> Alle versuchten, die Schuld für die verkürzte Karriere meinen Verletzungen zu geben. Die Wahrheit war, dass die Ärzte mir nach einer Knieoperation Übungen aufgetragen hatten, die ich nie umsetzte. Ich trank lieber. … Ich dachte mir einfach: ‚Hey, wird schon werden.' Ich verletzte mich noch öfter an den Knien in all den Jahren und dachte stets, dass sie einfach von selbst wieder heilen würden. Alles passierte immer wie von selbst in meinem Leben. Ich musste mich nie anstrengen." [5]

Es ist stets eine Tragödie, wenn jemand sein Potenzial brachliegen und die vielen Möglichkeiten verstreichen lässt, die das Leben zu bieten hat. Sportberichterstatter Tom Swift spekulierte sogar, dass Mantle vielleicht 800 Home Runs geschlagen hätte, wäre der Alkohol nicht gewesen. [6] Trotz seiner natürlichen Begabung lebte Mickey Mantle die Verpflichtung, die er im Spiel zeigte, nie außerhalb.

## *Der Mann im Spiegel*

Erst nachdem Mantle das Trinken aufgegeben und einen ehrlichen Blick auf sein Leben geworfen hatte, entwickelte er die Art von Verpflichtung, die ihm auch schon in den früheren Jahrzehnten gute Dienste geleistet hätte. Nachdem er drei Monate trocken war, sagte er: „Ich würde mich eher erschießen, als noch einmal zu trinken.“ [7] Aber als Mantle endlich offen für Veränderungen war, war es zu spät. Seine Leber war bereits zerstört. Er erhielt eine Lebertransplantation, aber bald darauf entdeckten die Ärzte einen unheilbaren Krebs.

In seinen letzten Lebensmonaten verließ sich Mantle auf seinen Glauben, kämpfte einen guten Kampf und gewann wieder etwas von seiner Würde zurück, die er während seiner Zeit als Trinker verloren hatte. Er starb am 8. Juni 1995. Am 15. August trafen sich einige Menschen, um Mantle zu ehren. Ein Sprecher war Sportreporter Bob Costas. Er sagte: „Alle Amerikaner haben ihn bewundert. Seine Ärzte sagen, dass er in vielerlei Hinsicht der bemerkenswerteste Patient gewesen ist, den sie je gesehen haben. Sein Mut, so rein und echt, hat sogar jene bewegt, die ständig mit Menschen in schlimmen Umständen zu tun haben.“ [8] Costas beschrieb auch eine Karikatur, die an diesem Morgen in der *Dallas Morning News* erschienen war: Petrus stand am Himmelstor, hatte seinen Arm um Mickey Mantles Schultern gelegt und sagte: „Junge, das ist das mutigste neunte Inning gewesen, das ich je gesehen habe.“ Durch sein letztes Lebensjahr – sein 63. – trug ihn die Verpflichtung hindurch.

## *Warum Verpflichtung heute entscheidend ist*

Wozu sind *Sie* geboren worden? Was denken Sie, hält die Zukunft für Sie bereit? Glauben Sie, dass Sie eine Bestimmung oder eine Berufung haben? Wenn dem so ist, werden Sie diese erfüllen? Um die Person zu werden, zu der Sie das Potenzial in sich tragen, benötigen Sie sehr viel

Ausdauer. Diese Qualität entsteht aus der Verpflichtung. Betrachten Sie einmal folgende wahre Aussagen bezüglich Verpflichtung:

## Verpflichtung kann das Leben verändern

In seinem Buch *Choices* schreibt Frederic F. Flach: „Die meisten Menschen können, wenn sie auf die vergangenen Jahre zurückblicken, einen Punkt ausmachen, an dem sich ihr Leben signifikant verändert hat. Egal, ob durch einen Unfall oder mit Absicht. Das sind diese Momente, in denen wir, aufgrund der inneren Bereitschaft und einem Zusammenspiel äußerer Umstände, dazu gezwungen werden, uns selbst und die Art, wie wir unser Leben gestalten, zu überprüfen und wichtige Entscheidungen zu treffen, die den Rest unseres Lebens beeinflussen.“ [9]

Denken Sie an einen Zeitpunkt in Ihrem Leben, an dem Sie die wirkliche Verpflichtung eingegangen sind, etwas Entscheidendes anders zu machen. Hat sich dadurch Ihr Leben nicht total verändert? Es hat sich vielleicht nicht exakt so verändert, wie Sie sich das vorgestellt haben, aber es hat Ihnen zweifelsohne eine neue Richtung gegeben. Wenn Sie sich verändern möchten, dann müssen Sie die Verpflichtung willkommen heißen.

## Verpflichtung hilft dabei, viele Hindernisse im Leben zu überwinden

Sie haben Probleme, ich habe Probleme, alle Kinder Gottes haben Probleme. Die Frage ist: Wie gehen Sie mit diesen Problemen um? Maltbie D. Babcock, Pfarrer und Autor, sagte:

> „Einer der üblichsten und kostspieligsten Fehler ist, anzunehmen, dass Erfolg von etwas Genialem, einem wundersamen Etwas oder anderem, das wir nicht besitzen, abhängig ist. Erfolg hängt hauptsächlich davon ab, durchzuhalten und Fehler hinter sich zu lassen. Sie entscheiden sich dazu, eine Sprache zu lernen, Musik zu studieren, einen bestimmten Kurs zu besuchen oder Ihre Muskeln zu trainieren. Werden Sie

> Erfolg oder Misserfolg haben? Das hängt davon ab, wie viel Mut und Ausdauer das Wort *Entscheidung* beinhaltet. Die Entscheidung, dass nichts diesen Entschluss umstoßen wird, und der Biss, dass Sie nichts davon wird abbringen können – das bringt Erfolg."

Als Mickey Mantle mit der Herausforderung des Todes seines Vaters konfrontiert wurde, entschied er sich für den Alkohol, anstatt die Verpflichtung einzugehen, dem Schmerz zu begegnen. Gleichzeitig war dies der Beginn seines Untergangs.

## Die Verpflichtung wird jeden Tag auf die Probe gestellt

Ich glaube, dass viele Menschen Verpflichtung als ein punktuelles Ereignis ansehen, etwas, das in einem Moment getan wird. Sie sagen „Ich will" während ihrer Hochzeit. Sie schütteln sich die Hände, um eine geschäftliche Abmachung zu besiegeln. Sie kaufen sich einen Hometrainer, um sich zu bewegen. Aber die Verpflichtung endet nicht mit dieser Entscheidung – dort fängt sie gerade erst an. Sie können es mir gerne glauben, dass Sie, immer wenn Sie eine Verpflichtung eingehen, auch auf die Probe gestellt werden. Dies kann auf viele Arten geschehen:

> *„Immer wenn Sie eine Verpflichtung eingehen, werden Sie auch auf die Probe gestellt werden."*

- Sie werden Misserfolg erleben: Die größte Herausforderung für eine Verpflichtung ist wohl der Misserfolg. Goldmedaillengewinnerin bei den Olympischen Spielen Mary Lou Retton sagt: „Es ist ein wunderbares Gefühl, dieses Ziel erreicht zu haben, aber dorthin zu kommen, bedeutet auch, dass man viele Misserfolge durchlebt hat. Man muss sich immer wieder aufrichten und weitermachen."

- Sie werden allein sein: Wenn man etwas erreichen will, wird es Menschen geben, die versuchen, einen abzulenken. Sie werden einen herausfordern. Sie werden sogar versuchen, dass man bei den eigenen Werten Kompromisse eingeht. Das geschieht vielleicht unbeabsichtigt. Vielleicht geschieht es auch, weil sie besorgt darüber sind, dass sie – wenn Sie wachsen – zurückbleiben werden. In solchen Momenten müssen Sie sich fragen: „Wem möchte ich gefallen?“ Wenn Sie die Sehnsucht haben, sich selbst zu gefallen, indem Sie Ihre Verpflichtung erfüllen, wird es Zeiten geben, in denen Sie alleine sein werden.
- Sie werden schwere Enttäuschungen erleben: Seien wir einmal ehrlich, es können viele Dinge im Leben schiefgehen. Wie werden Sie auf solche Enttäuschungen reagieren? Sportreporter Harry Kalas stellte einmal Garry Maddox, Outfielder bei den Philadelphia Phillies, vor, indem er sagte: „Garry hat sein Leben auf den Kopf gestellt. Für gewöhnlich ist er depressiv und unglücklich. Heute ist er unglücklich und depressiv.“ So möchte man nicht gerade enden.

Wenn etwas schiefläuft, wenn es holprig wird, wenn der Schmerz groß ist, werden Sie dann in der Lage sein, weiterzugehen? Wenn Sie sich vorgenommen haben, täglich Verpflichtungen einzugehen und einzuhalten, vergrößern Sie Ihre Chance deutlich, auch durchzuhalten. Wie schon Abraham Lincoln sagte: „Behalten Sie stets im Blick, dass der eigene Entschluss für Erfolg wichtiger ist als alles andere.“

> *„Behalten Sie stets im Blick, dass der eigene Entschluss für Erfolg wichtiger ist als alles andere.“*
> – Abraham Lincoln

## *Der Entscheidungsprozess: Wie man täglich die richtigen Verpflichtungen eingeht und sich daran hält*

Ich glaube nicht, dass ich vor 1976 den wahren Wert der Verpflichtung erkannt habe. Zu dieser Zeit war ich Pastor in einer der am schnellsten wachsenden Kirchengemeinden in Ohio. Dieser Erfolg machte es notwendig, dass wir eine Millionen Dollar in ein neues Gebäude investieren mussten. Gleichzeitig hing die Zukunft der Gemeinde vom Erfolg der Investition ab. An diesem Punkt traf ich meine Entscheidung bezüglich der Verpflichtung: ***Wenn etwas wertvoll genug ist, umgesetzt zu werden, werde ich mich selbst verpflichten und es auch durchführen.*** Ich entschied mich, egal was kommen würde, meine Gemeinde durch diese Zeit des Gemeindebaus hindurchzuführen.

Ich hatte kaum eine Vorstellung davon, wie sehr dieser Entschluss getestet werden würde. Immer, wenn wir eine Entscheidung getroffen hatten, tauchten mehr Probleme auf. Zum Beispiel:

1. Um dem Wachstum gewachsen zu sein, musste ich meinen Mitarbeiterstamm verbessern. Das bedeutete auch, ein paar Leuten zu kündigen, die sehr beliebt waren.
2. Mehr als 200 Menschen verließen die Gemeinde, da sie die Vision nicht teilten.
3. Unsere Bank wollte uns nur einen Kredit geben, wenn wir zuerst 300 000 Dollar auf die Beine stellten. Ich hatte jedoch noch nie zuvor eine Spendenaktion in diesem Umfang durchgeführt und der höchste Betrag, den ich für ein Projekt jemals gesammelt hatte, waren 25 000 Dollar.
4. Die Entscheidung der Gemeindeleitung, den Zuschlag für den Bau nicht an ein Gemeindemitglied zu vergeben, das eine eigene

Baufirma besaß, veranlasste dieses, die Gemeinde zu verlassen. Es spendete stets am großzügigsten.

5. Unser Architekt war unachtsam bei den Zuschlägen für die Verträge und das machte das gesamte Projekt etwa 125 000 Dollar teurer als geplant.

Sie kennen den Spruch, dass Bewegung Reibung verursacht? Bei diesem Prozess gab es genug Reibung, um ein loderndes Feuer zu entfachen. Ich saß jeden Tag wie auf Kohlen. Wenn ich nicht schon so früh eine Verpflichtung eingegangen wäre, hätte ich es niemals geschafft.

Wenn Sie das Verlangen nach größerer Ausdauer haben, um die Dinge zu erreichen, nach denen Sie sich sehnen, dann treffen Sie die Entscheidung, die Verpflichtung mit ganzem Herzen anzunehmen. Beginnen Sie mit Folgendem:

## Überschlagen Sie die Kosten

Nachdem die Nazis die britische Armee bei Dünkirchen vom europäischen Kontinent vertrieben hatten und Frankreich im Juni 1940 aufgegeben hatte, waren sich die Deutschen sicher, dass der Sieg in Europa fast erreicht war und Großbritannien einen Friedensvertrag anstreben würde. Auch Frankreich glaubte das. Der französische General Maxime Weygand sagte zu Charles de Gaulle, der damals Oberst war: „Da sie mich geschlagen haben, wird sich England keine Woche Zeit lassen, bevor es mit dem Deutschen Reich verhandelt.“ [10]

Doch die Deutschen und die Franzosen unterschätzten die Verpflichtung Winston Churchills, der im Mai Premierminister geworden war, und der Briten. Churchill wusste, was bei diesem Konflikt auf dem Spiel stand, das belegen seine Aussagen zu dieser Zeit:

> „Die französische Schlacht, wie General Weygand zu sagen pflegt, ist vorbei. Ich gehe davon aus, dass die britische Schlacht erst beginnt. Von dieser Schlacht hängt das Überleben des christlichen Abendlandes

ab. Davon hängt unser gesamtes Leben als Briten ab. … Hitler weiß, dass er uns auf dieser Insel zerschlagen muss oder den Krieg verlieren wird. Wenn wir ihm die Stirn bieten, könnte ganz Europa frei sein. … Aber wenn wir versagen, werden die gesamte Welt, die Vereinten Nationen eingeschlossen, und alles Neue, das wir kennen und schätzen gelernt haben, in die Abgründe einer neuen dunklen Zeit eintreten. … Deshalb lasst uns allen Mut für unsere Pflicht zusammennehmen und uns so verhalten, dass die Menschen – selbst wenn das Britische Reich und der Commonwealth noch 1 000 Jahre bestehen – sagen werden: ‚Das war ihre beste Stunde.'" [11]

Der Kampf der Engländer war langwierig und blutig. Sie mussten schreckliche Bombenangriffe der Nazis einstecken und standen lange allein da. Aber sie standen. Ihre Verpflichtung war unerschütterlich. Und weil sie standen, gewannen die Alliierten den Krieg. Ich glaube, ihr Widerstand ist nicht nur deshalb so groß gewesen, weil sie gewusst haben, was auf dem Spiel steht, sondern sie haben auch ein Gespür dafür gehabt, wie hoch der Preis sein würde, den sie bezahlen müssten. Es kann ziemlich schwer sein, einer Verpflichtung nachzukommen, die man beiläufig eingegangen ist. Aber die Verpflichtung wird sehr viel stärker, wenn man die Kosten bereits überschlagen hat.

## Entscheiden Sie sich dafür, den Preis zu bezahlen

Wenn Sie die Kosten ermittelt haben, dann werden Sie sich auch entscheiden müssen, ob Sie wirklich gewillt sind, alles zu tun, was nötig ist, um Erfolg zu haben. Der US-Senator Sam Nunn hat gesagt: „Sie werden den Preis bezahlen müssen. Sie werden feststellen, dass alles im Leben einen Preis erfordert und Sie werden entscheiden müssen, ob es den Preis wert ist."

> *„Sie werden den Preis bezahlen müssen. Sie werden feststellen, dass alles im Leben einen Preis erfordert und Sie werden entscheiden müssen, ob es den Preis wert ist."*
> – Sam Nunn

Als ich aufs College ging, war ich entschlossen, dass ich dazu verpflichtet und darauf fokussiert bleiben würde, mich auf meinen pastoralen Dienst vorzubereiten. Aber ich wusste, dass ich einen Preis würde bezahlen müssen. Viele meiner Freunde aus dem College heirateten, als sie noch in der Schule waren. Einige bekamen sogar Kinder. Margaret und ich warteten noch, auch wenn wir uns schon danach sehnten, unser gemeinsames Eheleben zu beginnen. Das war nicht einfach. Und bis zum heutigen Tag empfehle ich es nicht, für so lange Zeit verlobt zu sein, wie wir es gewesen sind. Aber unsere Verpflichtung zahlte sich aus. Einige Wochen nach unserer Graduierung heirateten wir. Danach warteten wir noch ein paar Jahre, bis wir Kinder bekamen. Das Ergebnis war, dass ich gut auf meinen Dienst vorbereitet war, als ich begann, und ich konnte mich in den entscheidenden ersten Jahren ganz auf meine Karriere konzentrieren.

## Streben Sie stets nach Spitzenleistungen

Howard W. Newton sagte: „Die Menschen vergessen, wie schnell man etwas getan hat – aber sie erinnern sich immer daran, wie gut man es getan hat." Nur wenige Dinge befeuern die Verpflichtung einer Person wie die Hingabe zu Spitzenleistungen.

> *„Die Menschen vergessen, wie schnell man etwas getan hat – aber sie erinnern sich immer daran, wie gut man es getan hat."*
> *– Howard W. Newton*

Das Streben nach Spitzenleistung half Michelangelo, sein Werk in der Sixtinischen Kapelle zu verwirklichen. Spitzenleistung trieb Edison dazu, immer und immer wieder einen neuen Versuch zu unternehmen – bis die Lampe brannte. Spitzenleistung trieb auch die Firmen an, über die Jim Collins in den Büchern *Der Weg zu den Besten* und *Built to Last* berichtete.

Jeder, der vorankommen und erfolgreich sein will, muss wie ein guter Handwerker sein: der Spitzenleistung verpflichtet. Ein guter Handwerker will, dass sein Werk sorgfältig betrachtet und jedes Detail genau angesehen wird. Im Gegensatz dazu verstecken schludrige Leute ihre Arbeit. Wenn jemand einen Fehler findet, geben sie ihren Werkzeugen die Schuld. Wie verhalten Sie sich? Spitzenleistung bedeutet, in allem sein Bestes zu geben, auf jegliche Art. Eine solche Verpflichtung wird Sie dorthin bringen, wo halbherzige Menschen niemals hinkommen werden.

## *Wie man Verpflichtung im Alltag lebt*

Nachdem ich die Entscheidung getroffen hatte, die Verpflichtung einzugehen, das Kirchengebäude zu bauen, war mir klar, dass ich Wege finden müsste, wie ich mich selbst auf Kurs halten konnte. Also beschloss ich, jeden Tag Folgendes zu tun: ***Ich werde jeden Tag meine Verpflichtung erneuern und an die guten Resultate denken.*** Um dies umzusetzen, trug ich für 18 Monate ständig ein laminiertes Kärtchen mit mir. Darauf stand geschrieben:

> „In dem Moment, in dem man sich wirklich verpflichtet, ändert sich auch die Perspektive. Es geschehen Dinge, die einem helfen, die sonst nie passiert wären. Eine ganze Reihe von Geschehnissen tritt aufgrund der Entscheidung auf und bringt alle möglichen guten, unvorhergesehenen Dinge, Begegnungen und materiellen Güter zu mir, die ich mir niemals erträumt hätte." – William H. Murray

Ich las diese Karte jeden Tag, als wir am Projekt arbeiteten. An besonders schwierigen Tagen, an denen ich mich richtig mitgenommen fühlte, las ich sie sogar zwei- oder dreimal. Das half mir, fokussiert zu bleiben und Ermutigung zu spüren. Ich dachte, dass wir es schaffen könnten, wenn ich meine Verpflichtung einhielte und alles mir Mögliche täte und Gott den Rest erledigen würde. Und das taten wir!

Wenn man etwas erreicht, von dem man geglaubt hat, es wäre unmöglich, wird man zu einer ganz neuen Person. Es verändert den Blick auf sich selbst und auf die ganze Welt. Mein Denken befand sich plötzlich auf einer ganz anderen Ebene und die Vision, die ich für mich als Führungskraft hatte, erweiterte sich. Dorthin wäre ich niemals ohne Verpflichtung gekommen. Meine persönliche Verpflichtung – und die vieler anderer – war der Schlüssel unseres Erfolgs.

Wenn Sie täglich danach streben, Ihren Verpflichtungen nachzukommen, dann denken Sie an Folgendes:

## Seien Sie darauf gefasst, dass Verpflichtung auch eine Art Kampf ist

Als unsere Kinder noch jung waren und zu Hause lebten, entschieden meine Frau und ich eines Sommers, sie auf eine Reise mitzunehmen, die ihnen zeigen sollte, wie die Vereinigten Staaten entstanden waren. Wir begannen in New York und besuchten auch Ellis Island, den Ort, der lange Zeit das Tor in die USA gewesen war. Dort konnten wir den Traum vieler Millionen Immigranten, die hierher kamen, um sich ein besseres

Leben aufzubauen, förmlich spüren. Wir besuchten Philadelphia und besichtigten den Raum, in dem unser Land durch die Unterschriften auf der Unabhängigkeitserklärung zu einer Nation wurde. Wir sahen die Liberty Bell und kamen an den Gräbern der mutigen Männer vorbei, die die Unabhängigkeitserklärung unterschrieben hatten.

Danach reisten wir in den Süden, nach Williamsburg, Virginia, der Heimat von Patrick Henry, der erklärt hatte: „Gib mir die Freiheit oder den Tod!“ Und wir beendeten unsere Reise in Washington, D.C. Als wir das aufragende Washington Monument betrachteten, wurden wir daran erinnert, wie oft die Vereinigten Staaten darum kämpfen mussten, eine Nation zu werden. Und während wir auf die Statue von Lincoln blickten, dachten wir daran, wie sehr wir darum kämpfen mussten, eine Nation zu *bleiben*.

Überall wurden wir mit der Verpflichtung von Männern und Frauen konfrontiert, die unser Land gegründet und erhalten hatten. Wir erfuhren etwas über die Risiken, die sie auf sich nahmen, die Schlachten, die sie schlugen, und die Opfer, die sie erbrachten. Die größten Ehren erhielten jene, die auch die größten Kämpfe gekämpft hatten. Der Einsatz war hoch, aber ebenso die Belohnung. Wir genießen heute immer noch die Freiheit, die sie für uns gewonnen haben.

Diese Reise war eine großartige Lektion für uns als Familie. Alles, was es wert ist zu haben, bedeutet auch Kampf. Verpflichtung ist nicht leicht, aber wenn man für etwas kämpft, an das man glaubt, ist es den Kampf wert.

## Verlassen Sie sich nicht nur auf Ihr Talent

Wenn Sie so eine Geschichte wie die von Mickey Mantle hören, dann werden sie feststellen, dass *zu viel* Talent auch gegen einen arbeiten kann. Wenn Mantle sich dazu verpflichtet hätte, auf sich achtzugeben, während der Saisonpausen zu arbeiten und sein Spiel zu verbessern, dann wären seine Ergebnisse wohl noch ganz andere gewesen.

Wenn Sie Ihr volles Potenzial erreichen wollen, müssen Sie Ihr Talent mit einer starken Arbeitsmoral verbinden. Der Dichter Henry Wadsworth Longfellow schrieb weise:

„Die Höhen der Großen wurden erreicht und gehalten,
nicht weil sie plötzlich flogen,
sondern weil sie – während ihre Kollegen Ruhe hielten –
sich in der Nacht hochzogen.“ [12]

*„Wenn Sie etwas aus Ihrem Tag herausholen wollen, dann müssen Sie auch etwas hineinstecken.“*

Wenn Sie etwas aus Ihrem Tag herausholen wollen, dann müssen Sie auch etwas hineinstecken. Ihr Talent legte Gott schon in Sie hinein, bevor Sie geboren wurden. Ihre Fähigkeiten haben Sie gestern selbst hinzugefügt. Verpflichtung ist das, was Sie heute dazugeben müssen, um aus dem Heute ein Meisterwerk zu machen und aus dem Morgen einen vollen Erfolg.

## Konzentrieren Sie sich auf die Wahlmöglichkeiten, nicht auf die Umstände

Für gewöhnlich gehen Menschen auf eine von zwei Arten an ihre täglichen Verpflichtungen heran. Sie konzentrieren sich entweder auf ihr Äußeres oder ihr Inneres. Die, die sich auf ihr Äußeres konzentrieren, erwarten, dass die Umstände die Dinge bestimmen, egal, ob sie ihre Verpflichtungen einhalten. Und da Umstände immer vorübergehend sind, ändern sich ihre Verpflichtungen wie der Wind.

Im Gegensatz dazu fokussieren sich die Menschen, die ihre Handlungen auf ihr Inneres aufbauen, auf ihre Wahlmöglichkeiten. Jede Wahl ist eine Kreuzung, die eine Richtung wird ihre Verpflichtung stärken und die andere wird sie gefährden.

Wenn Sie an eine Kreuzung kommen, können Sie es daran erkennen, dass …

- … Sie eine persönliche Entscheidung treffen müssen.
- … die Entscheidung Sie etwas kosten wird.
- … andere sehr wahrscheinlich davon betroffen sein werden.

Ihre Entscheidungen sind das Einzige, das Sie wirklich in der Hand haben. Sie können weder Ihre Umstände kontrollieren noch andere Menschen. Indem Sie sich aber auf Ihre Wahlmöglichkeiten konzentrieren und integer entscheiden, können Sie Ihre Verpflichtungen einhalten. Genau das trennt oft Erfolg von Misserfolg.

## Seien Sie fokussiert

Nichts spornt so sehr zur Verpflichtung an wie fokussierte Anstrengung, die im Erfolg endet. Ein gutes Beispiel dafür ist die Geschichte des englischen Pfarrers William Carey. Obwohl er nur eine Grundschulausbildung hatte, konnte er als Teenager die Bibel in sechs Sprachen lesen. Da er ein solches Talent für Sprachen hatte, wurde er mit Anfang 30 ausgewählt, um als Missionar nach Indien zu gehen. Sechs Jahre später, 1799, gründete er die Serampore Mission und nach einigen Jahren wurde er Professor für orientalische Sprachen am Fort William College in Kalkutta. Außerdem nutzte er sein Talent für Sprachen, indem er Verleger wurde. Seine Druckerei in Serampore druckte Bibeln in 40 verschiedenen Sprachen und Dialekten für mehr als 300 Millionen Menschen.

Auf was führte Carey seinen Erfolg zurück? Wie war es ihm möglich, das alles zu erreichen? Er sagte, dies sei geschehen, weil er ein „Arbeitstier" sei. Carey beschrieb sich selbst so: „Alles darüber hinaus wäre zu viel. Ich kann arbeiten. Das ist das Einzige, worin ich ein Genie bin. Ich kann in jeder Art von Vorhaben ausdauernd sein. Dem verdanke ich alles." [13]

## Tun Sie das Richtige, auch wenn Sie sich nicht danach fühlen

Thomas A. Buckner sagte: „Sich selbst in einen Gemütszustand und die richtige Energie zu versetzen, etwas zu erreichen, das beständige pure, harte Arbeit erfordert, ist ein Kampf, den jeder zu kämpfen hat. Wenn dieser Kampf ein für allemal gewonnen ist, dann ist alles einfach." Eines, das ich an Spitzensportlern so bewundere, ist gerade deren Sicht auf diese Wahrheit.

> *„Sich selbst in einen Gemütszustand und die richtige Energie zu versetzen, etwas zu erreichen, das beständig pure, harte Arbeit erfordert, ist ein Kampf, den jeder zu kämpfen hat. Wenn dieser Kampf ein für allemal gewonnen ist, dann ist alles einfach."*
> – Thomas A. Buckner

Deshalb schaue ich auch gerne die Olympischen Spiele an. Wenn die Athleten während der Eröffnungsfeier das Stadion betreten und sich auf die Spiele vorbereiten, geben sie damit folgendes Statement:

Ich habe mich vorbereitet.
Ich habe die Regeln befolgt.
Ich werde nicht aufgeben.

Jeder, der das mit Integrität von sich behaupten kann, darf stolz auf sich sein, egal, was danach passiert. Wie Arthur Gordon, Autor des Buches *A Touch of Wonder*, sagte: „Nichts ist leichter, als Worte auszusprechen. Nichts ist schwerer, als diese tagtäglich zu leben. Was Sie heute versprechen, muss morgen erneuert und bekräftigt werden und an jedem Tag, der noch vor Ihnen liegt." [14]

> *„Nichts ist leichter, als Worte auszusprechen. Nichts ist schwerer, als diese tagtäglich zu leben.“*
> – ARTHUR GORDON

Wenn Sie nur tun, was Sie tun sollten, wenn Sie sich danach fühlen, werden Sie Ihre Verpflichtung nicht dauerhaft einhalten können. Mein Freund Ken Blanchard sagt: „Wenn man an etwas interessiert ist, macht man es, wenn es einem angenehm ist. Wenn man einer Sache verpflichtet ist, dann akzeptiert man keine Ausreden, sondern nur Ergebnisse.“ Wenn Sie sich nicht auf Ausreden einlassen, ganz egal, wie gut sie klingen oder wie gut sie sich im Moment anfühlen, dann haben Sie das Potenzial, es ganz weit zu bringen.

## *Rückblick auf die Verpflichtung*

Ich glaube, dass meine Verpflichtung ein Schlüssel für mein Leben ist. Das betrifft meine Ehe, meine Karriere, mein Glaubensleben – es gibt keinen Bereich, der nicht davon betroffen ist. 28 Jahre, nachdem ich meine Entscheidung für die Verpflichtung getroffen habe, blicke ich zurück und erkenne die Wichtigkeit dieser Entscheidung:

| | |
|---|---|
| In meinen 20er-Jahren … | glich meine Verpflichtung meine Unerfahrenheit aus. |
| In meinen 30er-Jahren … | motivierte meine Verpflichtung viele Menschen dazu, mir als Führungskraft zu folgen. |

| | |
|---|---|
| In meinen 40er-Jahren … | half mir meine Verpflichtung dabei, in meinen schwierigsten Zeiten als Führungskraft weiterzumachen. |
| In meinen 50er-Jahren … | katapultierte mich meine Verpflichtung aus meiner Komfortzone in meine Produktivitätszone. |

Wenn Sie Verpflichtungen eingehen können, dann gibt es fast nichts, was Sie nicht tun können.

## *Schreckliche Umstände*

Kürzlich las ich eine Geschichte, die das Thema Verpflichtung sehr schön veranschaulichte. 1999 begann die *New York Times* damit, innerhalb eines Programms, an dem Schüler aus New York teilnehmen konnten, Stipendien zu vergeben. Das Ziel war: „Wir wollen die Bestrebungen der Studenten unterstützen, die hoffen, auf Ihre Erfolge am College aufbauen zu können, und die sich mit einem erheblichen Beitrag in die Gesellschaft einbringen möchten." Die Gründer dieses Programms wollten besonders jenen Schülern helfen, die trotz aller Widrigkeiten bestanden hatten. In ihren Unterlagen hieß es: „Die Bewerber müssen akademisch erfolgreich sein, sich in die Gemeinschaft eingebracht und besonders dem Lernen verpflichtet haben, trotz finanzieller oder anderer Herausforderungen." [15]

Als die Namen der ersten Stipendiaten zum ersten Mal bekannt gemacht wurden, waren viele Erfolgsgeschichten darunter. Eine war jedoch besonders bemerkenswert: die Geschichte von Liz Murray. Zu sagen, dass sie sich trotz großer Herausforderungen verpflichtet hatte, wäre noch viel zu milde ausgedrückt.

Liz wuchs in der Bronx, einem berühmt-berüchtigten Teil New Yorks, auf. Sie war das Kind zweier Alkohol- und Drogenabhängiger, aber sie sagte, dass ihre Eltern sie immer geliebt, jedoch aufgrund ihrer Abhängigkeiten vernachlässigt hätten. Einmal wachte sie auf und stellte fest, dass ihre Eltern den Mantel ihrer Schwester verkauft hatten, um Drogen zu erstehen. Deshalb arbeitete sie, seit sie neun Jahre alt war, um sich und ihre Schwester zu ernähren. Sie bot Kunden an Tankstellen an, für sie zu tanken, und packte in Supermärkten die Lebensmittel in Tüten, um etwas Trinkgeld zu erhalten.

Erst in der Mittelstufe fand sie heraus, dass die meisten Kinder keine Eltern hatten, die in der Küche fixten. Außerdem brach bei ihrer Mutter AIDS aus, das schon ein paar Jahre früher diagnostiziert worden war. In dieser Zeit ging Liz nicht oft zur Schule. Die meiste Zeit kümmerte sie sich um ihre Mutter, die auch noch an Schizophrenie litt. Sie verbrachte viel Zeit auf der Straße und mit Freunden. Als Liz 15 war, starb ihre Mutter und sie wurde obdachlos.

## *Die erste große Verpflichtung*

Paradoxerweise hatte dieses Erlebnis einen positiven Einfluss auf sie. Als sie zusah, wie ihre Mutter in einem Armengrab beerdigt wurde, hatte sie eine Erkenntnis. Diese führte sie zu einer Entscheidung: „Ich verband den täglichen Lebensstil meiner Mutter mit ihrem Ende. Und wenn es irgendetwas gab, das ich tun konnte, dann würde mir dasselbe nicht passieren. Deshalb wollte ich wieder zur Schule gehen. Aber – nur zur Erinnerung – ich war obdachlos.“ [16] Ihre Umstände waren düster, dennoch verpflichtete sie sich dieser Aufgabe.

Als Erstes nahm sie eine Ferienarbeit an. (Ihr Arbeitgeber und ihre Kollegen wussten nicht, dass sie obdachlos war.) Sie arbeitete vollständig auf Provision – und sie war hervorragend. Das half ihr, genug Geld zusammenzukratzen, um zu überleben. Dann schaffte sie es an die Humanities Preparatory Academy, eine öffentliche Highschool in Manhattan. Um die vergangenen vier Jahre nachzuholen, machte sie all diese Kurse in zwei Jahren, indem sie zehn Kurse auf einmal besuchte.

Am Tag ging sie zur Schule, in der Nacht lernte sie in Hauseingängen oder fuhr bis zum Morgen mit der U-Bahn.

Sie wollte hoch hinaus. Während einer Kurzreise besuchte sie die Harvard University. Sie entschied, sich dort zu bewerben, ebenso für das *New-York-Times*-Stipendium. Seit dem Tod ihrer Mutter hatte sie an Ausdauer und Fokus gewonnen. Liz sagte: „Ihr Tod hat mir gezeigt, wie kurz das Leben ist. Daran erinnere ich mich dutzende Male am Tag. Aus dieser Perspektive betrachtet, ist es leicht, in jeder schwierigen Situation Prioritäten zu setzen. Am wichtigsten sind die Menschen, die ich liebe, und daran zu arbeiten, mein volles Potenzial zu leben. Das ist meine Art, wie ich den Menschen, die ich liebe, meine Liebe zeigen kann.“ [17]

Ihre Entscheidung wurde sowohl in der Schule als auch außerhalb täglich auf die Probe gestellt. Die Bewerbungsgespräche für Harvard und das Stipendium fielen schließlich auf denselben Tag. Gleichzeitig hatte sie an diesem Tag auch noch ein Gespräch beim Amt, um ihre magere Sozialhilfe zu erhalten. Als sie dort in der Schlange wartete, musste sie zusehen, wie die Zeit davonlief, und sie fürchtete, es nicht mehr zu den Gesprächen zu schaffen. Frustriert fragte sie, ob sie vielleicht vorgezogen werden könnte, da sie noch ein Gespräch in Harvard hätte. Man sagte ihr: „Genau, und die Dame vor Ihnen hat ein Gespräch in Yale. Setzen Sie sich.“ Da ließ sie ihre Zuwendungen einfach links liegen und ging zu den Bewerbungsgesprächen.

## *Der Sprung nach Harvard*

Am Ende absolvierte sie die Gespräche erfolgreich – und machte ihren Abschluss. Sie erhielt 12 000 Dollar Studiengebühr pro Jahr und wurde in Harvard aufgenommen. Randy Kennedy von der *New York Times* stellte fest: „Es ist nicht nur eine kleines Kunststück, durchschnittlich 95 Punkte an der Humanities Preparatory Academy in Greenwich Village zu erhalten und als Klassenbeste von 158 Schülern zu graduieren. Es ist nahezu einmalig, das in nur zwei Jahren zu schaffen.“ [18]

Murray ist inzwischen zur Columbia University gewechselt. Sie sagt, das passe besser zu ihr und sie könne näher bei ihrem Vater sein. Ihre Geschichte ist in den Nachrichten erzählt worden, Lifetime hat einen Film daraus gemacht und im Moment schreibt sie ein Buch. Sie inspiriert jeden, der ihr begegnet. Ihr Vater, der HIV positiv ist und im Moment drogenfrei lebt, sagt, dass sie seine Heldin sei. Aber Murray selbst sieht es ganz locker. Sie betrachtet dies einfach als Teil ihrer Reise. Sie hofft, eines Tages Dokumentarfilmerin zu werden.

Wenn sie nach ihrer Philosophie gefragt wird, fasst sie diese folgendermaßen zusammen: „Es gibt immer einen Weg, wenn man hart genug arbeitet und die Augen offen hält. Es hängt alles von der Stärke der Entschlossenheit ab.“ [19] Harte Arbeit und Entschlossenheit – das hört sich nach einer guten Beschreibung für Verpflichtung an.

> *„Es gibt immer einen Weg, wenn man hart genug arbeitet und die Augen offen hält. Es hängt alles von der Stärke der Entschlossenheit ab.“*
> – Liz Murray

## *Verpflichtung – Anwendung und Übungen*
## Wie man täglich Verpflichtungen eingeht und sich an diese hält

### Die heutige Entscheidung zum Thema Verpflichtung

Wo stehen Sie gerade, wenn es um Ihre heutige Verpflichtung geht? Beantworten Sie sich selbst folgende drei Fragen:

1. *Habe ich bereits eine Entscheidung getroffen, täglich Verpflichtungen einzugehen und mich an diese zu halten?*
2. *Wenn dem so ist, wann habe ich die Entscheidung getroffen?*
3. *Was genau habe ich entschieden? (Schreiben Sie es hier auf.)*

________________________________________

________________________________________

________________________________________

________________________________________

### Ihre tägliche Disziplin in Bezug auf Ihre Verpflichtung

Ausgehend von Ihrer Entscheidung, die Sie bezüglich Ihrer Verpflichtung getroffen haben – was ist der eine Bereich, den Sie *heute und jeden Tag* üben müssen, um erfolgreich zu sein? Schreiben Sie es hier auf.

________________________________________

________________________________________

________________________________________

________________________________________

## Das gestrige Versäumnis aufholen

Wenn Sie Hilfe dabei brauchen, um eine Entscheidung für die Verpflichtung zu treffen und eine Art zu finden, wie Sie diese täglich umsetzen, dann machen Sie folgende Übungen:

1. *Wie würden andere Sie beschreiben? Würden sie sagen, dass Sie eher zwanglos oder verpflichtet sind? Wie verhält es sich, wenn es um Dinge geht, die Ihnen wirklich wichtig sind? Wenn es in Ihrem Leben keine Menschen oder Glaubenspunkte gibt, denen Sie wirklich verpflichtet sind, dann finden Sie heraus, warum das so ist.*
   *Sind Ihre Werte das Problem? Wissen Sie, woran Sie glauben? Es ist schwierig, Verpflichtung zu entwickeln, wenn Sie das nicht wissen. Wenn das Ihrer Situation entspricht, dann lesen Sie bitte gleich das Kapitel über Werte. Ist das Problem der Preis, den Sie bezahlen müssen, um verpflichtet zu sein? Wenn das der Fall ist, dann beachten Sie auch, dass es ebenso einen Preis dafür gibt, nicht verpflichtet zu sein. Wenn Sie es nicht schaffen eine Verpflichtung einzugehen, was würden Sie einbüßen? Und andersherum gefragt, wenn Sie den Preis bezahlen würden, was würden Sie gewinnen?*
   *Wenn Ihnen diese Dinge unklar sind, dann schreiben Sie einige Ihrer Lebensziele nieder und finden Sie heraus, was die Kosten für jedes sind. Dann wiegen Sie diese gegeneinander ab. Und wenn Ihnen etwas den Preis wert erscheint, gehen Sie die Verpflichtung ein und ziehen Sie sie durch.*

2. *Machen Sie Spitzenleistung zu Ihrem neuen Standard. Erledigen Sie all Ihre Tätigkeiten auf einem hohen Niveau. Beginnen Sie, indem Sie an ein Projekt denken oder an eine Aufgabe, der Sie verpflichtet sind. Wie sind Sie diese bisher angegangen? Geben Sie ihr die nötige Zeit, Aufmerksamkeit und die Ressourcen, um die Aufgabe mit einem hohen Grad an Spitzenleistung zu vollenden? Bewerten Sie Ihre*

*Herangehensweise neu. Dann betrachten Sie unter diesem Aspekt Ihre Herangehensweise an den Rest Ihres Lebens.*

3. *Verpflichtung bedeutet immer auch Kampf. Was für eine Strategie haben Sie, um dem Kampf verpflichtet zu bleiben – bei Ihrer Arbeit, wichtigen Beziehungen, im Glauben etc.? Brauchen Sie Inspiration so wie ich während der Bauphase? Brauchen Sie Rechenschaftspflicht? Brauchen Sie jemanden, der Sie daran erinnert, Ihre Verpflichtungen einzuhalten? Verwenden Sie die Hilfsmittel, die Sie brauchen.*

4. *Verpflichtung bedeutet, die totale Selbstverantwortung zu übernehmen. Entschließen Sie sich dazu, über Ihr natürliches Talent hinauszuwachsen. Entschließen Sie sich dazu, gute Entscheidungen zu treffen. Entschließen Sie sich, nicht die Umstände für das Ergebnis Ihres Lebens verantwortlich zu machen. Entschließen Sie sich, die Verantwortung für die Person zu übernehmen, die Sie werden.*

## Freuen Sie sich auf morgen

Nehmen Sie sich nun einen Moment Zeit und denken Sie darüber nach, wie Ihre Entscheidung, Verpflichtungen einzugehen und diese täglich umzusetzen, Ihre Zukunft positiv beeinflussen wird. Wie wird das belohnende Ergebnis aussehen? Schreiben Sie es auf:

________________________________________

________________________________________

________________________________________

________________________________________

Behalten Sie sich das Aufgeschriebene als eine bleibende Erinnerung, denn …

Ihre heutigen Gedanken sind der Motor für die tägliche Disziplin und

Ihre tägliche Disziplin maximiert Ihre gestrige Entscheidung.

KAPITEL 9

# Meine heutigen Finanzen schenken mir Möglichkeiten

Was sind die zwei häufigsten Gründe für Stress im Leben der arbeitenden Bevölkerung? Nach Karen Olson von der Xylo, Inc., in Bellevue, Washington, ist es entweder das Zeitmanagement oder das Geld. [1] Das überrascht nicht, wenn man sich ansieht, wie die Menschen heute finanziell dastehen. 2002 hat es so viele Insolvenzanträge wie noch nie gegeben: 1,5 Millionen, 6 % mehr als im Jahr zuvor. [2] Und weit mehr Menschen haben zwar keine Insolvenz angemeldet, stehen aber vor dem finanziellen Ruin. SMR Research erklärt, dass 43,7 Millionen Haushalte in den Vereinigten Staaten weniger als 1 000 Dollar liquide Mittel zur Verfügung haben. Und 16,3 Millionen Haushalte verfügen über keinerlei Vermögen oder haben Verbindlichkeiten. [3]

Wie reagieren die Menschen auf solche Situationen? Sie leihen sich Geld. Die Privatschulden belaufen sich inzwischen auf 1,7 Billionen Dollar. [4] Und es ist kein Ende in Sicht. Stuart Feldstein, der Geschäftsführer von SMR Research, sagt: „Sie Summe der Kredite wächst schneller als die Einkommen.“ [5] 1981 lag das Verhältnis der Schulden im Vergleich zum Einkommen in den USA bei 1,14. Im Jahr 2000 lag es bei 1,63. [6] Die Menschen machen mehr Schulden, als sie vertragen können.

Die überfälligen Ratenzahlungen nehmen zu. Gemäß der Mortgage Bankers Association of America haben die Zwangsvollstreckungen einen Höhepunkt erreicht, den es seit 30 Jahren nicht gegeben hat. [7]

In einer kürzlich durchgeführten Studie der *Los Angeles Times* geben 27 % der Menschen an, dass ihre finanzielle Situation „schwankt", und 40 %, dass sie Probleme damit haben, Versicherungen, Autoraten und andere monatliche Kosten zu bezahlen. [8] Finanzieller Druck kostet die Menschen viel Tribut. Er führt sogar dazu, dass die Arbeitsleistung abnimmt. Eine Untersuchung des Consumer Credit Counseling Service zeigte, dass Arbeitnehmer, die finanzielle Probleme haben, etwa 13 % der Arbeitszeit damit verschwenden, Gedanken zu wälzen. [9] Das ist mehr als eine Stunde pro Tag – und 250 Stunden im Jahr!

## *Warum die Finanzen heute wichtig sind*

O. Donald Olson witzelt: „Der durchschnittliche Amerikaner ist ständig damit beschäftigt, Dinge zu kaufen, die er gar nicht haben möchte, mit Geld, das er gar nicht hat, um Menschen zu beeindrucken, die er gar nicht mag." Es gibt keinen Aspekt, den die Finanzen nicht beeinflussen. Und wenn die Menschen mit ihrem Geld nicht täglich sorgfältig umgehen, verursacht das riesige Probleme.

> *„Der durchschnittliche Amerikaner ist ständig damit beschäftigt, Dinge zu kaufen, die er gar nicht haben möchte, mit Geld, das er gar nicht hat, um Menschen zu beeindrucken, die er gar nicht mag."*
> – O. DONALD OLSON

Betrachten Sie einmal folgende drei Wahrheiten über die Finanzen:

## Geld wird Sie *nicht* glücklich machen

Auch wenn die meisten Menschen die Aussage bejahen, dass „man mit Geld kein Glück kaufen kann", handeln sie manchmal so, als ob es wahr wäre. Warum würden sie dem Geld sonst einen so hohen Stellenwert einräumen oder Kompromisse bei ihren Werten eingehen, um mehr davon zu erhalten? Vor einigen Jahren veröffentlichten James Patterson und Peter Kim die Ergebnisse einer nationalen Studie über die Moral in dem Buch *The Day America Told the Truth*. Darin berichteten sie über einige Dinge, die Menschen für Geld tun würden. Ich möchte ein paar Antworten anführen. Die Menschen wurden gefragt, wozu sie für zehn Millionen Dollar bereit wären (dahinter befinden sich die Prozentzahlen, wie viele der Befragten dazu bereit wären). Sie würden …

- ihre gesamte Familie verlassen (25 %).
- für eine Woche oder auch länger zur Prostituierten werden (23 %).
- die amerikanische Staatsbürgerschaft aufgeben (16 %).
- ihren Partner verlassen (16 %).
- eine Aussage zurückhalten und damit einen Mörder laufen lassen (10 %).
- einen Unbekannten umbringen (7 %).
- ihre Kinder zur Adoption freigeben (3 %). [10]

Wenn das nicht zeigt, dass die Menschen doch *glauben*, dass Geld ihnen Glück bringt …!

Der Journalist Bill Vaughan scherzt, dass man mit Geld zwar kein Glück kaufen könne, aber einen Haufen Leute anstellen, die herausfänden, worin das Problem liege. Das entspricht sehr viel mehr der Realität, als er sich vielleicht bewusst gewesen ist. Studien haben gezeigt, dass mehr Geld wirklich nicht mehr Glück bringt. Im *Fast Company Magazine* heißt es: „Zwischen 1970 und 1999 erhielt die durchschnittliche amerikanische Familie 16 % Gehaltserhöhung (Inflationsausgleich), wohingegen der Prozentsatz an Menschen, die sich als ‚sehr glücklich' beschrieben von 36 % auf 29 % fiel. Wir sind besser bezahlt, besser ernährt und besser ausgebildet als jemals zuvor. Trotzdem hat sich die Scheidungsrate verdoppelt, die Suizidrate bei Teenagern verdreifacht und die Zahl der Depressionen ist in den letzten 30 Jahren rapide angestiegen." [11]

Die modernen Studien zeigen letztendlich nur das, was schon der römische Philosoph Seneca vor 2000 Jahren gesagt hat: „Geld muss erst noch jemanden reich machen."

Als junger Mann habe ich vielleicht auch angenommen, dass Menschen mit Geld glücklicher sind als Menschen ohne. Aber als ich begann, Menschen mit einem überdurchschnittlichen Einkommen zu beraten, stellte ich schnell fest, dass sie keinen Vorteil gegenüber Menschen mit geringem Einkommen hatten. Der Autohersteller Henry Ford sagte: „Geld verändert nicht die Menschen, es nimmt ihnen lediglich die Maske ab. Wenn ein Mensch von Natur aus egoistisch, arrogant oder gierig ist, wird das Geld dies zum Vorschein bringen; das ist alles." Man ist, wer man ist – egal, wie viel oder wie wenig Geld man besitzt.

> *„Geld verändert nicht die Menschen, es nimmt ihnen lediglich die Maske ab. Wenn ein Mensch von Natur aus egoistisch, arrogant oder gierig ist, wird das Geld dies zum Vorschein bringen; das ist alles."*
> – Henry Ford

### Schulden *werden* Sie unglücklich machen

Geld zu haben, macht noch lange nicht glücklich, aber Geld zu *schulden* wird Sie sehr unglücklich machen. Rose Sands schrieb über Schulden:

> Wenn Sie 1 000 Dollar schulden, sind Sie eine Memme.
>
> Wenn Sie 100 000 Dollar schulden, sind Sie ein Unternehmer.
>
> Wenn Sie 1 Million Dollar schulden, sind Sie ein Tycoon.
>
> Wenn Sie 1 Milliarde Dollar schulden, sind Sie ein Großindustrieller.
>
> Wenn Sie 100 Milliarden Dollar schulden, sind Sie die Regierung.

Autor Samuel Butler, der über das viktorianische Leben der Engländer spöttelte, schrieb: „Jeder Fortschritt basiert auf dem allgemeinen inneren Verlangen, das Teil jedes lebenden Organismus ist, über seine Verhältnisse zu leben." Doch wahr ist, dass diese Lebensweise Ihr Untergang sein wird, wenn Ihre Ausgaben Ihr Einkommen übersteigen.

Solomon, der König der Israeliten, fasste die Situation eines Schuldners so zusammen: „Die Reichen herrschen über die Armen und der Schuldner wird der Sklave des Geldgebers werden." [12] Wer möchte schon ein Sklave sein, der von anderen kontrolliert wird?

## Einen finanziellen Rahmen zu haben, gibt Ihnen Möglichkeiten

Unterm Strich bedeutet all das, dass Geld nichts anderes ist als ein Werkzeug. Es ist gut, wenn es einem dabei hilft, Ziele zu erreichen, aber das Ziel, mehr Geld um des Geldes willen zu haben, wäre einfach blödsinnig. Hat man weniger Geld, hat man weniger Möglichkeiten. Wenn Sie in der Nähe Ihrer Arbeitsstelle wohnen wollen, weil es bequemer ist, können Sie das nicht, wenn Ihnen das Geld dazu fehlt. Sie können Ihre Kinder vielleicht nicht auf die gewünschte Schule schicken. Sie können sich vielleicht kein zuverlässiges Auto leisten. Sie können sich vielleicht nicht frei nehmen, um bei einer Schulaufführung oder einem Spiel Ihres Kindes dabei zu sein. Sie können vielleicht nicht Ihre berufliche Laufbahn dahingehend verändern, dass Sie etwas tun, das Sie auch gerne tun. Sie leben vielleicht immer von Monat zu Monat. Und vielleicht müssen Sie sogar weiter arbeiten gehen, wenn Sie 65 sind, 70 oder sogar noch älter.

## *Der Entscheidungsprozess: Wie man die Entscheidung trifft, Geld zu verdienen und es täglich gut zu verwalten*

Es zeigte sich schon sehr früh, dass mein Bruder Larry und ich total unterschiedliche Einstellungen zum Thema Geld hatten. Wir waren das komplette Gegenteil voneinander. Als Kind wollte Larry stets arbeiten und Geld verdienen. Ich wollte immer nur mit meinen Freunden spielen. Er verbrachte seinen Sommer damit zu arbeiten. Ich verbrachte ihn mit Basketballspielen. Er sparte sein Geld. Ich hatte nichts zum Sparen. Als Larry 16 war, kaufte er sich ein schönes Auto von seinem eigenen Geld: einen vier Jahre alten Ford. Ich hatte kein Auto, bis ich vom College graduierte. Einen alten, heruntergekommenen Ford Falcon – und raten Sie, von wem ich mir das Geld geliehen hatte? Von Larry – und von meiner jüngeren Schwester Trish.

Als ich mein Theologiestudium begann, realisierte ich, dass ich auf dem Weg in einen Beruf war, in dem ich nie viel Geld verdienen würde. Das machte mir nichts aus, da ich glaubte das Richtige zu tun, das, wozu ich berufen war, und ich persönlich wäre sicherlich zufrieden. Aber ich erkannte auch, dass eine Person mit wenig Geld, wenig Möglichkeiten hatte. 1985 trafen Margaret und ich dann folgende Entscheidung: ***Wir werden heute Opfer bringen, damit wir morgen mehr Möglichkeiten haben.*** Von diesem Zeitpunkt an teilten wir unser Geld auf:

10 % an die Kirche/Spenden

10 % für Investitionen/Sparen

80 % für monatliche Kosten

Etwa zur selben Zeit bot uns unser Freund Tom Phillippe die wundervolle Möglichkeit an, in eines seiner Altersheime zu investieren. Das nahmen wir dankbar an. Einige Jahre lang investierten wir stets die 10 % und als unsere Investments anfingen, Gewinne abzuwerfen, investierten wir diese wieder, anstatt sie auszugeben. Mit der Zeit haben wir Kapital aufgebaut und je älter Margaret und ich werden, desto mehr Möglichkeiten haben wir nun.

Wenn Sie sich nach Möglichkeiten sehnen, aber bisher nicht gut im Verdienen und richtigen Umgang mit Geld waren, richten Sie sich jetzt einfach neu aus. Treffen Sie eine gute Entscheidung bezüglich Ihrer Finanzen, indem Sie Folgendes umsetzen:

## Rücken Sie den Wert der Dinge in die richtige Perspektive

Ein Mann und seine Frau besuchten einen Jahrmarkt, auf dem ein Pilot auch Rundflüge in einem alten Doppeldecker für 50 Dollar anbot. Das Paar wollte fliegen, aber sie fanden den Preis zu hoch. So versuchten sie zu verhandeln und boten 50 Dollar für sie beide, aber er ging nicht darauf ein. Schließlich machte ihnen der Pilot ein Angebot.

„Sie bezahlen die vollen 100 Dollar und ich nehme Sie mit hoch", sagte er. „Und wenn Sie während des Fluges kein Wort sprechen, gebe ich Ihnen am Ende das gesamte Geld zurück."

Sie ließen sich darauf ein und setzten sich in den Flieger. Sie starteten und der Pilot führte alle Manöver durch, die er konnte: Sturzflug, Loopings, Rollen und verkehrt herum Fliegen. Als sie gelandet waren, sagte der Pilot zum Mann: „Gratuliere! Sie haben kein Wort gesprochen – hier haben Sie Ihre 100 Dollar zurück."

„Nein", sagte der Mann. „Aber ich hätte fast etwas gesagt, als meine Frau herausfiel."

Das ist natürlich ein Witz und doch enthält er auch einen Funken Wahrheit über unsere Gesellschaft. Die Menschen neigen dazu, Geld und Gegenstände über das zu stellen, das wirklich wichtig ist im Leben: andere Menschen. Der französische Historiker und Politikwissenschaftler Alexis de Tocqueville sagte einst über die Vereinigten Staaten, dass er „kein anderes Land kenne, wo die Liebe zum Geld die Herzen der Menschen so sehr ergriffen habe". Bemerkenswerterweise schrieb er das vor mehr als 100 Jahren! Ich frage mich, was er heute sagen würde, würde er noch leben.

Um herauszufinden, ob Ihre Einstellung bezüglich Geld und Besitztümern richtig ist, stellen Sie sich einmal folgende fünf Fragen:

1. Bin ich ständig mit irgendetwas gedanklich beschäftigt?
2. Bin ich auf andere neidisch?
3. Definiere ich meinen persönlichen Wert über Besitz?
4. Glaube ich, dass Geld mich glücklich macht?
5. Möchte ich ständig mehr haben?

Wenn Sie eine oder mehrere dieser Fragen mit „Ja“ beantwortet haben, dann sollten Sie Ihr Gewissen prüfen. Billy Graham zeigt richtigerweise auf: „Wenn eine Person es schafft, ihre Einstellung bezüglich Geld auf die Reihe zu bekommen, dann hilft ihr das dabei, auch fast jeden anderen Lebensbereich auf die Reihe zu bekommen.“ Materialismus ist eine Geisteshaltung. Es ist nichts falsch daran, Geld oder schöne Dinge zu besitzen. Genauso wenig ist es falsch, bescheiden zu leben. Materialismus hat nichts mit Besitz zu tun – es ist eine Besessenheit. Ich habe schon materialistisch denkende Menschen getroffen, die keinerlei Geld gehabt haben, und nicht materialistisch denkende Menschen, die sehr viel Geld gehabt haben. Sie auch?

## Werden Sie sich Ihrer Lebensphase bewusst

Jede Phase unseres Lebens ist anders und wir sollten nicht versuchen, sie einander anzugleichen. Idealerweise folgt das Leben einem Rhythmus, nach dem der Hauptfokus vom Lernen über das Verdienen hin zum Zurückgeben wandert. Die Phasen definiere ich folgendermaßen:

- Lernen: Wenn man jung ist, sollte der Fokus darauf liegen, seine Talente herauszufinden, seine Berufung zu entdecken und seinen Beruf zu erlernen. Für die meisten geschieht dies während der Teenagerzeit und in ihren 20er-Jahren – obwohl es frühreife Menschen gibt, die eher damit abschließen, und einige Spätzünder, die erst fertig sind, wenn sie schon weit über 30 sind (oder sogar noch älter). Die exakte Zeit ist unwichtig. Wichtig ist, dass man erkennt, dass es eine Lebensphase gibt, in der das Lernen am wichtigsten ist, und dass man hier keine Abkürzungen aufgrund finanziellen Gewinns machen sollte, denn damit würde man das große Bild aus den Augen verlieren.
- Verdienen: Wenn man auf dem Weg zu seiner Bestimmung ist, dann hat man seinen Beruf richtig erlernt und führt ihn spitzenmäßig aus. Man hat die Hoffnung, damit ein gutes Einkommen zu erwirtschaften. Ganz klar beeinflusst die Berufswahl das mögliche Einkommen stark. Die meisten Menschen verdienen am effektivsten in ihren 30er-, 40er- und 50er-Jahren. Während dieser Zeit sollte man darauf bedacht sein, sich um seine Familie zu kümmern und sich auf die Zukunft vorzubereiten.
- Zurückgeben: Wir sollten immer großzügig sein, egal, wie alt wir sind. Aber wenn man hart gearbeitet und gut geplant hat, kommt eine Lebensphase, die sehr gewinnbringend ist. In der kann man sich darauf konzentrieren, anderen zu geben. Das tritt oft in den 50er-, 60er- oder 70er-Jahren oder noch später ein. Margaret und ich sind gerade dabei zu planen, wie wir das in den kommenden Jahren umsetzen wollen.

Das ist nun gewiss verallgemeinert dargestellt, aber es ist ein Beispiel, das man anstreben sollte. Wenn Sie noch jung sind, dann sind Sie vielleicht darauf aus, die Phase des Lernens zu verlassen. Haben Sie Geduld, denn je sorgfältiger Sie diese Phase durchlaufen, desto größer ist Ihr Potenzial, um die anderen Phasen zu maximieren. Wenn Sie bereits älter sind und kein gutes Fundament aufgebaut haben, dann verzweifeln Sie nicht. Fahren Sie einfach damit fort, zu lernen und zu wachsen. Sie haben immer noch die Chance, gut abzuschließen. Wenn Sie aufgeben, werden Sie niemals aufsteigen.

## Reduzieren Sie Ihre Schulden

Michael Kidwell und Steve Rhode, die Autoren des Buches *Get Out of Debt: Smart Solutions to Your Money Problems*, glauben: „Jeder Schuldner leidet an einer Art Depression. Schulden sind einer der Hauptgründe für Scheidungen, Schlaflosigkeit und schlechte Arbeitsleistung. Sie sind wirklich eines der dunkelsten Geheimnisse einer Person. Sie rauben den Selbstwert einer Person und halten sie von ihren Träumen ab.“ [13]

Schulden aufzunehmen für Dinge, die eine Wertsteigerung mit sich bringen, kann sinnvoll sein. Ein Haus zu kaufen, für einen guten Transport zur Arbeit zu sorgen, seine Ausbildung zu verbessern oder in ein Unternehmen zu investieren, sind gute Aufwendungen – solange man sie gut überblicken kann. Aber viele Menschen nehmen Kredite unüberlegt auf. Wenn Sie immer noch für etwas bezahlen, das Sie schon gar nicht mehr nutzen, bedeutet das immer Ärger.

Kidwell und Rhode schlagen fünf Stufen vor, um Schulden zu reduzieren:

1. Hören Sie auf, Schulden zu machen.
2. Behalten Sie Ihre Ausgaben im Überblick.
3. Planen Sie Ihre Zukunft.
4. Erwarten Sie keine Wunder.
5. Suchen Sie sich professionelle Hilfe. [14]

Lassen Sie nicht zu, dass Ihr Besitz und Ihr Lebensstil Sie auch beherrschen. Wenn Sie Sklave der Schulden sind, dann finden Sie einen Weg, sich zu befreien.

## Stellen Sie Ihre persönliche Finanzformel auf

> *„Der Unterschied zwischen einem Reichen und einem Armen besteht darin, dass der Reiche sein Geld investiert und das Übrige ausgibt und der Arme sein Geld ausgibt und das Übrige investiert."*

Jemand hat einmal gesagt: Der Unterschied zwischen einem Reichen und einem Armen besteht darin, dass der Reiche sein Geld investiert und das Übrige ausgibt und der Arme sein Geld ausgibt und das Übrige investiert. Wenn Sie sich noch nicht dazu entschieden haben, durchdacht mit Ihrem Geld umzugehen, laufen Sie den Problemen direkt in die Arme. Stellen Sie ein Budget auf. Erstellen Sie eine Formel, die für Sie funktioniert. Vielleicht wollen Sie ja unsere 10-10-80-Version ausprobieren. Aber tun Sie etwas! Das alte Sprichwort ist zwar abgedroschen, aber wahr: Beim Planen zu versagen ist, wie sein Versagen zu planen.

## *Wie man mit Finanzen im Alltag richtig umgeht*

Ich muss zugeben, dass Geld noch nie der Motivationsfaktor Nummer eins für mich gewesen ist. Die Finanzen sind auf meiner Prioritätenliste so weit hinten angesiedelt gewesen, dass ich sie vernachlässigt habe. Das ist wahrscheinlich auch der Grund dafür, dass ich meine Lebensentscheidung bezüglich der Finanzen erst Ende 30 getroffen habe. Aber wir haben alle schon gesehen, was Nachlässigkeit beim Thema Finanzen für Menschen im Alter bedeuten kann. Mein Schwiegersohn, Steve, und ich aßen kürzlich in einem Restaurant in Florida und wurden von einer netten, etwa 75 Jahre alten Dame bedient. Nun, wir haben die Situation dieser Person nicht gekannt; manche wollen bis zum Alter von über 80 Jahren arbeiten, einfach weil sie Freude daran haben. Aber ich weiß, dass die meisten Menschen, die in dieser Lebensphase noch körperlich anstrengenden Arbeiten nachgehen, das tun, weil sie keine andere Wahl haben. Mein Freund Ron Blue, ein Finanzexperte, sagt, dass das jährliche Einkommen der Menschen über 65 bei 6 300 Dollar pro Jahr liegt. [15] Was unsere Kellnerin betraf, so nahm ich an, dass sie einfach keine Wahl hatte. Deshalb gaben Steve und ich ihr ein großzügiges Trinkgeld. Wenn Sie das nächste Mal von einer älteren Person bedient werden, haben Sie vielleicht auch das Bedürfnis, etwas für diese Person zu tun.

Ich bin immer noch dabei, im Bereich der Finanzen zu wachsen. Ich habe meine persönlichen Finanzen mithilfe der Formel 10-10-80 geregelt, aber erst im letzten Jahrzehnt gelernt, auch die Finanzen meines Unternehmens besser zu strukturieren. Ich bin es gewohnt gewesen, mich auf meine Vision zu konzentrieren, die besten Mitarbeiter anzustellen, die mir bei der Umsetzung helfen sollten, und dann so gut wie möglich die Umsetzung anzuleiten. Den Überblick über die Finanzen habe ich meist anderen überlassen. Doch mein Bruder Larry hat mir bezüglich meiner Einstellung ins Gewissen geredet. Er hat mir gesagt, dass ich kein Recht dazu habe, die Finanzen zu vernachlässigen, nur weil diese nicht meinen Stärken oder meiner Leidenschaft entsprächen. Deshalb gehe ich nun sowohl zu Hause als auch im Unternehmen so vor: ***Ich konzentriere mich jeden Tag auf meinen Finanzplan, damit ich jeden Tag mehr – nicht weniger – Möglichkeiten habe.*** Je früher Sie die Entscheidung für geregelte Finanzen treffen und umsetzen, desto mehr Möglichkeiten werden Sie haben.

Um Ihre Finanzen täglich im richtigen Licht zu sehen, machen Sie Folgendes:

## Werden Sie ein guter Verdiener

Um ein guter Verwalter seiner Finanzen zu werden, muss man zuerst etwas haben, das man verwalten kann. Deshalb glaube ich, sollte die erste

Disziplin sein, sein Einkommenspotenzial zu vergrößern! Damit meine ich nicht, all die anderen wichtigen Bereiche zu vernachlässigen, nur um Geld zu bekommen. Ich schlage auch nicht vor, dass der Fokus immer auf dem Geld liegen sollte. Entwickeln Sie einfach eine gute Arbeitsmoral und lernen Sie, wie man gutes Geld verdient und es verwaltet. Bauen Sie Beziehungen mit Menschen auf, die dieses Thema beherrschen, und lernen Sie von diesen. Es gibt auch viele gute Bücher, die sich mit persönlichen und geschäftlichen Finanzen beschäftigen.

Arbeitsmoral dagegen hat mehr mit Sehnsucht als mit Wissen zu tun. Sie entsteht im Inneren. Dieses Verlangen wird von verschiedenen Dingen genährt: der Sehnsucht, anderen zu dienen; dem Versprechen, aus den Umständen, in die man hineingeboren worden ist, auszubrechen; einer Vision nach Fortschritt oder einfach persönlicher Leidenschaft. Was oft das Feuer des Verlangens auslöscht, ist der Glaube, dass die Arbeit zu umfangreich ist für den Gewinn.

Wenn Sie denken, dass Sie es in Ihrem Beruf oder Ihrer Karriere besonders schwer haben, dann müssen Sie die Dinge vielleicht einfach in die richtige Perspektive rücken. Werfen Sie einmal einen Blick auf die Arbeitsbedingungen, die die Arbeitnehmer 1872 bei Mt. Corry Carriage and Iron Works hinnehmen mussten:

1. Der Angestellte wischt täglich die Böden, staubt die Möbel, Regale und Schaukästen ab.
2. Jeden Tag werden die Lampen gefüllt und geputzt.
3. Jeder Angestellte bringt einen Eimer Wasser und einen Kohleneimer mit zur Arbeit.
4. Stellen Sie Ihre Bleistifte sorgfältig her. Wie stark Sie diese anspitzen, bleibt Ihnen selbst überlassen.
5. Das Büro öffnet täglich um 7 Uhr und schließt um 20 Uhr, außer am Sabbat.

6. Männliche Angestellte erhalten einen Abend frei, um sich mit ihrer Herzensdame zu treffen; zwei Abende, wenn sie regelmäßig zur Kirche gehen.
7. Jeder Angestellte soll von seinem Monatseinkommen etwas beiseitelegen, um im Alter nicht von der Wohltätigkeit seiner Spender abhängig zu sein.
8. Raucht ein Angestellter spanische Zigarren, konsumiert Alkohol in jeglicher Form, lässt sich in einem Herrensalon rasieren oder besucht regelmäßig öffentliche Veranstaltungen, liefert er damit Grund genug, seinen Wert, seine Absichten, seine Integrität und seine Ehrlichkeit infrage zu stellen.
9. Ein Arbeitnehmer, der seine Arbeit treu und fehlerlos über einen Zeitraum von fünf Jahren ausgeführt und wirtschaftlich gut gelebt hat, seinen religiösen Pflichten nachgekommen ist und von seinen Kollegen als ein guter, gesetzestreuer Bürger angesehen wird, erhält eine Gehaltserhöhung von fünf Cent pro Tag, vorausgesetzt die Unternehmensgewinne lassen dies zu.

Wir genießen heute sehr viele Vorteile, die Menschen vorangegangener Generationen nicht gehabt haben. Ein Vorteil ist, dass wir nicht mehr die Vorstellungen vergangener Jahrhunderte erfüllen müssen. Mit der richtigen Einstellung und dem Willen, auch den Preis dafür zu bezahlen, kann heute fast jeder nahezu jede Chance nutzen und Erfolg haben.

## Seien Sie jeden Tag dankbar

Eines der wichtigsten Dinge, die Sie für sich selbst tun können, ist, die richtige Perspektive beizubehalten und dankbar zu sein für das, was Sie haben. Der Dichter Rudyard Kipling erzählte einst seinen Zuhörern in einer Abschlussrede: „Widmen Sie Ihre Aufmerksamkeit nicht zu sehr der Berühmtheit, Macht oder Geld. Eines Tages werden Sie auf eine Person treffen, der *all das* völlig egal ist, und dann stellen Sie nur fest, wie arm Sie sind.“ Wenn Sie fleißig arbeiten und ein Gefühl der Dankbarkeit behalten, fällt es Ihnen sehr viel leichter, täglich Ihre Finanzen zu verwalten.

## Vergleichen Sie sich nicht mit anderen

Immer wenn Menschen sich mit anderen vergleichen, bekommen sie Probleme. Gerade wenn man Geld und Besitz vergleicht, kann das besonders schädlich sein. Mit den Nachbarn mithalten zu wollen oder zu zeigen, dass es einem gut geht, ist der Grund, warum viele Menschen immense Schulden haben. James Surowiecki, ein New Yorker Finanzbeobachter, sagt: „Die Amerikaner werden stets von Krankheiten heimgesucht wie dem Luxusfieber oder dem Wohlstandssyndrom. Selbst wenn wir noch nicht reich sind, betrachten wir uns als reich.“ [16]

Wenn Sie sehen, wie Ihre Nachbarn neue Möbel kaufen, ausgedehnte Urlaube machen und jedes Jahr ein neues Auto fahren, regt sich da in Ihnen der Wunsch, dasselbe zu wollen? Nur weil es so *scheint*, als ob jemand in einer ähnlichen Situation ist wie Sie, heißt das noch lange nicht, dass er es auch ist. Vielleicht verdienen Ihre Nachbarn doppelt so viel wie Sie. Oder sie stecken bis zu den Ohren in Schulden und wenn sie noch etwas weitermachen, sind sie insolvent. Stellen Sie keine Vermutungen auf und versuchen Sie nicht, wie jemand anderer zu sein.

## Geben Sie so viel Sie können

Autor Bruce Larson sagt: „Geld ist wie ein zweites Paar Hände, um Familien in Not auf dieser Welt zu heilen, zu nähren und zu segnen. … Mit anderen Worten: Geld ist mein zweites Ich. Geld kann hingehen, wofür ich keine Zeit und wofür ich keinen Pass habe. Mein Geld kann an meiner statt gehen und heilen, segnen, nähren und helfen. Das Geld eines Menschen ist die Verlängerung seiner selbst.“ Das trifft aber nur auf Ihr Geld zu, wenn Sie auch willig sind, es zu teilen.

> *„Geld ist wie ein zweites Paar Hände, um Familien in Not auf dieser Welt zu heilen, zu nähren und zu segnen. … Das Geld eines Menschen ist die Verlängerung seiner selbst."*
> – Bruce Larson

Man kann es auch wie Gun Denhart, die die Hanna Andersson Clothing Company gegründet hat, blumiger formulieren: „Geld ist wie Dünger, wenn man ihn anhäuft, stinkt er. Aber wenn man ihn verteilt, regt man die Dinge zum Wachstum an."

Kürzlich überreichte mir mein Bruder Larry noch ein Zitat zum Thema: „Ich liebe die Bescheidenheit, weil Jesus sie geliebt hat. Ich liebe den Reichtum, weil er mir die Mittel zur Verfügung stellt, den Bedürftigen zu helfen." Ich habe das Wort *Möglichkeiten* in diesem Kapitel oft verwendet. Das ist für Sie vielleicht ein egoistisches Wort. Doch ich möchte Ihnen sagen, dass für mich das Wort *Möglichkeiten* mit Dienen zu tun hat. Der Philanthrop Andrew Carnegie hat gesagt, dass es sein Ziel gewesen sei, so viel Reichtum wie möglich in seiner ersten Lebenshälfte anzuhäufen, damit er es in der zweiten Hälfte geben könne. Was für eine tolle Idee! Auch mein Wunsch ist es, die kommenden Jahre mit Geben zu verbringen. Mir wird es nicht möglich sein, mit Carnegie mitzuhalten, aber das ist unwichtig. Was zählt, ist, dass ich das tue, was ich aufgrund meiner finanziellen Disziplin tun kann.

## *Rückblick auf die Finanzen*

Wenn ich auf mein Leben zurückblicke und den Bereich meiner Finanzen betrachte, dann erkenne ich, wie sehr sich mein Denken in den Jahren verändert hat, in denen ich reifer und auch realistischer geworden bin:

| | |
|---|---|
| In meinen 20er-Jahren … | realisierte ich, dass mein Leben aus mehr als nur Geld bestand. |
| In meinen 30er-Jahren … | realisierte ich, dass Geld mir Möglichkeiten schenken würde. |
| In meinen 40er-Jahren … | realisierte ich, dass ich heute bezahlen musste, um es später locker zu haben. |
| In meinen 50er-Jahren … | realisiere ich, dass die größte Freude beim Geldverdienen das Privileg ist, geben zu können. |

Vielleicht das Beste, das ich zum Thema Umgang mit Finanzen jemals las, kam von Pastor John Wesley. Sein Rat lautete: „Verdiene so viel wie möglich, spare so viel wie möglich, gebe so viel wie möglich." Diese Philosophie kann man übernehmen, egal in welcher Lebensphase man sich gerade befindet oder wie viel man gerade verdient.

> *„Verdiene so viel wie möglich, spare so viel wie möglich, gebe so viel wie möglich."*
> *– John Wesley*

## *Ihr Traum*

Wenn Sie die Bestsellerliste der *New York Times* bobachten, dann kennen Sie ihren Namen. Wenn Sie PBS oder Oprah verfolgen, dann haben Sie ihr Gesicht wahrscheinlich schon gesehen. Und wenn Sie ein wenig die Verkaufszahlen im Überblick behalten, dann wissen Sie, dass sie persönlich innerhalb von zwölf Minuten 10 000 Bücher auf QVC verkauft hat und danach aus der Sendung genommen werden musste, weil die Bücher einfach weg gewesen sind. [17] Ich spreche von Suze Orman, der Finanzexpertin, die die Bestseller *The 9 Steps to Financial Freedom* und *The Laws of Money, the Lessons of Life* geschrieben hat. Was Sie vielleicht nicht wissen: Sie stammt nicht aus reichen Verhältnissen, sie hat keinen MBA und sie ist ständig finanziell am Boden gewesen.

Orman wurde 1951 in Chicago als Kind einer Arbeiterfamilie geboren. Ihr Vater besaß ein kleines, nicht so gut laufendes Restaurant. Bei finanziellen Schwierigkeiten arbeitete ihre Mutter als Sekretärin. Auch Suze arbeitete im Restaurant, als sie aufwuchs. Sie studierte Sozialarbeit und graduierte 1973. Danach zog sie gleich nach Berkeley, Kalifornien, und nahm einen Job als Kellnerin in einer Bäckerei an. Sie blieb dort sieben Jahre, aber sie träumte davon, Größeres zu leisten. Sie wollte ihr eigenes Restaurant eröffnen. Als ein Stammkunde ihr 50 000 Dollar Startkapital lieh, wusste sie, dass das nicht ausreichen würde. Also entschied sie sich, das Geld zu investieren. Da sie aber wenig über Geld wusste, legte sie ihr Kapital in die Hände eines Börsenmaklers. Innerhalb von vier Monaten war es weg.

## *Gefangen!*

Orman sagte, ihr Börsenmakler sei unehrlich gewesen und habe sie betrogen. [18] Aber deshalb war sie trotzdem pleite. Doch an diesem Punkt traf sie eine Finanzentscheidung, die ihr Leben verändern würde. Sie entschied sich dazu, etwas über Finanzen zu lernen und selbst Börsenmaklerin zu werden. Es dauerte nicht lange, dann war sie höchst erfolgreich. Einer ihrer Mentoren, Clif Citrano, ein früherer Börsenmakler bei Merrill Lynch, sagte: „Ich habe in meiner Zeit viele bessere Investoren getroffen, aber niemand konnte sich unter den Anlegern besser vermarkten als sie.“ [19]

1987 gründete sie ihre eigene Firma und verdiente sogar noch mehr Geld. Doch dann bekam sie Probleme. Orman sagte: „Schon bald, nachdem meine Firma auf festen Beinen stand, wurde sie fast zerstört durch das Schlimmste, das mir je passiert war.“ [20] Eine Angestellte hatte sie bestohlen und versucht, sie beruflich zu ruinieren. Wenngleich Orman ihre Angestellte anzeigte und den Fall vor Gericht gewann, hatte diese Erfahrung doch noch andere negative Auswirkungen. Obwohl sie aufhörte, ihre Kunden zu besuchen, und geschäftlich pausierte, gab sie ihr Luxusleben nicht auf. Sie verdiente nichts und verwaltete ihre Finanzen nicht ordentlich, das hätte sie fast in den finanziellen Ruin getrieben.

## *Das Comeback*

Ein Bußgeld, das sie auf der Brücke zwischen Oakland und San Franzisco zu bezahlten hatte, brachte sie schließlich auf den Boden der Tatsachen zurück. Orman erinnerte sich an ihre Gedanken:

> „Ich dachte daran, dass das Bußgeld 40 Dollar betrug. Aber ich hatte keine 40 Dollar – auch keine 20 Dollar oder 10 Dollar, außer ich würde eine meiner Kreditkarten belasten. Als ich die Brücke in meiner geleasten Luxuskarosse verließ, meine 8 000 Dollar teure Uhr am Arm und eine 2 000 Dollar teure Jacke, die ich im Laden finanziert hatte, wurde mir die Größe meiner Lüge [die ich mir selbst erzählte] zum ersten Mal bewusst. Ich raste auf dem schnellsten Weg meinem finanziellen Ruin entgegen.“ [21]

Danach nahm Orman sich vor, sich zu verändern. Sie sah der Wahrheit ins Gesicht. Sie riss sich finanziell am Riemen und begann wieder fleißig zu arbeiten. Sie entschied sich auch dazu, dass sie anderen helfen wollte, dasselbe zu tun: eine Entscheidung zu treffen, die Art und Weise wie man seine Finanzen angeht zu ändern.

Seitdem hat sie Millionen von Büchern verkauft, doch das Geld ist nicht ihre Motivation. „Ich mache das nicht mehr fürs Geld“, sagt sie. „Das Geld fasziniert mich nicht. Jeder denkt wahrscheinlich, dass sich mein ganzes Leben nur ums Geld dreht. Mein Apartment hat 85 Quadratmeter.

Ich könnte mir eine zehn Millionen Dollar teure Wohnung an der Park Avenue leisten, aber wofür?“ [22]

Orman hat viele Kritiker. Einige sagen, dass ihre Einstellung zum Geld zu einfach sei. Andere haben nichts für ihre verrückten Einstellungen übrig. Aber eines ist sicher: Sie hat das Thema Finanzen in ihrem Leben geregelt. Sie verdient und verwaltet ihre Finanzen gut – und zwar täglich. Es ist völlig egal, wie viel Geld sie hat. Sie lebt bescheiden. Sie fährt ein älteres Auto und wenn sie nicht in New York ist, dann wohnt sie in einem kleinen, überschaubaren Haus in Oakland, das sie sich gekauft hat, schon bevor ihr Name bekannt geworden ist. Aber sie hat viele Möglichkeiten. Und das ist eine gute Messlatte, um Erfolg bezüglich der Finanzen zu messen.

## *Finanzen – Anwendung und Übungen*
## Wie man täglich gut verdient und seine Finanzen verwaltet

### Die heutige Entscheidung zum Thema Finanzen

Wo stehen Sie gerade, wenn es um Ihre heutigen Finanzen geht? Beantworten Sie sich selbst folgende drei Fragen:

1. *Habe ich bereits eine Entscheidung getroffen, täglich gut zu verdienen und meine Finanzen zu verwalten?*
2. *Wenn dem so ist, wann habe ich die Entscheidung getroffen?*
3. *Was genau habe ich entschieden? (Schreiben Sie es hier auf.)*

____________________________________________

____________________________________________

____________________________________________

### Ihre tägliche Disziplin in Bezug auf Ihre Finanzen

Ausgehend von Ihrer Entscheidung, die Sie bezüglich Ihrer Finanzen getroffen haben – was ist der eine Bereich, den Sie *heute und jeden Tag* üben müssen, um erfolgreich zu sein? Schreiben Sie es hier auf.

____________________________________________

____________________________________________

____________________________________________

____________________________________________

## Das gestrige Versäumnis aufholen

Wenn Sie Hilfe dabei brauchen, um eine Entscheidung bezüglich ihrer Finanzen zu treffen und einen Weg zu finden, wie Sie diese täglich umsetzen, dann machen Sie folgende Übungen:

1. *Boxer Joe Louis sagte einmal: „Ich mag Geld nicht wirklich, aber es beruhigt meine Nerven." Was ist Ihre Philosophie, wenn es um die Finanzen geht? Was erwarten Sie, dass Geld für Sie tut? Was wird es nicht tun? An welchem Punkt kommt das Verdienen ins Spiel? Wie werden Sie Ihre Verdienstmöglichkeiten vergrößern und trotzdem die richtige Einstellung zum Geld behalten? Bringen Sie diese Gedanken zu Papier:*

________________________________________________

________________________________________________

________________________________________________

________________________________________________

2. *In welcher Lebensphase befinden Sie sich gerade: der des Lernens, Verdienens oder des Zurückgebens? Was müssen Sie tun, um das meiste aus Ihrer aktuellen Phase herauszuholen? (Wenn Sie beim Lernen sind, müssen sie vielleicht zurück zur Schule gehen, ein Persönlichkeitsentwicklungsprogramm besuchen oder einen Mentor finden. Wenn Sie beim Verdienen sind, sollten Sie herausfinden, wie Sie Ihre Talente, Fähigkeiten und Erfahrungen am geschicktesten einsetzen. Wenn Sie in der Phase des Zurückgebens sind, sollten Sie Wohlstand aufbauen und gleichzeitig die Augen offen halten nach guten Möglichkeiten, um zu geben.) Vielleicht hilft es Ihnen schon, auf die nächste Phase zu blicken, um jetzt herauszufinden, wie Sie sich besser auf die Zukunft vorbereiten können.*

3. *Wenn Sie Ihr Finanzmanagement heute nicht im Griff haben, sollten Sie das sofort ändern. Finden Sie heraus, was und wofür Sie Ihr Geld ausgeben. Dann führen Sie eine Art Budget ein.*

4. *Wenn Sie bis zu den Ohren in Schulden stecken, kämpfen Sie sich frei. Eliminieren Sie Konsumschulden. Je nachdem, wie Ihre Vergangenheit aussieht, könnte das eine Weile dauern. Aber die Belohnung ist groß! Aus den Schulden herauszukommen und die Finanzen unter Kontrolle zu haben, wird Ihnen nicht nur finanziell von Nutzen sein, sondern auch emotional und sogar geistlich.*

## Freuen Sie sich auf morgen

Nehmen Sie sich nun einen Moment Zeit und denken Sie darüber nach, wie Ihre Entscheidung bezüglich der Finanzen und deren tägliche Umsetzung, die daraus resultiert, Ihre Zukunft positiv beeinflussen werden. Wie wird das belohnende Ergebnis aussehen? Schreiben Sie es auf:

______________________________________________

______________________________________________

______________________________________________

______________________________________________

Behalten Sie sich das Aufgeschriebene als eine bleibende Erinnerung, denn …

Ihre heutigen Gedanken sind der Motor für die tägliche Disziplin und

Ihre tägliche Disziplin maximiert Ihre gestrige Entscheidung.

KAPITEL 10

# Mein heutiger Glaube schenkt mir Frieden

Als ich vor etwa 30 Jahren begann, bei Konferenzen zu sprechen und Leadership-Seminare anzubieten, bestand mein Publikum nur aus Pastoren. Aber mit den Jahren fanden immer mehr Unternehmer heraus, dass die Führungsprinzipien, über die ich sprach, für sie genauso funktionierten. Und in den letzten sieben oder acht Jahren ist die Zahl der Einladungen als Sprecher zu großen Firmen, Direktvertrieben und Institutionen, für die Leadership sehr wichtig ist, explodiert. (Eines meiner Highlights 2003 war, dass ich die Einladung annehmen durfte, vor den Kadetten und Mitgliedern der United States Military Academy in West Point zu sprechen.)

Wenn ich zu Unternehmern spreche, dann erzähle ich ihnen oft von meinem pastoralen Hintergrund. Der Glaube ist das Allerwichtigste in meinem Leben, aber mir ist bewusst, dass andere eine ganz andere Ansicht dazu einnehmen, deshalb gehe ich sehr behutsam mit diesem Punkt um. Ich dränge niemandem meinen Glauben auf. Als ich kürzlich zu einer geschlossenen Gruppe von Führungskräften sprach, wurde ich gefragt: „Wo haben Sie Ihre Prinzipien zu Leadership gelernt?“

„Ich denke nicht, dass Sie das wissen möchten", antwortete ich ihm.

„Sicher möchte ich das", sagte er.

„Sie werden die Antwort vielleicht nicht mögen", entgegnete ich.

„Versuchen Sie es."

„Okay", begann ich. „Alles was ich heute über Leadership weiß, habe ich aus der Bibel gelernt." Er war überrascht, aber er respektierte meine Antwort.

Ich weiß, dass einige Menschen, die dieses Buch lesen, meiner Meinung über Glauben sehr zwiespältig gegenüberstehen. Vielleicht empfindet manch einer sogar Ärgernis. Wenn das auf Sie zutrifft, dann möchte ich mich entschuldigen. (Bitte fühlen Sie sich frei, dieses Kapitel einfach zu überspringen, wenn dem so ist.) Doch da Sie meinen Hintergrund kennen, wird es Sie sicherlich nicht überraschen, dass der Glaube zu meinem ‚*Täglichen Dutzend*' gehört. Ich habe zwei Gründe dafür, warum ich darüber ein Kapitel in dieses Buch aufgenommen habe. Erstens habe ich es in dieses Buch aufnehmen müssen, um mir selbst gegenüber integer zu bleiben. Schon mein ganzes Leben lang versuche ich, meinen Glauben zu erweitern und andere dazu zu ermutigen, dasselbe zu tun. Zweitens will ich sehr feinfühlig mit Ihrer Meinung bezüglich Glauben umgehen. Deshalb werde ich einfach meine persönliche Glaubensreise mit Ihnen teilen, in der Hoffnung, dass ich Sie dazu ermutige, diesen Aspekt Ihres Lebens ebenfalls zu entdecken. Ich glaube ganz fest daran, dass der Glaube der Schlüssel zur wahren Bedeutung des Lebens ist.

*„Ich glaube ganz fest daran, dass der Glaube der Schlüssel zur wahren Bedeutung des Lebens ist."*

## *Misstrauisch gegenüber dem Glauben*

Es ist interessant zu beobachten, wie die Menschen reagieren, wenn man das Thema Glaube anschneidet. Mit den Jahren habe ich herausgefunden, dass man für gewöhnlich eine der sechs folgenden Reaktionen bekommt. Menschen …

1. **ignorieren ihn**: Was machen die Menschen, wenn etwas für sie nicht zutrifft? Für gewöhnlich ignorieren sie es. Einige Menschen sehen die Bedeutung des Glaubens nicht. Er scheint „veraltet" oder aus der Mode gekommen – etwas, das für eine andere Zeit passend gewesen ist.

2. **missverstehen ihn**: Andere glauben, dass den Glauben zu empfangen so ist, als wolle man mit der Hand Rauch einfangen. Sie halten ihn für zu mystisch und schwer fassbar und meinen, dass sie ihn nie begreifen werden.

3. **werten ihn ab**: Es gibt Menschen, die meinen, dass der Glaube besser zu jemand anderem passt als zu ihnen. Vielleicht ist er ein Konzept der Außerirdischen. Und wenn niemand in der eigenen Familie oder von den besten Freunde daran glaubt, dann nehmen sie an, es sei für sie ebenfalls nichts.

4. **kämpfen gegen ihn**: Haben Sie schon jemals eine Person getroffen, die mit Ihnen über den Glauben richtig diskutiert hat? Das machen einige Menschen; weil sie ihn nicht wertschätzen, argumentieren sie auch gegen den Wert, den er für andere hat.

5. **schieben ihn von sich weg**: Einige Menschen fühlen instinktiv, dass Glaube für sie wichtig ist, möchten sich jetzt aber nicht damit beschäftigen. (Ich denke, dass einige einfach besorgt sind, dass sie etwas aufgeben müssten, das sie lieb gewonnen haben, wenn sie sich näher mit dem Glauben beschäftigen würden.) Stattdessen sagen sie, dass sie sich damit beschäftigen, wenn sie alt sind.

6. **entdecken ihn**: Es gibt noch eine andere Art, wie Menschen reagieren. Sie sind offen dafür, dem Glauben eine Chance zu geben. Hoffentlich entspricht das auch Ihrer Reaktion.

## *Warum Glaube heute wichtig ist*

Johann Wolfgang von Goethe sagte: „Ich bin völlig davon überzeugt, dass die Seele unzerstörbar ist und dass sie für immer weiter besteht." Sogar Skeptiker müssen zugeben, dass Menschen irgendwie einen spirituellen Aspekt haben. So wie der Philosoph Teilhard de Chardin es ausgedrückt hat: „Wir sind nicht menschliche Wesen, die ein spirituelles Erlebnis haben. Wir sind spirituelle Wesen, die ein menschliches Erlebnis haben."

> *„Wir sind nicht menschliche Wesen, die ein spirituelles Erlebnis haben. Wir sind spirituelle Wesen, die ein menschliches Erlebnis haben."*
> – TEILHARD DE CHARDIN

Es gibt ein Verlangen der Seele, das nur durch spirituelle Erfahrungen gestillt werden kann, obwohl Menschen versuchen, dies auf materiellem Wege zu tun, und daran scheitern.

Betrachten Sie einfach einmal ein paar Dinge, die Glaube bewirken kann:

### Der Glaube schenkt mir heute eine göttliche Perspektive

Es gibt viele Dinge im Leben, die schwierig zu verstehen sind. Der Glaube ermöglicht es der Seele, über das hinauszugehen, das mit bloßem Auge sichtbar ist. Oder um es mit den Worten des Autors Philip Yancey zu sagen: „Glaube ist Vertrauen im Voraus, das nur Sinn ergibt, wenn man zurückblickt."

Wenn Sie Mutter oder Vater sind, dann verstehen Sie, wie das funktioniert. Wenn Kinder klein sind, stellen sie viele Fragen. Meistens können wir ihnen so antworten, dass sie zufrieden sind. Aber manchmal erklären wir ihnen etwas, aber sie haben noch nicht genug Lebenserfahrung, um es zu begreifen. Das ist so, als würde man einem Dreijährigen erklären, dass er ertrinkt, wenn er in den Swimmingpool fällt, während keiner da ist.

„Aber warum", fragt er. „Woher weißt du das?" Sie versuchen, es zu erklären, aber an irgendeinem Punkt können Sie einfach nur noch sagen: „Du musst mir hier einfach vertrauen."

Die vielleicht schwierigsten Fragen, denen jeder von uns begegnen muss, haben mit dem Tod zu tun. Kürzlich habe ich an der Beerdigung von Jane Chapman teilgenommen, der Frau meines guten Freundes Tom Chapman. Während des Gottesdienstes ist ein Gedicht vorgetragen worden, das sehr gut die Kraft des Glaubens und die Lebensperspektive, die daraus entsteht, einfängt:

„Ich stehe am Meeresufer.
Ein Schiff erscheint,
setzt seine weißen Segel im Morgenwind
und sticht in See.
Es ist wunderschön
und ich stehe bewundernd da,
bis es am Horizont verschwindet
und jemand neben mir leise sagt:
‚Es ist verschwunden.' Verschwunden wohin?
Aus meiner Sicht verschwunden, das ist alles;
es ist noch genauso groß wie vorher.
Die schwindende Größe
und der sichtbare Verlust
sind in mir – nicht in ihm;
und genau in dem Moment, als jemand neben mir sagt:

‚Es ist verschwunden',
gibt es andere, die zusehen, wie es auf sie zukommt
und andere Stimmen, die freudig rufen:
‚Da kommt es endlich!'" [1]

Menschen, die einen Glauben haben, verstehen, dass alles viel mehr Sinn hat, wenn man danach strebt, seine Perspektive zu erweitern, und versucht, das Leben von einem himmlischen Blickwinkel aus zu betrachten. Gewillt zu sein, diesen Sprung zu wagen, ist vielleicht nicht einfach, gerade wenn man von Natur aus skeptisch ist. Aber ich glaube, dass Sie belohnt werden, wenn Sie sich bemühen, ernsthaft Gottes Perspektive zu ergründen.

## Der Glaube schenkt mir heute Gesundheit

Vor Jahren entdeckte ich eine Studie der Purdue University, die besagte, dass Menschen, die ihre Religion regelmäßig praktisch lebten, nur halb so viele behandlungsbedürftige Probleme entwickelten wie Nichtgläubige. Die Forscher schlossen daraus, dass der Glaube ihren Stresslevel niedrig hielt und sie ein größeres Wohlbefinden hatten, da der Glaube ihnen Bedeutung und Perspektive schenkte und ein wertvolles soziales Netzwerk. [2] Kürzlich bestätigte eine Gruppe von Ärzten diese Annahme. Sie schrieben:

> „Kürzlich schlossen wir die systematische Untersuchung von mehr als 1200 Studien, die sich mit der Beziehung zwischen Gesundheit und Religion beschäftigten, ab. Diese Studien wurden von sehr unterschiedlichen Forschern verschiedener Einrichtungen durchgeführt, die diverse Klinken und Gesellschaftsschichten in verschiedenen Teilen der USA und der Welt über einen Zeitraum von zehn Jahren untersucht hatten. Die große Mehrheit dieser Studien zeigte eine Verbindung zwischen praktischem Glaubensleben und besserer mentaler und physischer Gesundheit oder weniger Arztbesuchen." [3]

Wenn Sie das Verlangen haben, Ihr physisches Wohlbefinden und Ihre emotionale Gesundheit zu verbessern, könnte es für Sie von Vorteil sein, Ihr Glaubensleben zu vertiefen.

## Der Glaube schenkt mir heute Stärke

Ein Glaube – egal an was – verleiht uns Stärke. Nur wenige Dinge können einer Person so dabei helfen, einen Schicksalsschlag zu überwinden, wie es der Glaube kann. S.G. Holland, der frühere Premierminister Neuseelands, hat festgestellt, dass „der Glaube das Gift aus jeder Trauer zieht, den Stachel jedes Verlusts wegnimmt und das Feuer des Schmerzes auslöscht. Und das kann nur der Glaube." Der Glaube gibt Kraft.

> *„Wo es keinen Glauben an die Zukunft gibt,*
> *gibt es keine Kraft in der Gegenwart."*

Auch das Gegenteil ist wahr. Nicht zu glauben, entzieht Energie. Wo es keinen Glauben an die Zukunft gibt, gibt es keine Kraft in der Gegenwart. So war vor Jahren für ein Wasserwerk in Maine ein Damm geplant. Der See, der dabei entstehen sollte, sollte ein kleines Dorf versinken lassen. Zwischen der Bekanntgabe der Pläne und dem Datum, an dem die Menschen umziehen mussten, verstrich einige Zeit. Als das Datum der Flutung näher kam, hörten die Menschen einfach mit der Instandhaltung auf. Sie reparierten oder strichen die Gebäude nicht mehr. Die Gehsteige wurden vernachlässigt. Die Straßen verschlechterten sich. Die Stadt kam so herunter, dass sie schon lange verlassen aussah, bevor die Bewohner tatsächlich wegzogen.

## Der Glaube schenkt mir Belastbarkeit

Der Glaube gibt nicht nur Stärke, sondern er macht auch belastbarer. Nachdem der Schauspieler Christopher Reeve vom Pferd gefallen war und sich den Nacken gebrochen hatte, war er kurz davor aufzugeben. Aber er fand den Weg zurück ins Leben, da seine Frau Dana an ihn glaubte. Heute ist er bekannt für seine Entschlossenheit und seinen Glauben, und er glaubt, dass dies ein Teil dessen ist, was die Amerikaner ausmacht. Reeve sagt:

> „Amerika hat eine Tradition, um die es viele Nationen wahrscheinlich beneiden. Wir erreichen regelmäßig das Unmögliche. Das ist Teil unseres nationalen Charakters. Das hat uns von einer Küste zur anderen gebracht. Das hat uns zur größten Wirtschaftsnation der Welt gemacht. Das hat uns zum Mond gebracht. Nun, in meinem Zimmer in der Rehabilitationsklinik hängt das Bild eines abhebenden Spaceshuttles an der Wand. Es ist von jedem Astronauten der NASA signiert und ganz oben steht: ‚Wir haben herausgefunden, dass nichts unmöglich ist.' Nun, das sollte auch unser Motto sein. … So viele unserer Träume scheinen auf den ersten Blick unmöglich und dann unwahrscheinlich. Und dann, wenn wir endlich den Willen aufbringen, scheinen sie bald unvermeidbar. Wenn wir also dazu fähig sind, das äußere Universum zu erobern, dann sollte uns das auch bei unserem Inneren gelingen. Das sind die Grenzen unseres Denkens, des zentralen Nervensystems und des körperlichen Gebrechens – all das zerstört so viele Leben und raubt unserem Land so viel Potenzial." [4]

Wenn man an etwas glaubt, dann hat man etwas, wofür man lebt. Und das treibt einen an, sogar unter schwierigsten Umständen. Mutter Theresa hat diesen Punkt wohl am besten zusammengefasst: „Der Glaube hält die Person, die sich an den Glauben hält."

> *„Der Glaube hält die Person,*
> *die sich an den Glauben hält.“*
> *– Mutter Theresa*

## *Der Entscheidungsprozess: Wie man die Entscheidung trifft, seinen Glauben täglich zu vertiefen und zu leben*

Ich bin in einem sehr gläubigen Elternhaus aufgewachsen. Mein Vater Melvin ist schon als junger Mann Pastor gewesen und ist es bis zum heutigen Tage. Er ist 83 Jahre alt. Von ihm und meiner Mutter Laura habe ich während meiner Kindheit täglich Worte des Glaubens gehört. Doch man kann nicht vom Glauben eines anderen leben. Es gibt keine spirituellen Enkelkinder. Jede Person muss sich selbst dafür entscheiden und danach handeln. Im Alter von 17 Jahren habe ich meine Glaubensentscheidung getroffen: ***Ich nehme Jesus Christus, Gottes Geschenk an die Menschen, als meinen Erlöser an.***

Diese Entscheidung hat mein Leben mehr als alles andere geprägt. Sie hat mein Weltbild geformt. Die Erkenntnis, dass Gottes Liebe für jeden gilt, hat meine Wahrnehmung der Mitmenschen total verändert. Die „Goldene Regel“ hat mich gelehrt, wie man andere behandelt. Gottes Liebe für mich hat mir Selbstwert gegeben und die Bibel hat mir aufgezeigt, wie man Menschen richtig führen kann. Wenn ich gebeten werde, ein Exemplar der *Maxwell Leadership Bible* (Diese enthält neben dem Bibeltext auch Notizen zum Thema Leadership, die aus meiner 30-jährigen Entdeckungsreise durch die Bibel entstanden sind.) zu signieren, schreibe ich: „Alles, was ich über Leadership weiß, hat mich dieses Buch gelehrt.“

Es ist mir eine Ehre, Vorstandsmitglied des Center for Faithwalk

Leadership zu sein. Diese Organisation, die von meinem Freund Ken Blanchard gegründet worden ist, ermutigt Führungskräfte, ihre Arbeit gemäß den höchsten Standards auszuführen. Ken erklärt das so:

> „Das bezieht sich nicht auf den Gewinn, darauf, an der Wall Street eine gute Figur zu machen, oder das Lob der Kollegen. Es geht nicht darum, Anerkennung, eine Beförderung oder eine Gehaltserhöhung zu erhalten. Es geht darum, mit seinem Team so zu arbeiten, das man Ergebnisse herbeiführt, die Gott ehren. Es geht um Menschen, Dienen und Ergebnisse. Es geht um eine neue Art des Führens, basierend auf den Lehren Jesu, dem größten Leader aller Zeiten. Er hat seinen Jüngern eine Vision gegeben, die größer ist als sie selbst. Er hat sie ständig an die Langzeitauswirkungen ihres Handelns erinnert. Er hat es den Menschen um ihn erlaubt zu scheitern, aber er hat sie auch zur Verantwortung gezogen, zur Umkehr geführt. Er hat ihnen vergeben und das Beste in ihnen geweckt. Und das Ergebnis? Er hat eine Bewegung gestartet, die auch noch 2000 Jahre danach wächst und gedeiht."

*„Wahre Leadership beginnt im Herzen – mit dem Charakter."*

Wahre Leadership beginnt im Herzen – mit dem Charakter. Der Basisgedanke Gottes ist nicht, dass man sich anders verhält, sondern dass man anders wird. Es geht nicht darum, sich ehrlich zu verhalten, sondern eine ehrliche Person zu sein. Dann wird Ehrlichkeit auch zum Kern Ihres Führungsstils gehören, zum Kern Ihres Lebens. Mein Glauben hat mir nicht nur Frieden geschenkt, er ist für mich auch ein wundervolles Vorbild für Leadership und das Leben.

Wenn Sie das ehrliche Verlangen haben, Glauben zu erleben, dann seien Sie sich gewiss:

## Wir haben bereits einen Glauben! Wir müssen nur die wichtige Entscheidung treffen, woran wir glauben

Der Autor John Bisagno erklärt: „Glauben ist das Herz des Lebens. Man sucht einen Arzt auf, dessen Name man nicht einmal aussprechen kann. Er gibt einem ein Rezept, das man nicht lesen kann. Man bringt dieses zu einem Apotheker, den man noch nie gesehen hat. Dieser gibt einem ein Medikament, das man nicht versteht – und trotzdem nimmt man es."

Wir haben alle einen Glauben. Jeden Tag handeln wir aufgrund eines Glaubens, der nur wenig oder gar nicht bewiesen werden kann. Das trifft auch in spiritueller Hinsicht zu. Genauso wie eine Person glaubt, dass Gott existiert, glaubt ein Atheist, dass er es nicht tut. Beide haben einen starken Glauben, obwohl keiner von beiden den Beleg erbringen kann, um die Richtigkeit seines Standpunkts zu beweisen.

In diesem Moment haben Sie bereits einen Glauben an etwas. Ihr Ziel sollte es sein, Ihren Glauben mit der Wahrheit in Übereinstimmung zu bringen. Suchen Sie nach der Wahrheit und ich bin davon überzeugt, dass Sie sie finden werden.

## Nehmen Sie an, dass Glaube oft aus Schwierigkeiten heraus entsteht

Ich habe schon angesprochen, dass einige Skeptiker den Glauben als etwas Negatives betrachten, als eine Art Schwäche. Wenn Glaube für Sie neu ist und Sie unsicher sind, wie Sie die Sache angehen sollen, würde ich Ihnen raten, den Glauben als eine Möglichkeit zu sehen, der Reise Ihres Lebens eine neue Richtung zu geben. In einem Schauspiel, geschrieben von T.S. Eliot, einem der einflussreichsten Lyriker des 20. Jahrhunderts, gibt es eine Figur mit einem solchen Charakter. Sie zeigt einen Glauben, der nach einer extremen Enttäuschung entsteht. Eliot nennt es „eine Art Glauben, der nach der Verzweiflung aufkommt. Das Ziel kann nicht beschrieben werden; man weiß kaum etwas darüber, bis man dort ankommt; man reist blind. Aber der Weg führt zu Errungenschaften, nach denen man in der falschen Richtung gesucht hat."

Wenn Sie schwierige Zeiten durchleben, erlauben Sie es sich als Antwort darauf, den Glauben zu erkunden. Henri Nouwen sagte: „Das ist die große Aufgabe unseres Lebens: zu erkennen und zu glauben, dass die vielen unerwarteten Erlebnisse nicht nur störende Unterbrechungen unserer Pläne sind, sondern der Weg, durch den Gott unsere Herzen formt und uns vorbereitet."

> *„Das ist die große Aufgabe unseres Lebens: zu erkennen und zu glauben, dass die vielen unerwarteten Erlebnisse nicht nur störende Unterbrechungen unserer Pläne sind, sondern der Weg, durch den Gott unsere Herzen formt und uns vorbereitet."*
> – Henri Nouwen

Der Glaube kann Ihnen nicht nur durch eine Krise helfen, sondern auch dabei, das Leben danach aus einer ganz anderen Perspektive zu betrachten. Das wiederum kann Ihnen helfen, durch den Glauben Hoffnung und Mut zu entwickeln, um der Realität zu begegnen.

## Einem Glauben, der nicht auch getestet wurde, kann man nicht vertrauen

Sie haben bestimmt bemerkt, dass der Titel dieses Abschnitts *Wie man die Entscheidung trifft, seinen Glauben täglich zu vertiefen und zu leben* lautet. Es ist nicht genug, bloß eine Glaubensentscheidung zu treffen. Wenn Sie Glauben leben wollen, dann müssen Sie diesen vertiefen. Der Glaube schenkt uns nur dann Frieden und Stärke, wenn er nicht oberflächlich ist. Je tiefer der Glaube, desto größer ist sein Potenzial, einen durch schwere Zeiten zu tragen. Rabbi Abraham Heschel sagte: „Der Glaube Hiobs kann nicht zerrüttet werden, weil er das Ergebnis dessen ist, dass er durchgeschüttelt worden ist."

Vielleicht hat kein anderes Ereignis der jüngsten Geschichte den Glauben von so vielen so ernsthaft getestet wie der Holocaust.

Der Wiener Psychiater Victor Frankl war ein Überlebender. Zwischen 1942 und 1945 war er in den Konzentrationslagern Auschwitz und Dachau gefangen. Frankl sagte: „Ein schwacher Glaube wird durch Schicksalsschläge und Katastrophen geschwächt, wohingegen ein starker Glaube durch sie gestärkt wird." Trotz der Gräueltaten, deren Zeuge er wurde, und des persönlich erfahrenen Leids wurde sein Glaube nicht schwach – er wurde tiefer.

## *Wie man Glauben lebt*

Tausende Bücher sind darüber geschrieben worden, wie man Glauben lebt. Vielleicht deshalb, weil es so schwer umzusetzen ist. Für mich kann man diese Disziplin in einem Satz zusammenfassen: *Jeden Tag so zu leben und zu führen, wie es Jesus getan hätte*. Das sind einfache Worte, aber die Umsetzung ist es nicht. Den Glauben stets zu leben, ist die größte Herausforderung meines ‚*Täglichen Dutzend*'. Das Problem ist: Anstatt wie Jesus zu sein, möchte ich oft wie John Maxwell sein. Ich erreiche dieses Ziel einfach nicht. Aber mit Gott als Helfer wachse ich weiter. Und wenn ich seinen Spuren folge und nach seinen Prinzipien lebe, wird den Menschen geholfen und ich bin erfüllt.

Es folgen nun vier Vorschläge, wie Sie die Disziplin im Glauben leben können:

1. **Verinnerlichen Sie den Wert des Glaubens**
   Ich habe bereits einige Gründe erwähnt, warum ich den Glauben so nützlich finde. Aber lassen Sie mich dieser Liste noch etwas

hinzufügen. In der Vergangenheit haben viele Menschen gehofft, dass die Wissenschaft alle Antworten auf die Fragen des Lebens findet. Aber die Wissenschaft kann das nicht. Paradoxerweise ändern sich sogar die wissenschaftlichen Erkenntnisse von Generation zu Generation. Schauen Sie sich einfach einmal an, wie die Wissenschaftler das Sonnensystem betrachten. Ptolemäus glaubte, die Erde wäre das Zentrum. Kopernikus glaubte, die Sonne wäre das Zentrum und alle Planeten würden um sie kreisen. Kepler bewies, dass die Kreise elliptisch waren. Heute diskutieren die Wissenschaftler nicht mehr über die Struktur des Sonnensystems, aber die Vermutungen, wie es entstanden ist, verändern sich ständig. Tatsächlich ist in dieser Woche der wie sie meinen älteste Planet in der Sternenanhäufung M4 entdeckt worden. Sie sagen, dies sei eine „‚gewaltige Offenbarung', die die Wissenschaft dazu auffordert, ihre Ideen zur Entstehung der Planeten neu zu überdenken". [5]

Vergleichen Sie die Wissenschaft mit dem Glauben. Die grundsätzlichen Glaubensansichten der Juden und Christen haben sich in Tausenden von Jahren nicht verändert. Es gibt einen spirituellen Aspekt des Lebens, den man einfach nicht leugnen kann. Und spirituellen Bedürfnissen muss man spirituell begegnen. Nichts anderes wird diese Sehnsucht stillen.

2. **Setzen Sie Gott in das große Bild**

Es war einmal ein Mann, der mit seinem Cabriolet eine Bergstraße entlangfuhr, plötzlich eine unerwartete Kurve zu schnell nahm und über die Klippe hinausschoss. Als sein Auto fiel, konnte er sich gerade noch an dem Ast eines Baumes festhalten, während sein Auto hunderte Meter in den Abgrund stürzte.

„Hilfe!", schrie er. „Kann mich irgendjemand hören?" Doch die einzige Antwort war das Echo.

„Gott, kannst Du mich hören?" rief er.

Plötzlich grummelten die Wolken und eine Stimme ertönte wie der Donner: „Ja, ich kann dich hören."
„Wirst du mir helfen?"
„Ja, ich werde dir helfen. Glaubst du an mich?"
„Ja, ich glaube an dich."
„Vertraust du mir?"
„Ja, ja, ich vertraue dir. Bitte beeile dich."
„Wenn du mir vertraust, lass den Ast los", donnerte die Stimme.
Nach einer langen Pause schrie er erneut: „Kann mich noch jemand *anderer* hören?"

Wenn Sie den Glauben verinnerlichen wollen, müssen Sie Gott in Ihr Leben lassen. Niemand anders ist dieses absolute und bedingungslose Vertrauen wert. Der Theologe F.B. Meyer sagt: „Unglaube stellt unsere Umstände zwischen uns und Gott. Glaube stellt Gott zwischen uns und unsere Umstände." Wer möchte nicht, dass der Schöpfer des Universums ihm hilft? Jakobus, einer der ältesten Kirchenväter im ersten Jahrhundert, riet: „Komm ganz nah zu Gott und er wird ganz nah zu dir kommen." [6]

> *„Unglaube stellt unsere Umstände zwischen uns und Gott. Glaube stellt Gott zwischen uns und unsere Umstände."*
> *– F.B. Meyer*

3. **Suchen Sie Kontakt mit Menschen, die auch glauben**
Der Entertainer Bob Hope traf sich einmal mit seiner Frau Dolores am Flughafen, als diese gerade von einer Wohltätigkeitsveranstaltung für die katholische Kirche zurückkam. Als ihr Privatjet landete, verließen zuerst zwei katholische Priester

das Flugzeug. Dann kam Dolores, gefolgt von vier weiteren Geistlichen. Hope drehte sich zu seinem Freund um und witzelte: „Ich weiß nicht, warum sie nicht einfach eine Versicherung abschließt wie alle anderen auch." Es ist in der Tat so, dass man immer mehr wie die Personen wird, mit denen man Zeit verbringt. Wenn Sie das Bedürfnis haben, ihren Glauben zu vertiefen, verbringen Sie Zeit mit denen, die ihren Glauben leben. Lernen sie von diesen Personen. Finden sie heraus, wie sie denken.

4. **Entdecken und vertiefen Sie Ihren Glauben**
   Im Glauben fit zu werden ist dem Prozess, körperlich fit zu werden, sehr ähnlich. Vielleicht gibt es in der Bibel gerade deshalb so viele sportliche Metaphern für geistiges Wachstum. Wenn Sie körperlich fit werden wollen, müssen Sie Ihren Körper regelmäßig trainieren. Tun Sie das nicht, gewinnen Sie nicht nur nicht an Stärke und Kondition, sondern Sie beginnen sogar, den Ist-Zustand zu verlieren.
   D.L. Moody, ein Laienprediger des 19. Jahrhunderts, der das Northfield Seminary und das Moody Bible Institute ins Leben rief, erklärte, wie sich sein Glaube geformt hatte. Er sagte: „Ich betete für den Glauben und dachte, dass mich der Glaube eines Tages wie der Blitz treffen würde. Aber der Glaube schien nicht zu kommen. Eines Tages las ich dann im zehnten Kapitel des Römerbriefs: ‚Glaube kommt vom Hören und Hören vom Wort Gottes.' Da schloss ich meine Bibel und betete für den Glauben. Ich öffnete meine Bibel nun erneut und begann, sie zu studieren. Seitdem hörte mein Glaube nicht mehr auf zu wachsen."

## *Rückblick zum Thema Glaube*

Augustinus von Hippo stellte fest: „Glaube bedeutet, an etwas zu glauben, das man nicht sieht; und die Belohnung für diesen Glauben ist, zu sehen, an was man geglaubt hat."

Als ich mich 1964 für den Glauben entschieden habe, habe ich gewusst, dass ich für mein geistiges Leben das Richtige getan habe. Aber ich habe nicht gewusst, dass ich in meinem Leben so dramatisch *sehen würde, an was ich glaube*:

| | |
|---|---|
| In meinen Teenagerjahren … | schenkte mir mein Glaube die Gewissheit des ewigen Lebens. |
| In meinen 20er-Jahren … | schenkte mir mein Glaube Bedeutung und Erfüllung. |
| In meinen 30er-Jahren … | schenkte mir mein Glaube eine Plattform, um anderen zu helfen. |
| In meinen 40er-Jahren … | schenkte mir mein Glaube die Basis für meine Leadership. |
| In meinen 50er-Jahren … | schenkte mir mein Glaube einen Frieden, den mir kein Mensch geben oder nehmen kann. |

Ich kann mir gar nicht vorstellen, wie sich mein Leben entwickelt hätte, wenn nicht der Glaube der Mittelpunkt meines Lebens gewesen wäre.

> *„Glaube bedeutet, an etwas zu glauben, das man nicht sieht; und die Belohnung für diesen Glauben ist, zu sehen, an was man geglaubt hat."*
> – AUGUSTINUS VON HIPPO

## *Der Traum vom Himmel*

Seit seiner Kindheit wollte Rick Husband Astronaut werden. Er erinnerte sich daran, wie er als Vierjähriger den Start eines Shuttles beobachtet hatte, und er war fasziniert von den Missionen Gemini und Apollo. Patty Ragan, ein Freund, dessen Familie schon seit drei Generationen mit der Familie Husband befreundet war, sagte: „Rick wollte schon seit der vierten Klasse Astronaut werden und er tat alles, was dafür nötig war.“ [7]

Husband studierte an der Texas Tech University Maschinenbau und wurde Mitglied bei der US-Luftwaffe. Er schloss die Pilotenausbildung ab und begann als Pilot der F-4 Fighter bei der Air Force. Kurz darauf wurde er Flugausbilder und dann Testpilot. Er nahm auch an einem Pilotenaustauschprogramm der RAF teil. Dadurch sammelte er 3 800 Flugstunden auf mehr als 40 verschiedenen Flugzeugtypen. Er war einer der Besten der Besten. Dazwischen machte er nicht nur seinen Master im Maschinenbau an der California State University, Fresno, sondern heiratete auch und bekam zwei Kinder. Er wurde nicht nur aufgrund seiner Fähigkeiten und seiner Karriere bewundert, sondern auch aufgrund seines Glaubens und seiner Hingabe als Ehemann und Vater.

## *Es wird ernst*

Im Dezember 1994 verwirklichte Husband schließlich seinen Traum, Astronaut zu werden. Schon ein paar Monate später begann er mit den Vorbereitungen. 1999 flog er als Pilot des Spaceshuttles *Discovery* zum ersten Mal ins Weltall – und er liebte es. „Was ich an einem Flug im All mit am meisten genieße ist, dass man Gottes Schöpfung aus einer ganz anderen Perspektive sehen kann“, sagte Husband. „Es gibt so viele verschiedene schöne Aspekte der Ausblicke, die man da oben sieht. Es ist einfach beeindruckend, ganz egal, in welche Richtung man blickt.“ [8]

Den nächsten Flug unternahm Husband an Bord der *Columbia*, und dieses Mal leitete er die Mission. Gewöhnlich sah seine Familie beim Start in Florida zu. Das war immer die nervenaufreibendste Phase. Ricks Frau Evelyn beschrieb es so: „Das Schlimmste sind die ersten Minuten wegen der *Challenger*. Wenn ich die Antriebsrakete abfallen sehe, ist das Gröbste für mich überstanden, dann fühle ich mich frei wie zu Hause.“ [9]

Kaum einer vermutete, dass die wahre Gefahr auftauchen würde, als die *Columbia* zum Landeanflug auf dem Kennedy Space Center ansetzte. Am 1. Februar 2003 etwa um 9 Uhr trat die Columbia über der Region Dallas/Fort Worth wieder in die Atmosphäre ein, nur wenige Hundert Meilen entfernt von dem Ort, an dem Rick Husband aufgewachsen war. Die gesamte Besatzung kam ums Leben.

Nur zwei Tage nach der Tragödie wurde Evelyn Husband von Katie Couric in der Show *Today* interviewt. Sie war erstaunlich gefasst und sprach darüber, wie alle Familien der Besatzung zusammenkamen, um sich gegenseitig Trost zu spenden, wie sie zusammen trauerten und wie liebevoll die NASA agierte. Sie brachte ihren Wunsch zum Ausdruck, dass die Erkundung des Weltraums weitergehen solle. Und sie erzählte auch davon, was sie durch solch herausfordernde Zeiten trug:

> „Immer wenn Rick Fotos signierte, schrieb er einen Bibelvers darunter, Sprüche 3,5-6: ‚Vertraue von ganzem Herzen auf den Herrn und verlass dich nicht auf deinen Verstand. Denke an ihn, was immer du tust, dann wird er dir den richtigen Weg zeigen.‘ Dieser Vers war ein großer Segen für Rick und mich, und gerade jetzt ist er ein besonderer Segen für mich, denn ich verstehe nichts von dem, was geschehen ist, aber ich vertraue dem Herrn und das ist ein riesiger Trost.“ [10]

Wenn Sie das Verlangen haben, diese Art von Frieden zu finden wie Evelyn Husband, und die Sicherheit, die Rick und sie gehabt haben, dann treffen Sie Ihre Entscheidung für den Glauben und lernen Sie, diesen täglich zu vertiefen und zu leben.

## *Glaube – Anwendung und Übungen*
## Wie man täglich den Glauben vertieft und lebt

### Die heutige Entscheidung zum Thema Glauben

Wo stehen Sie gerade, wenn es um Ihren heutigen Glauben geht? Beantworten Sie sich selbst folgende drei Fragen:

1. *Habe ich bereits eine Entscheidung getroffen, meinen Glauben täglich zu vertiefen und zu leben?*
2. *Wenn dem so ist, wann habe ich die Entscheidung getroffen?*
3. *Was genau habe ich entschieden? (Schreiben Sie es hier auf.)*

________________________________________

________________________________________

________________________________________

________________________________________

### Ihre tägliche Disziplin in Bezug auf Ihren Glauben

Ausgehend von Ihrer Entscheidung, die Sie bezüglich Ihres Glaubens getroffen haben – was ist der eine Bereich, den Sie *heute und jeden Tag* üben müssen, um erfolgreich zu sein? Schreiben Sie es hier auf.

________________________________________

________________________________________

________________________________________

________________________________________

## Das gestrige Versäumnis aufholen

Wenn Sie Hilfe dabei brauchen, um die Entscheidung bezüglich Ihres Glaubens zu treffen und eine Gewohnheit zu finden, wie Sie diesen täglich umsetzen, dann machen Sie folgende Übungen:

1. *Wie hat Ihre bisherige Einstellung zum Thema Glauben ausgesehen? Haben Sie ihn ignoriert, missverstanden, abgewertet, dagegen gekämpft oder ihn aufgeschoben? Versuchen Sie, Ihre persönlichen Hürden bezüglich des Glaubens herauszufinden. Was müssen Sie tun, um diese zu überwinden, sodass Sie Ihren Glauben auf Gott gründen können?*

2. *Manchmal kann man, wenn man sich selbst öffnet und nach der geistigen Wahrheit sucht, seinen bisherigen Lebensweg betrachten und darin Gottes Handschrift erkennen. Denken Sie über Ihr eigenes Leben nach. Hat es bereits Zeiten gegeben, in denen Gott versucht hat, Ihre Aufmerksamkeit auf sich zu lenken? Hat es Zeiten gegeben, wo Sie vor Schaden bewahrt worden sind, obwohl Sie nichts dafür getan haben? Bitten Sie Gott darum, Ihnen seinen Willen für Ihr Leben zu offenbaren.*

3. *Wenn Sie schon ein lebendiges Glaubensleben gehabt und zugelassen haben, dass Glaube nebensächlich geworden ist, dann hat es vielleicht daran gelegen, dass Ihr Glaube nicht vertieft worden ist, bevor er getestet worden ist. Setzen Sie sich mit Ihren spirituellen Wurzeln auseinander und forschen Sie nach. Nähern Sie sich dem Glauben erneut. Studieren Sie die Bibel und lernen Sie heute, was Sie damals vernachlässigt haben. Bringen Sie Gott „zurück ins Bild".*

4. *Suchen Sie Menschen des Glaubens, die Sie respektieren. Sprechen Sie mit ihnen über ihren Glauben. Fragen Sie sie nach Büchern und guten Botschaften zum Anhören, die diese Ihnen für Ihr Wachstum*

*empfehlen können. Und finden Sie heraus, wohin diese geistig gehören, sodass auch Sie eine Gemeinschaft Glaubender finden, der Sie sich anschließen können.*

## Freuen Sie sich auf morgen

Nehmen Sie sich nun einen Moment Zeit und denken Sie darüber nach, wie Ihre Entscheidung bezüglich des Glaubens und deren tägliche Umsetzung, die daraus resultiert, Ihre Zukunft positiv beeinflussen werden. Wie wird das belohnende Ergebnis aussehen? Schreiben Sie es auf:

________________________________________________

________________________________________________

________________________________________________

________________________________________________

Behalten Sie sich das Aufgeschriebene als eine bleibende Erinnerung, denn …

Ihre heutigen Gedanken sind der Motor für die tägliche Disziplin und

Ihre tägliche Disziplin maximiert Ihre gestrige Entscheidung.

KAPITEL 11

# Meine heutigen Beziehungen schenken mir Erfüllung

Als Armand Hammer, der CEO der US-amerikanischen Ölgesellschaft Occidental Petroleum, im Dezember 1990 starb, war er bereits eine Legende. In seinen 92 Jahren auf dieser Erde hatte er Dinge getan, von denen andere nur träumten. Er wurde ein erfolgreicher internationaler Geschäftsmann, eine Person, die sogar Präsidenten und Staatsmänner beeinflusste, und ein großzügiger Philanthrop und Kunstsammler. *USA Today* nannte ihn einen „Gigant des Kapitalismus und Vertrauten der Weltpolitiker" und „leidenschaftlichen Verfechter des Weltfriedens und der Heilmethoden gegen Krebs". [1] In einem Artikel in der *Los Angeles Times* stand:

> „Der milliardenschwere Industrielle hat durch seine schillernden und unterschiedlichen Karrieren eine unübersehbare Spur hinterlassen. Er war eine öffentliche Person, die sich in Anwesenheit königlicher Personen, Staatsoberhäupter, Reicher und Berühmter wohlfühlte. Er schürte nicht nur Diskussionen unter den leidenschaftlichen Bewunderern seiner Geistesschärfe und verrückten Strategien, sondern auch unter seinen größten Kritikern, die seine Ethik und sein machtvolles Ego infrage stellten. Er besaß unglaubliche Reichtümer

> und errichtete Schulen, Museen und Krebsforschungsinstitute, indem er zig Millionen Dollar spendete.“ [2]

Die meisten Berichte führten seine vielen Errungenschaften auf: Mit 21 Jahren verdiente er seine erste Million, stellte der Sowjetunion 1921 humanitäre Hilfe und Hungerhilfe zur Verfügung, verbesserte die Beziehungen zwischen der Sowjetunion und den Vereinigten Staaten und erhielt zahlreiche ehrenhafte Auszeichnungen von mehr als einem halben Dutzend Ländern. Die Biografien, die bereits vor seinem Tod 1990 erschienen waren, beschrieben ihn mit Worten der Begeisterung. Hier seine Geschichte in Kurzform: Während er selbst noch Medizin studierte, rettete er die Firma für pharmazeutische Produkte seines Vaters. In seinen 20er-Jahren besuchte er die Sowjetunion und verdiente dort mit seinen Unternehmungen sehr viel Geld. Außerdem kaufte er zahlreiche kostbare zaristische Kunstgegenstände und Kunstschätze, häufte so eine riesige Sammlung an und machte ein Vermögen, indem er diese in den USA wieder verkaufte. Später erwarb er die kleine, schlecht laufende Ölgesellschaft Occidental Petroleum und machte daraus ein milliardenschweres Unternehmen. Die meisten dachten, er hätte ein goldenes Händchen fürs Geschäft. Aber nach seinem Tod kam die Wahrheit ans Licht.

## Öffentlichkeitsarbeit vor Mitarbeiterbeziehungen

Das öffentliche Bild Armand Hammers war das Ergebnis einer sorgfältig geplanten Öffentlichkeitsarbeit über sieben Jahrzehnte. Das meiste seiner persönlichen „Geschichte“ hatte er bewusst zusammengestellt. Er kontrollierte stets die Informationen über seine Person, engagierte Ghostwriter, die erfundene Biografien seines Lebens anfertigten und gründete eine Firma, die Armand Hammer Productions, die nur dazu da war, Werbefilme über seine Person zu erstellen. All diese Mühen waren dazu da, einen gierigen, betrügerischen Mann zu tarnen, der Menschen wie Gegenstände benutzte und sie wie Dreck wegwarf, wenn er mit ihnen fertig war.

Autor Edward Jay Epstein, der in Harvard Politikwissenschaften studiert hatte, veröffentlichte ein Buch mit dem Titel *Dossier: The Secret History of Armand Hammer*, das die wahre Geschichte enthüllte. Hammer wurde weder in seinen 20er-Jahren Millionär noch war er ein Kunstsammler in Russland. Er wollte als Unternehmer ein Vermögen machen, aber er hatte ständig Schulden und lebte von Unternehmenszuschüssen vonseiten der Regierung und davon, dass er den Sowjets bei der Geldwäsche half, sodass sie Geheimagenten finanzieren konnte. Wenn die Sowjets jemanden brauchten, um die Kunstschätze, die sie infolge der Revolution konfisziert hatten, loszuwerden, wendeten sie sich an Hammer. Er hatte die Geschichte seiner ersten Million erfunden, um zu erklären, wie er an die Kunstgegenstände und Kunstschätze gelangte. Wenn er die Gegenstände in den Vereinigten Staaten verkauft hatte, bekam er einen Anteil, aber das meiste ging an die Sowjets. [3]

Hammer hatte nie viel Geld, bis er seine zweite Frau heiratete. Seine erste Frau Olga hatte er 1928 in Russland geheiratet. Als er ihr zum ersten Mal 1925 begegnete, war sie bereits verheiratet, aber er überredete sie schnell dazu, sich scheiden zu lassen. 1929 wurde ihr gemeinsamer Sohn Julian geboren. Aber als Hammers Ansprüche stiegen und Olga nicht mehr länger in sein Bild passte, suchte er sich eine andere Frau. Er begann um Angela Carey Zevely zu werben, eine Dame aus bester Gesellschaft. Ihre Familie verkehrte in den gleichen Kreisen wie die Roosevelts. 1943, nur drei Wochen nachdem die Scheidung von Olga rechtskräftig war, heiratete er Angela. Er benutzte ihr Geld und ihren politischen Einfluss, um die offizielle Konzession der Regierung zu erhalten, alkoholische Getränke für die Bevölkerung herzustellen – in einer Zeit, in der die meisten Destillateure dazu gezwungen waren, Bedarfsstoffe für die Kriegsanstrengungen zu produzieren. Diese Unternehmung war sehr profitabel, trotzdem machte er jede Menge Schulden.

1950 hatte Angela ausgedient und Hammer suchte sich eine neue Frau. Er wurde bald auf Frances Tolman aufmerksam, eine Witwe, deren Mann ihr acht Millionen Dollar hinterlassen hatte. Zu der Zeit hatte er bereits seiner Mätresse Bettye Jane Murphy die Ehe versprochen, sobald er von Angela geschieden sein würde, doch dieses Versprechen brach er – obwohl Betty das Kind erwartete, das laut Hammer sein Wunschkind war. Er schaffte Bettye nach Mexiko und arrangierte für sie dort eine Scheinehe mit einem anderen Mann, damit sein Namen nicht auf der Geburtsurkunde auftauchte. Außerdem nahm er ihr das Versprechen ab, dem Kind nicht zu erzählen, wer sein Vater sei. Stattdessen heiratete er Frances, als seine Scheidung 1956 rechtskräftig war. Danach lieh er sich das Geld von Frances für sein Unternehmen, um die Schulden zu begleichen. Außerdem kaufte er sich in die Ölgesellschaft Occidental Pertroleum ein.

## *Eine neue Rolle*

Hammer brauchte nicht lange, bis er Präsident und Vorstandsmitglied von Occidental war. Da hatte er schon seinen (falschen) Ruf als weiser Unternehmer. Seine Öffentlichkeitsliebe und sein Hype trieben den Aktienwert in die Höhe. Er nutzte die überhöhten Aktienwerte, um weitere Firmen zu kaufen. Um die absolute Kontrolle über die Firma zu haben, an der er offiziell nur 10 % hielt, zwang er die Mitglieder des Vorstands, ihm bereits unterzeichnete, undatierte Kündigungsbriefe auszuhändigen. So hielt er sie davon ab, gegen ihn zu stimmen. [4] Als er das Potenzial eines sehr lukrativen Ölgeschäfts in Libyen erkannte, bahnte er sich seinen Weg durch Bestechungen.

Währenddessen nutzte er Occidental wie sein persönliches Bankkonto. Am Ende hielt er nur 1 % der Aktien an Occidental, aber da er der Geschäftsführer war, konnte er sämtliche Ressourcen missbrauchen, um seine philanthropischen Aktivitäten durchzuführen, seine Mittelsmänner zu sponsern, seine persönlichen Anwälte und Bodyguards zu bezahlen und einen Privatjet – eine Boeing 727 – zu unterhalten. [5]

## *Die gleiche alte Leier*

Es schien, als ob Hammer jegliche Beziehung, die er jemals aufgebaut hatte, zerstörte. Er hatte keine Freunde bei Occidental. Er „feuerte seine Topführungskräfte wie Laufburschen“.[6] Er ließ zu, dass sein Vater an seiner statt ins Gefängnis wanderte. (Dieser übernahm als erfahrenerer Arzt die Verantwortung dafür, dass eine Frau an den Folgen einer misslungenen Abtreibung, die Hammer durchgeführt hatte, starb.) Er vernachlässigte seinen einzigen Sohn, bezahlte ihn manchmal dafür, dass er sich aus der Öffentlichkeit heraushielt, und zwang ihn, zu einem vereinbarten Termin mit ihm zu telefonieren. Er versagte sich seiner einzigen Tochter Viktoria und hinterließ zerbrochene Ehen. Sogar seine letzte Frau, Frances, übergab ihren Verwandten vor ihrem Tod Beweise, damit diese ihn anzeigen konnten, da er sie um 400 Millionen Dollar betrogen hatte. Außerdem sammelte Hammer im Laufe der Jahre verschiedene Mätressen, die er wieder verstieß und mit dem Geld von Occidental auszahlte.

Hammer brachte auch die Familien seiner zwei Brüder gegen sich auf. 1970, als die Frau seines Bruders Harry gestorben war, bat ihre Familie Hammer darum, ihnen das alte Anwesen in Vicksburg, Mississippi, zu überlassen, da es schon seit sechs Generationen im Besitz ihrer Familie war. Stattdessen verkaufte er es an einen Fremden für 22 000 Dollar.[7] Und 1985, nachdem sein Bruder Victor gestorben war, wollte Hammer einen Rechtsanspruch von 667 000 Dollar auf das 700 000 Dollar schwere Vermögen gerichtlich durchsetzen, anstatt dieses Victors Kindern und seiner durch die Kinderpflege ans Haus gebundenen Frau zu überlassen. Hammer ließ die Klage erst fallen, nachdem Victors Tochter damit gedroht hatte, den Fall öffentlich zu machen, um schlechte Presse zu vermeiden.

Es überraschte nun nicht, dass die Beerdigung Hammers am 13. Dezember 1990 nur schlecht besucht war. Sein Sohn Julian erschien nicht, auch niemand aus der Familie seiner Brüder. Die Sargträger waren sein Chauffeur, sein Pfleger und andere Angestellte.

Mehr als alles andere war Hammer darauf aus gewesen, einen guten Ruf aufzubauen und zu wahren. Epstein beschrieb Hammer als „einen Reden schwingenden Aufschneider mit dem Ego eines riesigen Elefanten, dessen hauptsächliches Bestreben es war, seine Verhandlungskunst (die er hatte) in einen Friedensnobelpreis zu verwandeln (was ihm zum Glück für den Ruf dieser Auszeichnung nie gelungen ist).“ [8]

Am Ende hatte Hammer nichts, auch nicht das riesige Privatvermögen, das alle erwartet hatten. Innerhalb eines Jahres nach Hammers Tod erhoben mehr als 100 Wohltätigkeitseinrichtungen, Familienmitglieder und andere Ansprüche auf sein Vermögen. (Er hatte gemeinnützigen Einrichtungen öffentlich große Summen versprochen, aber die meisten dieser Versprechen nicht eingehalten.) Ein paar Tage nach seinem Tod distanzierte sich auch Occidental Petroleum von ihm. (Auf der Webseite wird sein Name in der Unternehmensgeschichte nicht einmal erwähnt.) Seine Familie bestand aus einem einzigen Chaos (nicht dass ihm das etwas ausgemacht hätte) und sein so geliebter Ruf war ruiniert. Als nach dem Fall der Sowjetunion Dokumente veröffentlicht wurden, kam auch seine so sorgfältig versteckte Rolle als Spion der Sowjets ans Licht.

## *Warum Beziehungen heute wichtig sind*

Armand Hammer hatte bis zu seinem Tod mit 92 Jahren einen unstillbaren Aktionsdrang. Es war schwer zu sagen, was ihn dazu bewegte, aber ich vermutete, dass das Fehlen erfüllender Beziehungen in seinem Leben dazu beitrug. Irgendwie schien es, als ob ihm einige Wahrheiten über Beziehungen fehlten:

### Bei den größten Ereignissen des Lebens sind immer mehrere beteiligt

In *The 17 Indisputable Laws of Teamwork*, einem meiner Bücher, lautet das Gesetz der Bedeutsamkeit: „Einer allein ist zu wenig, um etwas wahrhaftig Großartiges zu erreichen.“ [9] All die signifikanten

Errungenschaften der menschlichen Geschichte sind immer von einem Team erreicht worden. Wir neigen dazu, einzelne tollkühne Menschen zu verehren, aber in der Realität gibt es keine Rambos oder Lone Rangers, die Großes allein vollbringen. Diese Erkenntnis lässt sich auch auf das Leben eines jeden von uns übertragen. Die schönsten Momente des Lebens – jene, die in unseren Herzen und in unseren Gedanken etwas berühren – sind stets mit anderen Menschen verbunden.

Nur selten machen wir solche Erfahrungen allein. Und selbst wenn wir es tun, ist unser erstes Bedürfnis, es anderen mitzuteilen.

Denken Sie an die wichtigsten Ereignisse in Ihrem Leben zurück, die absoluten Höhepunkte, die größten Siege, die Überwindung der schwersten Hindernisse. Bei wie vielen waren Sie ganz allein? Ich wette, davon gibt es nur wenige. Wenn Sie verstehen, dass es eine der größten Freuden des Lebens ist, mit anderen verbunden zu sein, dann werden Sie verstehen, dass das Schönste im Leben erst kommt, wenn Sie feste Beziehungen initiieren und in diese investieren.

## Sie werden das Leben mehr genießen, wenn Sie Menschen mögen

Welche der Menschen, die Sie kennen, scheinen die größte Freude zu haben? Denken Sie einen Moment über diese Personen nach. Würden Sie sie als negativ, suspekt, mürrisch und unsozial beschreiben? Sicherlich nicht! Wann haben Sie eine Person mit diesem Charakter, die das Leben liebt und viel Freude hat, kennengelernt? Die Geizhälse des Lebens genießen kaum irgendetwas. Auf der anderen Seite amüsieren sich Menschen, die Menschen lieben, für gewöhnlich bestens. Wenn Sie Menschen mögen, werden Sie – egal wohin Sie gehen – immer einen Freund treffen.

## Sie werden es im Leben weiter bringen, wenn die Menschen Sie mögen

Der Berater John Luther hat beobachtet: „Natürliches Talent, Intelligenz, eine tolle Ausbildung – nichts von all dem garantiert Erfolg.

Es braucht noch etwas anderes: Sensibilität, um zu verstehen, was andere Menschen wollen, und den Willen, es ihnen zu geben. Weltlicher Erfolg hängt davon ab, anderen zu dienen. Niemand wird Ruhm, Anerkennung oder eine Beförderung erhalten, nur weil er oder sie denkt, es verdient zu haben. Jemand anders muss genauso darüber denken."

Unter Verkäufern gibt es ein altes Sprichwort: Wenn alle Bedingungen gleich sind, gewinnt die sympathischere Person. Aber auch, wenn nicht alle Bedingungen gleich sind, gewinnt die sympathischere Person trotzdem.

*„Wenn alle Bedingungen gleich sind, gewinnt die sympathischere Person. Aber auch, wenn nicht alle Bedingungen gleich sind, gewinnt die sympathischere Person trotzdem."*

Es gibt keinen Ersatz für die Fähigkeit, Beziehung einzugehen, wenn es darum geht, an irgendeinem Punkt des Lebens weiterzukommen. Menschen, die sich anderen entziehen, haben es sehr schwer. Hier sind die Gründe, warum dies so ist:

- Wenn Menschen Sie nicht mögen … werden sie versuchen, Sie zu verletzen.
- Wenn sie Sie nicht verletzen können … werden sie Ihnen nicht helfen.
- Wenn sie Ihnen helfen müssen … werden sie nicht hoffen, dass Sie es schaffen.
- Wenn sie hoffen, dass Sie es nicht schaffen … fühlen sich die Siege des Lebens dumpf an.

Donald O. Clifton und Paula Nelson schreiben in ihrem Buch *Stärken richtig fördern*: „Beziehungen helfen uns dabei zu definieren, wer wir sind und was wir werden können. Die meisten von uns können die

Meilensteine des Erfolgs Schlüsselbeziehungen zuordnen.“ [10] Wie viele Schlüsselbeziehungen haben Sie mit Menschen gehabt, die Sie nicht gemocht haben?

## Menschen sind das wertvollste Gut eines jeden Unternehmens

Es gibt viele gute persönliche Gründe, positive Beziehungen zu pflegen, aber es gibt auch ein paar praktische. Jede erfolgreiche Organisation beweist es durch ihre Menschen. Ganz egal, ob es sich um ein Geschäft, eine Sportmannschaft, die Kirche oder die Gesellschaft handelt, eine Organisation steht und fällt mit den in ihr involvierten Menschen. Deshalb schreibt Jim Collins in *Der Weg zu den Besten* über die Bedeutung des Rekrutierens oder, wie er es nennt, die Bedeutung, die richtigen Menschen in den Bus zu holen.

Nehmen Sie erfolgreiche Organisationen unter die Lupe und Sie werden feststellen, dass diese ihre Mitarbeiter schätzen. Fred Smith von FedEx sagt: „Federal Express hat von Anbeginn die Menschen an die erste Stelle gestellt, weil es erstens richtig ist und zweitens gut fürs Geschäft. Unsere Unternehmensphilosophie lautet kurz und bündig: Menschen – Service – Gewinn.“ Schätzen Sie Ihre Mitmenschen als höchstes Gut und diese werden stets im Wert wachsen.

## *Der Entscheidungsprozess: Wie man die Entscheidung trifft, täglich feste Beziehungen einzugehen und in sie zu investieren*

Als ich 1965 aufs College ging, lernte ich die Grundregeln der Psychologie von Dr. David Van Hoose. Eines Tages sagte er in seiner Lehrstunde etwas, das wirklich meine Aufmerksamkeit erregte. Er bemerkte: „Wenn Sie einen einzigen wahren Freund im Leben haben, sind Sie sehr reich. Wenn Sie zwei wahre Freund haben, ist das schon sehr außergewöhnlich.“ Ich war überrascht. Als begeisterter Student dachte ich, dass jeder Freunde hätte. Und obwohl Dr. Van Hoose Freundschaft als Beziehung definierte, die durch bedingungslose Liebe gekennzeichnet sei, war ich immer noch schockiert.

Beziehungen waren für mich schon immer wichtig und ich entwickelte schon in jungen Jahren eine gute Beziehungsfähigkeit. Als ich gerade ein Teenager geworden war, ermutigte mich mein Vater, das Buch *Wie man Freunde gewinnt* von Dale Carnegie zu lesen. Ich erinnerte mich immer an den Rat, den der Meister der Beziehungen in seinem Buch gab: „Um Freunde zu gewinnen, müssen Sie zuerst freundlich sein." [11] Ich hatte mir diese Empfehlung zu Herzen genommen, aber als ich die Worte meines Psychologieprofessors hörte, nahm ich mir vor, es noch bewusster zu tun und Beziehungen in meinem Leben auf eine noch höhere Ebene zu heben. Da traf ich die Entscheidung bezüglich meiner Beziehungen: ***Ich werde Beziehungen mit anderen eingehen und in sie investieren.***

Ich denke, dass viele Menschen nicht die Verantwortung für die Beziehungen in ihrem Leben übernehmen. Sie lassen die Dinge einfach geschehen, anstatt bewusst etwas zu unternehmen. Um feste Beziehungen zu führen, die auch Erfüllung bringen, muss man sein Denken verändern, wenn es darum geht, wie man mit anderen umgeht. Im Folgenden finden Sie ein paar Anregungen, wie Sie das tun können:

## Geben Sie den Menschen einen hohen Stellenwert

Sehen wir der Wahrheit ins Gesicht: Wenn Sie sich nichts aus anderen machen, dann geben Sie dem Aufbau guter Beziehungen in Ihrem Leben auch keine Priorität. Mein Freund Ken Blanchard, Autor von *Whale done! – Von Walen lernen* und *Raving Fans*, witzelt manchmal herum, dass das Department of Motor Vehicles (Führerscheinstelle) offenbar Menschen suche und anstelle, die Menschen hassen würden. Denn wenn man seinen Führerschein machen wolle, gehe man schon davon aus, dass man miserabel behandelt werde. Was Les Giblin, Verkäufer des Jahres, einmal gesagt hat, ist wahr: „Sie werden es nicht schaffen, dass sich ein Mensch in Ihrer Nähe wohlfühlt, wenn Sie ihn innerlich verachten."

> *„Sie werden es nicht schaffen, dass sich ein Mensch in Ihrer Nähe wohlfühlt, wenn Sie ihn innerlich verachten.“*
> – Les Giblin

Die Lösung ist, anderen Menschen einen hohen Stellenwert einzuräumen. Erwarten Sie von jedem nur das Beste. Gehen Sie davon aus, dass die Motive einer Person gut sind, außer sie beweist Ihnen das Gegenteil. Bewerten Sie die Menschen, wenn sie eine Hochphase haben. Und bieten Sie Ihre Freundschaft an, anstatt um deren Freundschaft zu bitten. Das ist letztendlich deren Entscheidung.

## Lernen Sie, Menschen zu verstehen

> *„Das betriebswirtschaftliche Produktivitätsproblem Nummer eins in Amerika sind – ganz einfach – die Manager, die nicht in Kontakt mit ihren Mitarbeitern stehen und nicht in Kontakt mit den Kunden.“*
> – Nancy Austin und Tom Peters

Tom Peters und Nancy Austin, die Autoren von *A Passion for Excellence*, behaupten: „Das betriebswirtschaftliche Produktivitätsproblem Nummer eins in Amerika sind – ganz einfach – die Manager, die nicht in Kontakt mit ihren Mitarbeitern stehen und nicht in Kontakt mit den Kunden.“ [12] Ich denke, eine mögliche Erklärung dafür ist, dass einige Manager die Menschen nicht wertschätzen. Aber das trifft nicht immer zu. Viele Menschen interessieren sich für andere, aber sie stehen trotzdem nicht in Kontakt mit ihnen. In diesen Fällen liegt das Problem meiner Meinung nach darin, dass sie die Menschen nicht verstehen.

Wenn Sie das Verlangen haben, Menschen besser zu verstehen, um positive Beziehungen aufzubauen, behalten Sie Folgendes über Menschen stets im Kopf – und auch die Aktionen, die Sie durchführen können, um die oftmals dadurch entstehende Lücke zu füllen:

1. Menschen sind unsicher … geben Sie ihnen Zuversicht.
2. Menschen möchten sich als jemand Besonderer fühlen … sprechen Sie ehrliche Komplimente aus.
3. Menschen sehnen Sich nach einer besseren Zukunft … signalisieren Sie ihnen Hoffnung.
4. Menschen möchten verstanden werden … hören Sie zu.
5. Menschen sind egoistisch … sprechen Sie zuerst über deren Bedürfnisse.
6. Menschen haben emotionale Tiefs … ermutigen Sie sie.
7. Menschen möchten mit Erfolg assoziiert werden … helfen Sie ihnen dabei zu gewinnen.

Wenn Sie Menschen verstehen, deren Schwächen nicht persönlich nehmen und ihnen dabei helfen, Erfolg zu haben, legen Sie damit das Fundament für eine gute Beziehung.

## Bringen Sie anderen schnell Respekt entgegen, aber gehen Sie davon aus, diesen bei anderen für sich erarbeiten zu müssen

Ein Mann, der gerade am Flughafen angekommen war, sah wie ein gut angezogener Herr einen Gepäckträger aufgrund der Art, wie dieser mit dem Gepäck umging, anbrüllte. Je wütender der Geschäftsmann wurde, desto ruhiger und professioneller erschien der Gepäckträger. Als der beleidigende Herr gegangen war, machte der erste Mann dem Träger ein Kompliment für dessen Zurückhaltung. „Oh, das ist nicht der Rede wert“, meinte der Gepäckträger. „Wissen Sie, der Herr fliegt nach Miami, aber sein Gepäck – das fliegt nach Kalamazoo." Menschen, die anderen keinen Respekt entgegenbringen, verletzen sich, was Beziehungen betrifft, selbst – und bekommen oft andere negative Folgen zu spüren.

Ich glaube, dass jeder Mensch es verdient, respektvoll behandelt zu werden, denn jeder Mensch hat einen Wert. Außerdem habe ich herausgefunden, dass der *effektivste* Weg im Umgang mit Menschen der ist, *zuerst* Respekt zu zeigen. Doch das bedeutet nicht, dass man dafür den Respekt anderer erwarten kann. Man muss ihn sich verdienen. Wenn Sie sich selbst respektieren, andere respektieren und sich angemessen verhalten, werden andere Ihnen fast immer Respekt entgegenbringen. Und wenn jeder die Menschen um sich herum respektvoll behandeln würde, wäre die Welt ein besserer Ort.

## Verpflichten Sie sich dazu, anderen einen Nutzen zu stiften

> *„Graviert eure Namen nicht in Marmor,*
> *sondern in die Herzen der Menschen."*
> – CHARLES SPURGEON

Der englische Prediger Charles Spurgeon riet: „Graviert eure Namen nicht in Marmor, sondern in die Herzen der Menschen." Der beste Weg das zu tun, ist, anderen einen Nutzen zu stiften. Machen Sie das, indem …

1. ... Sie in anderen die Fähigkeiten suchen.
2. ... Sie anderen dabei helfen, ihre Fähigkeiten zu erkennen.
3. ... Sie anderen dabei helfen, ihre Fähigkeiten zu entwickeln.

Einige Menschen gehen mit anderen immer in der Erwartung des Gebens und Nehmens um. Sie sind bereit, etwas zu geben, aber nur, wenn sie im Gegenzug auch einen Wert erhalten. Wenn Sie Beziehungen zu

Ihrer Priorität machen möchten, müssen Sie Ihre Motive überprüfen, um sicherzugehen, dass Sie andere nicht zugunsten Ihres eigenen Gewinns manipulieren.

Um sicherzugehen, dass Ihre Motive richtig sind, nehmen Sie sich den Rat von Leo Buscaglia, der *Leben lieben lernen. Brücken bauen – nicht Barrieren* geschrieben hat, zu Herzen: „Beginnen Sie jede Beziehung mit der Frage: Habe ich versteckte Motive aufgrund derer ich eine Beziehung mit dieser Person eingehen möchte? Habe ich einen Grund für mein Interesse? Versuche ich vor etwas zu flüchten? Möchte ich die Person verändern? Brauche ich diese Person, um einen meiner Mängel auszugleichen? Wenn die Antwort auf eine dieser Fragen ‚ja' lautet, dann lassen Sie die Person lieber in Ruhe. Er oder sie ist ohne Sie besser dran." [13]

## Wie man im Alltag Beziehungen aufbaut

Ich denke, wir betrachten Beziehungen oft als viel zu selbstverständlich. Deshalb geben wir ihnen nicht die Aufmerksamkeit, die sie verdient oder nötig hätten. Aber gute Beziehungen bedürfen sehr viel Arbeit. Damit ich beim Thema Beziehungen immer wieder dabeibleibe, und in diese investiere, wie ich es sollte, sodass sie auch ein Erfolg werden, lebe ich täglich nach dieser Grundregel: ***Jeden Tag bemühe ich mich ganz bewusst, in meine Beziehungen mit anderen etwas Wohlwollendes hineinzugeben.***

Das bedeutet: Ich gebe mehr, als ich zu empfangen erwarte, liebe andere bedingungslos, suche nach Möglichkeiten, anderen von Nutzen zu sein, und bringe Freude in die Beziehungen, die mir wichtig sind. Jeden Abend bewerte ich mich, indem ich frage: „War mein Umgang mit anderen heute bedacht? Empfinden sie Freude darüber, dass sie heute Zeit mit mir verbracht haben?" Wenn die Antwort darauf ‚ja' lautet, habe ich meinen Teil erfüllt.

Wenn Sie Ihre Beziehungen durch Ihre täglichen Handlungen verbessern möchten, machen Sie Folgendes:

## Stellen Sie die anderen an die erste Stelle

Die beste Art richtig zu beginnen, ist, andere an die erste Stelle zu stellen. Und der einfachste Weg dies zu tun, ist die Goldene Regel: ‚Behandle andere so, wie du selbst behandelt werden möchtest.' Wenn Sie diese Einstellung im Umgang mit anderen beherzigen, können Sie nichts falsch machen. Aber es gibt noch weitere Wege, um anderen zu zeigen, dass sie wichtig sind und dass Sie Interesse an ihnen haben: Gehen Sie langsam durch eine Menschenmenge, merken Sie sich Namen, lächeln Sie andere an und bieten Sie schnell Hilfe an. Den Menschen ist es egal, wie viel Sie wissen – bis sie wissen, wie sehr sie Ihnen am Herzen liegen.

## Werfen Sie emotionalen Ballast ab

Nur weniges wiegt so schwer wie alte Verletzungen und Beleidigungen, die von Tag zu Tag mitgeschleppt werden. Wenn Sie Ihre Zeit mit anderen genießen möchten, müssen Sie dieses Zeug loswerden. Man kann nicht ständig alte Ungerechtigkeiten aufzählen und gleichzeitig erwarten, tragfähige Beziehungen aufzubauen. Wenn Sie verletzt worden sind und das ansprechen müssen, bringen Sie es auf den Tisch, nicht irgendwann, sondern gleich. Lösen Sie das Problem und kommen Sie darüber hinweg. Wenn es nicht von so großer Bedeutung ist, dass Sie es ansprechen müssen, vergessen Sie es einfach und gehen Sie weiter.

## Investieren Sie Zeit in Ihre wertvollsten Beziehungen

Die meisten Menschen vergeben ihre Zeit nach dem Motto: Wer zuerst kommt, malt zuerst. Wer es schafft, als erster die Aufmerksamkeit auf sich zu lenken, verschlingt die gesamte für Beziehungen zur Verfügung stehende Zeit und Energie. Das ist der Grund, warum in der Arbeit so viel Zeit mit den kleinen Bedürfnissen eines jeden verbracht wird anstatt mit den höchst effektiv arbeitenden Personen und warum so viele Menschen nach der Arbeit kaputt sind und nichts mehr zu geben haben, wenn sie nach Hause kommen. Da Sie bereits das Kapitel über die Familie gelesen haben, wissen Sie ja, dass ich glaube, dass die Familie Ihnen die wertvollsten Beziehungen in Ihrem Leben bietet. Sie sollten an erster Stelle stehen, wenn Sie Ihre Zeit vergeben. Danach sollten Ihre zweitwichtigsten Beziehungen kommen. Es geht einfach darum, die richtigen Prioritäten zu leben.

## Seien Sie ein fröhlicher Diener

Ich hörte einmal die Klage des Geschäftsführers einer Fluggesellschaft, wie schwierig es sei, Menschen in seiner Branche anzustellen und zu schulen. Er sagte, der Service sei das Einzige, das sie verkaufen müssten, aber es sei den Menschen am schwersten beizubringen, da niemand für einen Diener gehalten werden wolle.

> *„Das Leben ist eine interessante Unternehmung*
> *und am interessantesten ist es,*
> *wenn man es für andere lebt."*
> – HELEN KELLER

Helen Keller hat gesagt: „Das Leben ist eine interessante Unternehmung und am interessantesten ist es, wenn man es für andere lebt." Ich halte das für wahr. Je länger ich lebe, desto überzeugter bin ich davon, dass es das Größte ist, das wir in diesem Leben vollbringen können, wenn wir anderen einen Nutzen bringen. Genau deshalb versuche ich, fröhlich und mit dem größtmöglichen Ergebnis zu dienen.

## Zeigen Sie oft Ihre Liebe und Anerkennung

Nachdem ich den Herzinfarkt erlitten hatte, fragten mich sehr viele Menschen: „Was war Ihr stärkstes Gefühl? Angst, Panik oder haben Sie sich Fragen gestellt?" Die Antwort überraschte die meisten. Sie überraschte sogar mich selbst. Es war Liebe. Mehr als alles andere wollte ich in diesen Momenten des Schmerzes, als ich mir nicht sicher war, ob ich überleben würde, den Menschen, die mir am nächsten standen, sagen, wie sehr ich sie liebte – meiner Familie, den Menschen, die mit mir zusammenarbeiteten, Freunden. Ich habe gelernt, dass man den Menschen, die man liebt, nicht oft genug sagen kann, wie sehr man sie liebt.

Die meisten Menschen denken wahrscheinlich, dass die beste Art, anderen zu helfen, die ist, sie zu kritisieren und dadurch in den Genuss ihrer „Weisheit" kommen zu lassen. Das sehe ich ganz anders. Die beste Art, anderen zu helfen, ist die, in ihnen das Beste zu sehen. Ich möchte jede Person, die mir begegnet, ermutigen. Ich möchte ihr das Gute sagen, das ich in ihr erkenne. Hier wähle ich den 101 %-Ansatz. Ich suche das eine, das ich an ihr bewundere und schenke ihr dafür 100 % Ermutigung. Das hilft mir, sie zu mögen. Und es hilft ihr, mich zu mögen. Was wäre ein besserer Ausgangspunkt für eine Beziehung?

> *„Die beste Art, anderen zu helfen, ist die, in ihnen das Beste zu sehen."*

## *Rückblick zum Thema Beziehungen*

Mit den Jahren erkenne ich, dass es meine Beziehungen sind, die ich am allermeisten schätze. Ich bin in diesem Lebensbereich schon lange Zeit sehr gesegnet. Innerhalb von zwei Jahren während meiner 20er-Jahre war ich achtmal Trauzeuge. Ich habe unzählige Freunde. Ich genieße eine großartige Ehe. Ich habe Beziehungen aufbauen dürfen, die seit Jahrzehnten halten. Jede Woche bekommt meine Assistentin Anrufe von Menschen, die sich selbst als „bester Freund" von mir bezeichnen. Und jeden Tag erhalte ich E-Mails von Menschen, die ich liebe. Wenn ich so zurückblicke, erkenne ich:

| | |
|---|---|
| In meinen 20er-Jahren … | erfüllten meine Beziehungen meine Tage mit Freude. |
| In meinen 30er-Jahren … | gaben mir meine Beziehungen Weisheit und Erkenntnis. |
| In meinen 40er-Jahren … | brachten mich meine Beziehungen auf ein neues Niveau. |
| In meinen 50er- Jahren ... | schenken mir meine Beziehungen wundervolle Erinnerungen. |

Die schönsten Momente und Erinnerungen verbinde ich mit den Menschen, die mir am meisten bedeuten. Manchmal wünsche ich mir, dass die Gravierung auf meinen Grabstein so aussieht:

*John Maxwell*
*Er war mein Freund*

Das ist natürlich ein Witz, weil ich so viele Menschen kenne. Doch wenn ich wüsste, dass mich andere nach meinen Tod als ihren Freund bezeichnen, wäre ich zufrieden. Eine Führungskraft hat einmal behauptet: „Es ist einsam an der Spitze." Zu dieser Person würde ich gerne sagen: „Es ist auch einsam an der Basis!" Mein Rat wäre: Begeben Sie sich dorthin, wo andere Menschen sind, denn nichts anderes im Leben ist so erfüllend wie die Beziehungen, die wir pflegen.

## *Mein Vorbild, mein Mentor, mein Freund*

Als ich mit dem Schreiben dieses Kapitels begann, dachte ich viel über die Beziehungen nach, die ich am meisten schätzte. Und ich fragte mich: „Welche Beziehung außerhalb meiner Familie hat mich am meisten geprägt und erfüllt?" Schnell kam mir ein Name in den Sinn. Neben meinem Vater war Dr. Bill Bright, der Gründer von Campus Crusade for Christ, der Mentor, der mein Leben am meisten beeinflusste.

Gab es in Ihrem Leben auch eine Person, die größer, schneller und besser war als Sie und sich trotzdem zu Ihnen gesellte und Interesse an Ihnen zeigte? Genau das tat Bill Bright für mich. In den Kreisen, in denen ich verkehrte, war er eine Legende. Ich bezeichnete ihn gerne als einen Fünf-Sterne-Leader, einen, der größer als das Leben selbst war; einen Leader, dem die Menschen aufgrund seiner Persönlichkeit und dem, was er repräsentierte, nachfolgten. 1950 schlossen er und seine Frau Vonnette „einen Vertrag mit Gott", dass sie sich mit allem, was sie waren und hatten, Gott zur Verfügung stellen wollten und lebten diese Verpflichtung. Seine weltweite Organisation umfasste fast 13 000 Angestellte und mehr als 10 000 geschulte, freiwillige Mitarbeiter. Er erhielt den Templeton-Preis für Fortschritt in der Religion. Billy Graham sagte über ihn: „Er ist ein Mann, dessen Aufrichtigkeit, Integrität und Hingabe zum Herrn für mich schon seit den ersten Tagen meines Dienstes eine große Inspiration und ein großer Segen gewesen sind." [14]

20 Jahre später nahm mich Bill unter seine Fittiche und wurde mein Mentor. Er nahm sich immer Zeit für mich. Wenn ich Fragen zum Thema Leadership hatte, beantwortete er sie immer ausführlich. Er wurde mein Vorbild für visionäre Leadership, forderte mich heraus, größer zu denken, mich noch weiter auszustrecken und mehr von mir zu geben. Aber er war auch mein Freund. Er liebte mich und gab ohne die geringste Erwartung, etwas als Gegenleistung zu erhalten.

## *Eine andere Art Danke zu sagen*

2001 hatte ich die Ehre, Bill Bright mit dem „Catalyst Award for Lifetime Achievement" auszeichnen zu dürfen, für 50 Jahre als Leader, Pionier, Mentor und Freund der Leader. Er war so freundlich und nahm den Preis entgegen. Im Laufe der Jahre hatte er so viele Auszeichnungen erhalten, dass diese ihm sicherlich nicht so viel bedeutete. Aber für mich war es etwas ganz Besonderes, vor allem, da ich wusste, dass er sterben würde.

Während der Feier las ich einen Teil des Briefes vor, den ich geschrieben hatte, als ich gehört hatte, dass er die Diagnose Lungenfibrose erhalten hatte. Ich erinnerte mich daran, dass ich weinend im Flugzeug diese Zeilen schrieb und beschämt war, als mich die Stewardess fragte, ob es mir gut gehe. Ich wollte Bill wissen lassen, wie viel er mir bedeutete. Ein Teil lautete so:

> „Bill, das Größte, das du für mich getan hast, ist dein persönliches Interesse an mir gewesen. Oft hast du liebevoll zu mir gesagt: ‚Mein lieber John.' Jedes Mal haben diese Worte mein Herz berührt. Dein Glaube an mich hat dazu geführt, dass ich 1983 an einem Seminar teilgenommen habe. Und als ich so neben Lloyd Ogilvie, Ray Stedman, Chuck Swindoll, John Stott, Chuck Colson und dir gesessen bin, bin ich mir vorgekommen wie ein 37-jähriges Kind neben Riesen. Warum hast du in der Menge all dieser Leader in Südkorea gerade mich ausgesucht und gefragt, ob ich bei dir im Auto mitfahren wolle …? Ich habe mich geehrt gefühlt, als ich darum gebeten worden bin, bei deiner internationalen Tagung zu sprechen. Du hast meinen Tag erhellt, als du ein Kapitel meines Gebetspartnerbuches geschrieben hast. Über all die Jahre habe ich großen Nutzen aus deinen Bemerkungen, Anrufen und persönlichen Ermutigungen gezogen. Aber das schönste Erlebnis mit dir habe ich in den späten 80er-Jahren nach einem gemeinsamen Essen gehabt. Ich habe deutlich die Last einer Führungskraft gespürt und du hast mich gebeten, mich neben dich hinzuknien. Als ich an diesem Tag neben dir gekniet bin, hast du mir die Hände aufgelegt und Gott darum gebeten, mir Kraft zu schenken. Wir haben uns umarmt und Gott hat dein Gebet erhört."

Das Besondere war, dass Bill sein Leben auch in Hunderte andere investierte, so wie er es bei mir getan hatte.

Im März 2003 war ich überrascht, einen Brief von Bill zu erhalten. Darin bot er mir an, seinen Platz als Vorstand des Global Pastors

Network zu übernehmen, einer Organisation, die er gegründet hatte, um Führungskräfte auf der ganzen Welt auszubilden. Er schrieb: „Ich möchte dir den weltumfassenden Mantel der Leadership überreichen, damit du in den nächsten zehn Jahren mehr als zehn Millionen Pastoren erreichst und schulst. Meine Sehnsucht ist, dass Gott dich noch weiter führt, als du jemals zu träumen gewagt hast." Das war ein großes Privileg. Er gab mir nicht nur die Möglichkeit, im Leben so vieler Menschen etwas zu bewegen, sondern er gab mir auch die Chance zurückzugeben, was er mir geschenkt hatte.

Am 19. Juli 2003 starb Bill Bright. Ich war sehr dankbar dafür, dass wir uns sechs Tage zuvor noch gesehen hatten und ich mich hatte verabschieden können. Ich werde ihn vermissen. Als er ging, war das überwältigende Gefühl nicht Traurigkeit, es war Erfüllung. Die Beziehung, die ich mit ihm haben durfte, zählte zu den großen Freuden meines Lebens. Und ich dachte zurück an die Worte meines Psychologieprofessors Dr. Van Hoose vor vier Jahrzehnten: „Wenn Sie nur einen einzigen wahren Freund haben, sind Sie schon sehr gesegnet." Ich weiß, dass ich in der Tat sehr gesegnet bin.

## *Beziehungen – Anwendung und Übungen*
## Wie man täglich feste Beziehungen eingeht und in sie investiert

### Die heutige Entscheidung zum Thema Beziehungen

Wo stehen Sie gerade, wenn es um Ihre heutigen Beziehungen geht? Beantworten Sie sich selbst folgende drei Fragen:

1. *Habe ich bereits eine Entscheidung getroffen, feste Beziehungen einzugehen und in diese zu investieren?*
2. *Wenn dem so ist, wann habe ich die Entscheidung getroffen?*
3. *Was genau habe ich entschieden? (Schreiben Sie es hier auf.)*

______________________________________________

______________________________________________

______________________________________________

______________________________________________

### Ihre tägliche Disziplin in Bezug auf Ihre Beziehungen

Ausgehend von Ihrer Entscheidung, die Sie bezüglich Ihrer Beziehungen getroffen haben – was ist der eine Bereich, den Sie *heute und jeden Tag* üben müssen, um erfolgreich zu sein? Schreiben Sie es hier auf.

______________________________________________

______________________________________________

______________________________________________

## Das gestrige Versäumnis aufholen

Wenn Sie Hilfe dabei brauchen, um die Entscheidung zu treffen, sich dem Aufbau guter Beziehungen zu verpflichten und täglich das Nötige dafür zu tun, dann machen Sie folgende Übungen:

1. *Was entspricht Ihrer natürlichen Neigung, wenn es um den Umgang mit anderen Menschen geht? Wenn Sie eine Aufgabe zu Ende führen oder einer Herausforderung gegenüberstehen, was ist Ihnen dann wichtiger: die Situation oder die involvierten Personen? Wenn Sie dazu neigen, Ihre Agenda über die Menschen zu stellen, dann ist es an der Zeit, den Menschen einen höheren Stellenwert einzuräumen. Machen Sie es sich zur Angewohnheit, als Erstes zu fragen: „Welchen Einfluss wird das auf andere haben?" Machen Sie das immer, wenn Sie ein neues Projekt beginnen oder eine größere Entscheidung treffen. (Sind Sie sehr aufgabenorientiert, dann machen Sie diese Frage zum Teil Ihrer Agenda.) Denken Sie darüber nach und finden Sie Wege, Ihre Ziele zu erreichen und trotzdem die Menschen an die erste Stelle zu setzen.*

2. *Entwickeln Sie aktiv ein besseres Verständnis für die Menschen und eine bessere Kommunikation mit ihnen in Ihrem Leben. Nehmen Sie diese sieben Beobachtungen als Basis:*

| ***Charaktereigenschaft*** | ***Handlung*** |
|---|---|
| *1. Unsicherheit* | *Geben Sie Sicherheit.* |
| *2. Verlangen, etwas Besonderes zu sein* | *Machen Sie ehrliche Komplimente.* |
| *3. Verlangen nach einer besseren Zukunft* | *Zeigen Sie Hoffnung.* |
| *4. Bedürfnis nach Verständnis* | *Hören Sie zu.* |

| | |
|---|---|
| *5. Egoismus* | *Sprechen Sie zuerst über deren Bedürfnisse.* |
| *6. Emotional ermüdet* | *Ermutigen Sie.* |
| *7. Verlangen nach Erfolg* | *Helfen Sie ihnen zu siegen.* |

*Suchen Sie sich jede Woche eine neue Person, in die Sie auf diese Art investieren.*

3. *Fangen Sie an, den wichtigen Menschen in Ihrem Leben schriftlich Ihre Liebe und Wertschätzung wissen zu lassen. Als ich Pastor gewesen bin, habe ich meine Mitarbeiter jeden Montag darum gebeten, sich etwas Zeit zu nehmen, um anderen Menschen etwas zu schreiben. Viele von ihnen machen das bis heute.*

4. *Beginnen Sie damit, anderen bewusst von Nutzen zu sein. Werden Sie Mentor einer Person, in der Sie großes Potenzial erkennen. Tun Sie Folgendes:*
   - Suchen Sie nach den Begabungen in ihr.
   - Helfen Sie ihr dabei, ihre Begabungen zu erkennen.
   - Helfen Sie ihr dabei, ihre Begabungen zu entwickeln.

5. *Xerox führte eine Studie durch und fand heraus, dass bei Kunden, die „sehr zufrieden" waren, die Chance sechsmal höher war, dass sie innerhalb der nächsten eineinhalb Jahre wieder ein Produkt bei Xerox kauften, als bei den Kunden, die einfach „zufrieden" waren.* [15] *Im Unternehmen ist es für den Erfolg oft nicht genug, seine Arbeit nur gut zu erledigen. Man muss Beziehungen aufbauen. Was können Sie in Ihrem Beruf oder bei Ihrem Werdegang tun, um die Beziehungen zu Ihren Kunden, Klienten oder Angestellten zu verbessern? Fangen Sie heute damit an.*

## Freuen Sie sich auf morgen

Nehmen Sie sich nun einen Moment Zeit und denken Sie darüber nach, wie Ihre Entscheidung, Beziehungen einzugehen, und deren tägliche Umsetzung, die zur Erhaltung nötig ist, Ihre Zukunft positiv beeinflussen werden. Wie wird das belohnende Ergebnis aussehen? Schreiben Sie es auf:

Behalten Sie sich das Aufgeschriebene als eine bleibende Erinnerung, denn …

Ihre heutigen Gedanken sind der Motor für die tägliche Disziplin und

Ihre tägliche Disziplin maximiert Ihre gestrige Entscheidung.

KAPITEL 12

# Meine heutige Großzügigkeit schenkt mir Bedeutsamkeit

Wenn sich Ihr Einkommen über Nacht verdoppeln würde, wie viel davon würden Sie hergeben? Wie wäre es, wenn Ihr Vermögen plötzlich über 100 Millionen Dollar betragen würde? Wie wäre es, wenn Sie die reichste Person der Welt wären? Was glauben Sie, wie großzügig wären Sie? Das sind Fragen, die sich der US-amerikanische Öl-Tycoon J. Paul Getty, der einst der reichste Mensch der Welt war, hätte stellen können. Aber ich denke, seine Antworten hätten Sie wenig bewundernswert gefunden.

Getty wurde 1892 in Minnesota geboren. Nachdem er 1913 an der Oxford University graduiert hatte, folgte er seinem Vater ins Ölgeschäft. Schon während seiner Schulzeit arbeitete er in den Sommerferien als Hilfsarbeiter auf den Ölfeldern in Oklahoma. Als er nach seiner Graduierung zurückkehrte, bohrte er in noch unerschlossenem Gebiet. Dies machte ihn schon mit 23 zum Millionär.

Getty baute sein Vermögen ständig aus. Er kaufte weitere Ölfirmen, investierte in Immobilien und erwarb ein Drittel der Firmenanteile seines Vaters. In den späten 40er- und 50er-Jahren sicherte er sich Ölrechte in Saudi Arabien; die großen Erfolge dort machten ihn zum Milliardär.

1957 stellte ihn das *Fortune Magazine* als reichsten Mann der Welt vor. Er baute seine Geschäfte weiter aus, besonders im Ölgeschäft. Man munkelte über ihn, dass „er ein einsamer Kämpfer im Kampf gegen die gigantischen ‚Seven Sisters'-Ölkonzerne sei." [1] 1967 schloss er all seine Firmen zusammen und es entstand die Getty Oil Company, die er bis zu seinem Tod 1976 führte.

Getty mochte den Trubel nicht, der um seine Person entstand, als er als der reichste Mann der Welt bezeichnet wurde. Nicht weil er so demütig war, sondern weil ihn die ständigen Bitten um Geld ärgerten. Er fand es unangemessen, dass andere annahmen, er würde, nur weil er wohlhabend war, sein Checkbuch zücken. Er war der Ansicht, dass es die Menschen verderbe, „passiv Geld anzunehmen", weshalb er selten welches gab. [2]

## *Der geizige Milliardär*

Sein Geiz wurde so bekannt wie sein Reichtum. Er trug gebrauchte Anzüge und Pullis. Und er installierte in seinem Haus – Sutton Place, einem Herrenhaus aus dem 16. Jahrhundert, auf 2,8 Quadratkilometern etwas außerhalb Londons gelegen – sogar ein Münztelefon für seine Gäste. Aber das schlimmste Beispiel für seinen Geiz war ein Ereignis mit seinem eigenen Enkel.

Jean Paul Getty III, Gettys 16-jähriger Enkel, wurde 1973 in Italien gekidnappt. Die Entführer verlangten 17 Millionen Dollar Lösegeld von dem Milliardär. Doch Getty stellte sich stur und wollte nicht bezahlen. Erst als sie seinem Enkel einen Teil des rechten Ohres abschnitten und an eine Zeitung in Rom schickten, lenkte Getty ein. Er stimmte schließlich zu, das Geld zu bezahlen. Aber selbst dann wollte er nicht die ganze Summe begleichen. Er ließ sich auf einen Bruchteil der ursprünglichen Summe – 2,7 Millionen – ein und sagte, dass er im Moment nicht mehr auftreiben könne. [3] Schließlich wurde der Junge lebend in der Nähe von Neapel gefunden, allerdings hatte er fünf lange Monate Gefangenschaft ertragen müssen!

Als J. Paul Getty drei Jahre später starb, stritten seine Kinder, von denen er sich schon seit Langem entfernt hatte, und seine früheren Frauen (er war fünfmal verheiratet gewesen und wieder geschieden worden) vor Gericht um das Vermögen, das auf etwa vier Milliarden Dollar geschätzt wurde. Das meiste Geld ging schließlich an das Getty Museum in Los Angeles.

## *Warum Großzügigkeit heute wichtig ist*

J. Paul Getty klammerte sich an sein Geld. War das wirklich wichtig? Hatte er es nicht selbst verdient und somit auch das Recht dazu? Hat man nicht das Recht, das Geld zu behalten, das man verdient – oder erbt? Sicher hat man das. Aber wozu man das *Recht* hat, ist hier nicht der Punkt. Was wäre das *Beste* für einen als Person? Ironischerweise entwickelte J. Paul Getty Jr., einer seiner Söhne, eine ganz andere Philosophie. Er erhielt nur einen Bruchteil des Getty-Vermögens und spendete Millionen. Er sagte: „[Ich bin] privilegiert, der Erbe eines solchen Vermögens zu sein, und sehe mich selbst als Verwalter dieses Geldes für Menschen, die es mehr brauchen als ich.“ [4]

Was ist mit uns? Wie sollten wir an dieses Thema herangehen? Warum sollten wir großzügig sein? Ich glaube, dafür gibt es viele Gründe, aber ich möchte mich auf drei konzentrieren:

### 1. Geben richtet unseren Fokus nach außen

Niemand umgibt sich gerne mit Menschen, die nur an sich selbst denken. Im Gegensatz dazu genießt es fast jeder, von großzügigen Menschen umgeben zu sein. Der Biograf und Literaturkritiker Van Wyck Brooks sagte:

> „Wie angenehm ist der Umgang mit großzügigen Menschen, die Kleinigkeiten übersehen und sich instinktiv immer auf das Positive in ihrer Umwelt konzentrieren. Kleinkarierte Menschen sorgen sich um

alles. Sie sind erpicht darauf, ihre Überlegenheit zu zeigen, ihr Wissen, ihr Können oder ihre gute Erziehung. Aber großherzige Menschen kennen keine Eitelkeit, Eifersucht oder Reserviertheit und sie suchen nach dem Ehrenhaften und Guten in jeder Person. Und was noch wichtiger ist: Sie finden es in jeder!"

*„Großzügigkeit verschiebt den Fokus von uns selbst auf andere."*

Geben verändert wie selbstverständlich den Fokus einer Person, besonders, wenn es zur Gewohnheit wird. Man kann Großzügigkeit ganz einfach beschreiben: Verschiebung des Fokus von sich selbst auf andere. Wenn man damit beschäftigt ist, anderen zu geben und dabei zu helfen, Erfolg zu haben, dann verdrängt das den Egoismus. Und das macht nicht nur die Welt zu einem besseren Ort, sondern macht auch den Geber glücklicher. Der römische Dichter Seneca sagte einst: „Niemand kann ein glückliches Leben führen, der nur sich selbst sieht und alles nur zum eigenen Vorteil tut. Man muss für andere leben, wenn man für sich selbst leben möchte."

## 2. Geben stiftet anderen Nutzen

Anderen zu helfen ist eines der bedeutsamsten Dinge, die man auf dieser Erde tun kann. In diesem Leben werden wir nicht daran gemessen, wie viele Menschen uns dienen oder wie viel Geld wir anhäufen, sondern daran, wie vielen Menschen wir dienen. Je mehr man gibt, desto mehr lebt man!

Der US-amerikanische Präsident Woodrow Wilson drückte es folgendermaßen aus: „Man ist nicht auf dieser Welt, um nur sein eigenes Auskommen zu verdienen. Man ist hier, um der Welt zu helfen, ein besserer Ort zu werden, mit einer größeren Vision, mit einem feineren

Sinn für Heimat und Erfolg. Man lebt, um die Welt zu bereichern und man beraubt sich selbst, wenn man diesen Auftrag vergisst.“ Niemand steht höher auf der Leiter als der, der sich herunterbeugt, um den anderen zu helfen.

Wenn Sie anderen einen Nutzen spenden, dann nehmen Sie sich selbst überhaupt nichts weg.

## 3. Geben hilft dem Geber

Ein Bettler fragte eine Frau nach etwas Geld und sie kramte in ihrem Portemonnaie und gab ihm einen Dollar. Als sie das tat, bemerkte sie: „Ich geben Ihnen einen Dollar – nicht weil Sie den verdient hätten, sondern weil es mir eine Freude macht.“

„Danke“, antwortete er. „Aber wenn Sie das schon erwähnen, warum machen Sie nicht zehn daraus und genießen die Freude noch mehr?“

Fühlt es sich nicht gut an, wenn man etwas für andere tut? Fühlt man sich nicht besonders belohnt, wenn ein anderer in akuter Not gewesen ist? Ruth Smeltzer sagte: „Sie haben keinen perfekten Tag gelebt, wenn Sie zwar Geld verdient, aber nichts für eine Person getan haben, die es ihnen nie wird zurückzahlen können.“ [5]

> *„Sie haben keinen perfekten Tag gelebt, wenn Sie zwar Geld verdient, aber nichts für eine Person getan haben, die es ihnen nie wird zurückzahlen können.“*
> *– Ruth Smeltzer*

Das ist einer der Gründe, warum viele Menschen bei großen Tragödien stets schnell zu Hilfe eilen. Wenn Menschen durch Erdbeben, Hungersnöte, Hurrikans oder Kriege leiden, veranlasst das zum Geben – und niemand erwartet, je etwas dafür zu bekommen.

Der einstige israelitische König Salomon sagte:

„Wer großzügig ist, wird dabei immer reicher;
wer aber sparsamer lebt, als er sein sollte, wird immer ärmer dabei.
Dem Großzügigen geht es gut und er ist zufrieden;
wer anderen hilft, dem wird selbst geholfen werden.“ [6]

Wenn man anderen hilft, wird man zwangsläufig ebenfalls profitieren. Man kann nicht den Weg für jemanden beleuchten, ohne dass man auch Licht auf den eigenen wirft.

*„Man kann nicht den Weg für jemanden beleuchten, ohne dass man auch Licht auf den eigenen wirft.“*

## *Der Entscheidungsprozess: Wie man die Entscheidung trifft, jeden Tag bewusst großzügig zu leben und dies im Alltag umzusetzen*

Als Margaret und ich nach der Hochzeit unser gemeinsames Leben begannen, zogen wir nach Hillham, Indiana, wo ich meine erste Arbeitsstelle antrat. Die Kirche konnte mich nur mit 80 Dollar pro Woche anstellen, sodass Margaret gleich mehrere Jobs annehmen musste, um uns über Wasser zu halten. Finanziell gesehen war diese Zeit sehr schwierig für uns, trotzdem war sie auch voller Freude.

Zu dieser Zeit hatte Larry erste große Erfolge in der Geschäftswelt und ihm ging es finanziell sehr gut. Larry und seine Frau Anita bemerkten, dass wir immer zu kämpfen hatten, und waren sehr großzügig uns gegenüber. Die einzigen Urlaube, die wir machten, waren jene, zu denen sie uns einluden und die sie für uns bezahlten. Sie bezahlten meine Anzüge und Larry bezahlte auch meine Auslagen, als ich eine Weiterbildung besuchte. Wir werden ihnen immer sehr dankbar dafür sein.

Wenn ich auf diese Tage zurückblicke, dann werden mir drei Dinge klar. Erstens sind wir nie eifersüchtig auf Larrys und Anitas finanziellen Erfolg gewesen. Wir haben uns riesig mit ihnen gefreut, aber wir haben nie das begehrt, was sie gehabt haben. Zweitens haben wir sehen können, wie ihre Großzügigkeit eine riesige Freudenquelle und großer Segen für sie war. Drittens habe ich begonnen zu realisieren, dass ein großzügiger Lebensstil einen unglaublich großen Nutzen hat. Deshalb habe ich eine weitere Entscheidung für mein Leben getroffen: ***Ich werde leben, um zu geben.*** Margaret und ich haben erkannt, dass Größe nicht durch das definiert wird, was eine Person bekommt, sondern durch das, was sie gibt. Und wahre Großzügigkeit ist keine Frage des Einkommens – sie fängt im Herzen an. Es geht darum, anderen zu dienen und Wege zu suchen, ihnen von Nutzen zu sein. Auf diese Art gibt man seinem Leben große Bedeutung.

> *„Größe wird nicht durch das definiert, was eine Person bekommt, sondern durch das, was sie gibt."*

Wenn Sie das Verlangen haben, großzügig zu werden, und Großzügigkeit einen Platz in Ihrem Alltag bekommen soll, dann machen Sie Folgendes:

## Spenden Sie!

Die Art und Weise, wie Menschen Geld behandeln, veranschaulicht auch deren Einstellung zu vielen anderen Bereichen des Lebens. Wo immer Ihr Geld ist, dorthin zieht es auch Ihre Aufmerksamkeit. Haben Sie diese Aussage schon als wahr befunden? Wenn Sie viel in Aktien investiert haben, dann werden Sie wahrscheinlich regelmäßig die Börse und Ihre aktuellen Werte überprüfen. Wenn Sie viel Geld in ein Haus investiert haben, dann werden Sie wahrscheinlich sehr viel Zeit und

Mühe in die Pflege stecken. Wenn Sie sehr viel Geld an Ihre Kirche oder Hilfsorganisation spenden, wird es Sie interessieren, wofür das Geld verwendet wird und ob die Organisation erfolgreich ist.

Diese Lebensweisheit steht sogar schon in der Bibel. Tatsächlich finden sich in der Bibel viele Hinweise auf das Thema Geld. Ob Sie es glauben oder nicht, die Bibel beinhaltet sogar mehr Lehren über Geld als über das Gebet! Diese Bemerkung sagt am allermeisten aus: „Denn wo dein Reichtum ist, da ist auch dein Herz." [7]

Wenn Sie Geld spenden, egal ob direkt oder über eine Organisation, werden Sie sich mehr Gedanken über die Menschen machen. Das wird Ihnen dabei helfen, die großzügige Seite in Ihnen zu fördern. Man muss sozusagen „die Quelle erst ansaugen", dann wird das Geben fließen. Wenn Sie warten, bis Sie sich danach *fühlen* zu geben, werden Sie es nie tun. Andrew Carnegie verdiente sein Geld mit Stahl und gab Millionen. Er sagte: „Kein Mensch wird reich, bis er nicht andere bereichert."

*„Kein Mensch wird reich,*
*bis er nicht andere bereichert."*
– ANDREW CARNEGIE

## Investieren Sie etwas von sich selbst

Was schätzen die Menschen oft noch mehr als Geld? Ihre Zeit und Aufmerksamkeit! Denken Sie einmal darüber nach. Was bedarf größerer Anstrengung: einen Scheck auszustellen oder Zeit zu geben? Was zeigt mehr Verbindlichkeit? Mein Freund Larry Burkett sagte: „Wo nicht gegeben wird, gibt es auch keine Verbindlichkeit." Ich glaube, das ist wahr. Nichts könnte die Zuneigung des Partners ersetzen. Ein Kind sehnt sich nach nichts mehr als nach der ungeteilten Aufmerksamkeit seiner Eltern. Sogar der fleißige Mitarbeiter mit großem Potenzial versteht, dass ein guter Mentor wertvoller ist als finanzielle Belohnung. Mit Geld kann man Dinge kaufen, aber mit einem guten Mentor *kauft* man eine bessere Zukunft. Wenn Sie etwas von sich selbst geben, dann sind Sie so großzügig, wie Sie nur sein können.

Nehmen Sie sich einen Moment Zeit und denken Sie an die Menschen, die den größten Einfluss auf Ihr Leben gehabt haben. Vielleicht haben Sie einen Lehrer gehabt, der Ihnen geholfen hat zu verstehen, dass Sie denken und lernen können. Vielleicht haben Sie einen Vater, eine Mutter, eine Tante oder einen Onkel gehabt, die Ihnen gezeigt haben, dass Sie geliebt und akzeptiert sind. Oder vielleicht hat ein Coach oder Arbeitgeber Ihr Potenzial erkannt, ein positives Bild von Ihrer Zukunft gezeichnet und Sie dann herausgefordert und mit allem Wichtigen ausgestattet, dass Sie sich nach einer besseren Zukunft ausstrecken. Sie haben Ihnen dabei geholfen, die Person zu werden, die Sie schon immer haben sein wollen. Welches Geschenk wäre größer?

Rabbi Harold Kushner sagte: „Der Sinn des Lebens liegt nicht im Gewinnen. Der Sinn besteht aus Wachstum und Teilen. Wenn Sie einmal auf Ihr Leben zurückblicken, werden Sie mehr Erfüllung aus den Freuden ziehen, die Sie anderen gebracht haben, als aus den Zeiten, in denen Sie andere ausgestochen und besiegt haben." Wenn Sie in jemand anderen investieren, nur um diese Person ohne Hintergedanken zum Blühen zu bringen, dann sind Sie ein Mensch, mit dem sich andere gerne umgeben. Und Ihre Tage sind wirklich wahre Meisterwerke.

Einige betrachten das Geben als noch viel mehr als einen Akt der Nächstenliebe. Sie sehen es als eine Art Pflicht. Der Arzt und Missionar Sir Wilfred T. Grenfell sagte: „Die Dienste, die wir anderen erweisen, sind die Miete, die wir für unsere Wohnung auf dieser Erde bezahlen. Es ist offensichtlich, dass der Mensch nur ein Reisender ist; dass der Sinn dieser Welt nicht darin besteht, zu ‚besitzen und zu behalten', sondern darin ‚zu geben und zu dienen'. Es kann keine andere Bestimmung geben."

## *Wie man Großzügigkeit im Alltag lebt*

Es ist einfach, nur für sich selbst zu leben und es mag vielleicht sogar die natürliche Neigung sein. Ich weiß, dass es meine ist. Doch wir können auch einen anderen Weg einschlagen – den, großzügig zu sein. Mir ist es ein Bedürfnis, die Art von Person zu sein, mit der ich mich auch selbst gerne umgeben würde. Um mich darin voranzubringen, übe ich es täglich und erinnere mich an meine Entscheidung: ***Jeden Tag werde ich anderen einen Nutzen stiften.***

Was bedeutet es, anderen einen Nutzen zu stiften? Wie macht man das? Der Anfang könnte so aussehen:

1. Die Menschen wertschätzen: Das bedeutet, jeden mit Respekt zu behandeln.
2. Herausfinden, was die Menschen schätzen: Das bedeutet, zuzuhören und zu versuchen, andere zu verstehen.
3. Selbst an Wert gewinnen: Das bedeutet, zu wachsen, um zu geben, denn ich kann nicht geben, was ich nicht bereits habe.
4. Dinge tun, die Gott gefallen: Da er die Menschen bedingungslos liebt, muss das auch mein oberstes Ziel sein.

Wenn Sie Menschen schätzen, dann öffnen Sie die Tür zur Großzügigkeit. Und es ist viel einfacher Großzügigkeit zu planen und vorzuleben. Wenn Sie sich diese Einstellung aneignen, dann sind Sie bereit, großzügig zu anderen zu sein. Denken Sie über Folgendes nach, wenn Sie sich bemühen, Großzügigkeit in Ihren Alltag zu integrieren:

### Warten Sie nicht auf Reichtum, um ein freudiger Geber zu werden

Da ich inzwischen mehr als 25 Jahre im Dienst der Kirchengemeinden hinter mir habe, weiß ich viel über die Einstellungen und Gewohnheiten des Gebens in Bezug auf Geld. Eines habe ich besonders oft gehört: Wenn ich jemals viel Geld habe, *dann* werde ich auch großzügig sein. Menschen die so etwas sagen, machen sich für gewöhnlich etwas vor.

Die Höhe des Einkommens und das Verlangen zu geben haben nichts miteinander zu tun. Einige der großzügigsten Geber, die ich kenne, haben aus materieller Sicht nichts. Und ich kenne viele Menschen, die viel zu geben hätten, aber kein Geberherz besitzen. Die Statistiken bestätigen dies. Das durchschnittliche Einkommen im Staat Mississippi ist das zweitniedrigste in ganz Amerika und trotzdem erreicht er Platz sechs, wenn es um die Summe der Spenden geht. Im Gegensatz dazu hat New Hampshire den sechsten Platz bei der Höhe der Einkommen. Wissen Sie welchen Platz er erreicht, wenn es um das Geben geht, in Prozent verglichen mit dem Einkommen? Platz 45. [8]

Wachstum und ein hohes Einkommen helfen den Menschen nicht, großzügig zu sein. Henry Ward Beecher, der Vater der Romanautorin Harriet Beecher Stowe hat sogar davor gewarnt, dass dies die Menschen nur noch geiziger macht. Er sagte: „Passt auf, dass der Wohlstand nicht die Großzügigkeit zerstört." Die Menschen in den USA leben im reichsten Land während der wohlhabendsten Zeit in der Geschichte, trotzdem geben sie nicht sehr viel. Heute gehen etwa 2,5 % der Einkommen an wohltätige Zwecke. Das ist weniger als während der Zeit der großen Depression (2,9 %). [9] 80 % der Amerikaner, die mindestens eine Million pro Jahr verdienen hinterlassen in ihrem Testament nichts für wohltätige Zwecke. [10]

Menschen geben nicht das, was sie im Geldbeutel übrig haben, sondern aus der Tiefe ihres Herzens. Wenn Sie das Bedürfnis haben, eine großzügigere Person zu werden, warten Sie nicht darauf, dass sich Ihr Einkommen ändert. Verändern Sie Ihr Herz. Wenn Sie das tun, werden Sie ein Geber, egal, welches Einkommen Sie haben oder unter welchen Umständen Sie leben.

> *„Wenn Sie das Bedürfnis haben, eine großzügigere Person zu werden, warten Sie nicht darauf, dass sich Ihr Einkommen ändert. Verändern Sie Ihr Herz."*

## Finden Sie jeden Tag einen Grund zu geben

Es erscheint den Menschen leicht, Gründe zu finden, um *nicht* zu geben. Aber es ist genauso leicht, Gründe *für* das Geben zu finden. Man muss nur nach ihnen Ausschau halten. Zu Beginn dieses Kapitels habe ich Ihnen von J. Paul Getty erzählt, einem Mann der so viele Gründe zu haben schien, nicht zu geben. Trotzdem hat sich einer seiner Söhne, J. Paul Getty Jr., zum genauen Gegenteil entwickelt. Er hat Millionen Dollar seines Vermögens hergegeben. Werden Sie wie der jüngere Getty. Geben Sie sich Mühe, Gründe für das Geben zu finden. Suchen Sie nach überwältigenden Gründen. Finden Sie ein dringendes Bedürfnis. Suchen Sie nach einer Gruppe, die wirklich etwas verändert. Machen Sie Leader ausfindig, die Sie kennen und an die Sie glauben. Spenden Sie an Organisationen, die Sie respektieren und denen Sie vertrauen. Es gibt sie überall um Sie herum; Sie müssen dem einfach Priorität geben.

## Finden Sie Menschen, die jeden Tag zu Empfängern werden

D.L. Moody, der Gründer des Moody Bible Institute, sagte: „Tun Sie alles Gute, das Sie tun können, für alle Menschen, die Sie erreichen können, auf alle Arten, wie Sie es können, so lange Sie es können." Geht man dem Geben auf den Grund, dann sind die Empfänger Ihrer Großzügigkeit niemals Gründe, Institutionen oder Organisationen. Letztendlich sind die Empfänger immer einzelne Personen.

> *„Tun Sie alles Gute, das Sie tun können, für alle Menschen, die Sie erreichen können, auf alle Arten, wie Sie es können, solange Sie es können."*
> *– D.L. Moody*

Menschen in Not sind ständig um uns herum. Man braucht nicht um die halbe Welt zu reisen oder einen Scheck über den Atlantik zu schicken, um zu helfen und anderen zu dienen, obwohl daran nichts falsch ist. Es gibt viele Menschen in der Nähe, die von dem profitieren können, das Sie zu geben haben – Menschen in Ihrer eigenen Stadt, Ihrer eigenen Nachbarschaft, sogar in Ihrem eigenen Haus. Großzügig zu sein bedeutet, die Augen nach Möglichkeiten zum Geben offen zu halten; das kann die Beratung eines Kollegen sein, ein Mittagessen für den Obdachlosen oder dass Sie Zeit mit den Kindern verbringen. Martin Luther King jr. sagte: „Die hartnäckigste und gleichzeitig dringendste Frage des Leben ist: ‚Was tun wir für andere?'" An der Antwort auf diese Frage können Sie Ihre Großzügigkeit messen. Je großzügiger Sie sind, desto größer ist Ihre Möglichkeit, etwas wahrlich Bedeutsames im Leben anderer zu tun.

## *Rückblick auf das Thema Geben*

Ich habe viel, wofür ich dankbar sein kann. Wenn ich zurückblicke und an das Thema Großzügigkeit denke, dann ergibt sich folgendes Bild:

| | |
|---|---|
| In meinen 20er-Jahren … | wurde mir Großzügigkeit von meinem Bruder und vielen anderen vorgelebt. |
| In meinen 30er-Jahren … | wurde Großzügigkeit eine Priorität in meinem Leben. |

| | |
|---|---|
| In meinen 40er-Jahren … | wurde Großzügigkeit mir eine Freude. |
| In meinen 50er-Jahren … | beginnt meine Großzügigkeit als das Zehnfache zu mir zurückzukehren. |

Im Kapitel über die Finanzen habe ich erwähnt, dass das Verlangen nach Möglichkeiten nicht unbedingt egoistische Motive hat. Das ist wirklich wahr, denn man kann nur geben, was man hat. Margaret und mir geben diese Möglichkeiten die Freiheit, mehr an andere zu geben. Wir versuchen nun schon mehr als 30 Jahre, großzügig zu leben. Wir geben uns Mühe, unser Leben zu planen, sodass wir auch weiterhin großzügig sein können. Was wir nur für uns selbst tun, stirbt mit uns, aber was wir für andere und die Welt tun, bleibt und ist unsterblich.

## *Gegangen, aber nicht vergessen*

Im Januar 2002 verbreiteten die Medien die Nachricht vom Tod eines Leaders, der an Leberkrebs gestorben war. Gleich nach seinem Tod liefen in den Nachrichten Rückblicke auf sein Leben mit Filmen, ähnlich wie sie bei Schauspielern oder Staatsmännern gezeigt wurden. Doch nichts von dem gehörte zu seinem Beruf. Kurz darauf erreichte eine gigantische Flut ehrlicher Beileidsbekundungen den Senat. Der Senator von Michigan, Carl Levin, sagte über ihn: „Er war ein Mann der Vision, der Aktion und der Leidenschaft. … Die Früchte seiner Arbeit werden auch weiterhin das Leben unzähliger Kinder, die ein Zuhause und eine liebende Familie suchen, verbessern.“ [11] Wer war dieser Mann und was hatte er getan? Es war Dave Thomas, der sich selbst als ‚Hamburger-Koch‘ bezeichnete.

Wenn Sie während der 90er-Jahre fern gesehen haben, dann kennen Sie Dave Thomas, der die Fastfood-Restaurantkette Wendy's gegründet hat. Eine Studie zeigte 1997, dass 92 % der befragten erwachsenen Kunden wussten, wer Thomas war. [12] Nicht einmal der Präsident der Vereinigten Staaten schnitt so gut ab! Thomas war kein geschleckter Verkäufer. Er war wie der Nachbar von nebenan, nur dass er mehr als 800 Lizenznehmer hatte, die unter dem Namen Wendy's verkauften. Er hatte das Geschäft aus dem Nichts aufgebaut und kannte es in- und auswendig. Doch wenn die Gründung eines erfolgreichen Unternehmens und der Bekanntheitsgrad seine einzigen Errungenschaften gewesen wären, hätten ihn wohl nur wenige Menschen vermisst. Was Thomas von anderen erfolgreichen Geschäftsleuten unterschied und ihm zu solcher Beliebtheit verhalf, war seine Großzügigkeit.

## *Die Restaurants waren sein Leben*

Dave Thomas wurde 1932 als uneheliches Kind geboren und sechs Wochen später von Rex und Auleva Thomas adoptiert. Als der Junge fünf Jahre alt war, verstarb Auleva. Die nächsten elf Jahre zog er mit seinem Vater auf der Suche nach Arbeit immer wieder um. Die schönsten Momente hatte er, wenn er mit seinem strengen Vater Essen ging. „Während der Mahlzeiten hatte ich meinen Vater ganz für mich", sagte Thomas. „Außerdem habe ich es geliebt, die Familien zusammen zu sehen, wie sie Freude aneinander haben." [13] Thomas begann damit, Restaurants genau zu beobachten und alles über den Service und die Menükarten herauszufinden. Man sagte, dass er bereits im Alter von neun Jahren gute Fachkenntnisse hatte und verstand, was der Kunde wollte.

Thomas begann zu arbeiten, als er zwölf Jahre alt war. Seinen ersten Job in einem Restaurant hatte er in einem familiengeführten Haus in Knoxville, Tennessee. Drei Jahre später, nachdem seine Familie erneut umgezogen war, fing er im Hobby House Restaurant in Fort Wayne, Indiana, an. In dessen Eigentümer Phil Clauss fand er einen Mentor, der ihm alles über das Geschäft beibrachte. Ab diesem Zeitpunkt wusste Thomas, was er machen wollte. Er wollte Karriere im Restaurantgeschäft machen.

Mit 18 trat Thomas in die Armee ein, machte eine Ausbildung zum Koch und Bäcker und war einer der jüngsten Soldaten, der eine

Kantine für Soldaten leitete. Nachdem er seinen Dienst in Deutschland beendet hatte, ging er zurück nach Fort Wayne und arbeitete wieder mit Phil Clauss zusammen. Als Clauss ihm 1964 anbot, seine vier schlecht laufenden Kentucky Fried Chicken Franchises zu übernehmen, nahm Thomas die Herausforderung an und führte sie zum Erfolg. Als Clauss sie später verkaufte, wurde Dave zum Millionär.

1969 erfüllte sich Thomas den Traum eines eigenen Restaurants. Er liebte Cheeseburger, deshalb lag es nahe, dass es ein Burger-Restaurant war. Er eröffnete das erste Wendy's Old Fashioned Hamburgers Restaurant in der Stadt Columbus, Ohio, und benannte es nach einer seiner Töchter. Es dauerte nicht lange, bis er vier Restaurants in Columbus besaß. Seine Geschäfte liefen hervorragend und als es ihm gelang, den besten Drive-through-Service zu bieten, besser als alle anderen Fastfood-Ketten, ging es steil nach oben. Er eröffnete weitere Restaurants und versuchte, innovative Ideen zu verwirklichen. Seine Idee, Restaurants im Franchisesystem nach Städten und Regionen zu vergeben, statt einzelne Restaurants zu eröffnen, beschleunigte das Wachstum. Innerhalb der ersten 100 Monate nach dem Start des Unternehmens eröffneten sie mehr als 1 000 Restaurants. Heute gibt es mehr als 6 000.

## *Was wirklich zählt*

Während Thomas sein Unternehmen führte, erwähnte er gelegentlich, dass er adoptiert worden war. Am Anfang sprach er schüchtern darüber, aber er wurde kühner, als er bemerkte, dass seine Geschichte seine Angestellten motivierte. Er wollte, dass jeder Erfolg hatte. Er sagte stets: „Teilen Sie Ihren Erfolg und helfen Sie anderen dabei, Erfolg zu haben. Geben Sie jedem ein Stück des Kuchens. Und wenn der Kuchen nicht groß genug ist, dann backen Sie einen größeren Kuchen." [14] Das war einfach Teil seines Wertesystems. Er glaubte immer daran, dass es wichtig war, etwas zurückzugeben. In seinem zweiten Buch, *Well Done!,* erklärte er:

> „Wenn Sie nicht genauso viel von sich selbst geben wie aus Ihrem Geldbeutel, sind Sie dann wirklich aus tiefstem Herzen großzügig? Wir sollten wirklich hart daran arbeiten, dass der tugendhafte Kreis der Großzügigkeit die größte Epidemie der Vereinigten Staaten wird – gebend aus dem Reichtum heraus, gebend von sich selbst. Unaufhaltsam und unendlich." [15]

1990 lud Präsident George H. W. Bush Thomas dazu ein, etwas wirklich Großes zurückzugeben: Er bat Thomas, eine Initiative des Weißen Hauses zum Thema Adoption zu leiten und ein Bewusstsein dafür zu schaffen. Thomas tat nicht nur das, sondern er kämpfte auch für weniger Bürokratie und niedrigere Kosten bei einer Adoption. Am allerwichtigsten aber war, dass dies alles wie ein Katalysator wirkte, der dazu führte, dass er seine letzten zwölf Jahre dem Thema Adoption widmete.

1992 gründete Thomas die Dave Thomas Foundation for Adoption. Diese Organisation arbeitete daran, Adoptionen zu fördern und es Eltern leichter zu machen. Sie kooperierte auch mit anderen Adoptionsorganisationen, die damit beschäftigt waren, die mehr als 125 000 Kinder in Pflegefamilien in feste Familien zu vermitteln. Wenn er gefragt wurde, warum er die Stiftung gegründet hatte, sagte Thomas einfach: „Ich weiß einfach, dass jeder ein Zuhause und Liebe verdient." [16]

Das war jedoch erst der Anfang für Thomas. Er arbeitete auch weiterhin für Kinder, die auf eine Adoption warteten. Die Einnahmen seines ersten Buches *Dave's Way* spendete er gleich für Adoptionszwecke. Er gestaltete bei Wendy's ein Programm, das Vergünstigungen bei Adoptionen anbot und gründete dann „Adoption in the Workplace", um landesweit andere Firmen dazu zu bewegen, dasselbe zu tun. Er sprach sich vor dem Kongress für Adoption aus und legte den Gesetzgebern nahe, Steuervergünstigungen für Adoption zu gewähren. Er arbeitete sogar mit der amerikanischen Post zusammen und gestaltete Briefmarken zum Thema Adoption.

Dave Thomas liebte es, Kindern Gutes zu tun, besonders denen, die eine Adoption brauchten, aber auch darüber hinaus:

1. Er errichtete das Thomas Executive Conference Center an der Duke University, in dem die Fuqua School of Business Schulungen abhielt.
2. Er gründete das Enterprise Ambassador Program an der Nova University, das Highschool-Studenten Mentoren zur Verfügung stellt.
3. Er unterstützte die Children's Home Society in Florida.
4. Er hielt öffentliche Ansprachen über das Thema Adoption, das GED-Programm, die Hilfsdienste des 11. September, die American Lung Association und zahlreiche ortsansässige Hilfsorganisationen.
5. Darüber hinaus unterstützte er das Children's Hospital in Columbus, das Arthur G. James Cancer Hospital, das Richard J. Solove Research Institute an der Ohio State University und das St. Jude Children's Cancer Research Center in Memphis.

Die Menschen, die ihm am nächsten standen, vermissten Thomas. Jack Schuessler, Vorstand und Geschäftsführer von Wendy's International, Inc., sagte nach seinem Tod: „Er war das Herz und die Seele unseres Unternehmens. Er hatte die Leidenschaft für wirklich gute Burger und gab sein ganzes Leben dafür, seinen Kunden gutes Essen zu bieten und den Benachteiligten in unserer Gesellschaft zu helfen.“ [17]

Trotz seines Erfolgs und des großen Ansehens verlor Thomas nie die richtige Perspektive. Er wollte nie ein „großes Tier“ sein. Er sagte: „Jeder von uns hat nur eine bestimmte Zeitspanne auf dieser Erde. Das, woran sich die Menschen erinnern, ist nicht, wie viel Geld man verdient hat oder welche tollen Abschlüsse man erreicht hat. Sie erinnern sich daran, ob man ein netter Mensch war.“ [18] Thomas zeigte, was für ein Mensch er war, indem er seine Zeit, seine Fähigkeiten und seine Ressourcen dafür einsetzte, um anderen zu helfen. Und das – nicht Wendy's – machte sein Leben so bedeutungsvoll.

## *Großzügigkeit – Anwendung und Übungen*
## Wie man täglich Großzügigkeit einplant und vorlebt

### Die heutige Entscheidung zum Thema Großzügigkeit

Wo stehen Sie gerade, wenn es um Ihre heutige Großzügigkeit geht? Beantworten Sie sich selbst folgende drei Fragen:

1. *Habe ich bereits eine Entscheidung getroffen, Großzügigkeit täglich einzuplanen und vorzuleben?*
2. *Wenn dem so ist, wann habe ich die Entscheidung getroffen?*
3. *Was genau habe ich entschieden? (Schreiben Sie es hier auf.)*

________________________________________

________________________________________

________________________________________

________________________________________

### Ihre tägliche Disziplin in Bezug auf Ihre Beziehungen

Ausgehend von Ihrer Entscheidung, die Sie bezüglich Ihrer Großzügigkeit getroffen haben – was ist der eine Bereich, den Sie *heute und jeden Tag* üben müssen, um erfolgreich zu sein? Schreiben Sie es hier auf.

________________________________________

________________________________________

________________________________________

## Das gestrige Versäumnis aufholen

Wenn Sie Hilfe dabei brauchen, um die Entscheidung zu treffen, großzügig zu sein und das täglich zu leben, dann machen Sie folgende Übungen:

1. *Da das Geben im Herzen beginnt, sollten Sie als Erstes herausfinden, wo Sie als Geber heute stehen. Welchen Wert geben Sie Ihren Mitmenschen? Sind sie wichtig? Glauben Sie, dass jeder Mensch Respekt und Rücksicht verdient? Oder schätzen Sie nur die Menschen, die Sie respektieren oder die Ihnen helfen können? Betrachten Sie ehrlich Ihren Charakter. (Wenn Sie den Mut aufbringen, können Sie auch andere nach ihrer Einschätzung fragen.) Sie werden Großzügigkeit nicht schätzen, bevor Sie nicht die Menschen schätzen.*

2. *Wenn Sie großzügiger sein möchten, beginnen Sie mit den Menschen um Sie herum. Zuerst müssen Sie wissen, was für sie wichtig ist. Denken Sie darüber nach und schreiben Sie dann auf, was jede Person wertschätzt. Auf dieser Liste sollten Sie Ihren Partner, Ihre Kinder, Ihre Eltern, enge Freunde, Kollegen, Arbeitgeber etc. nicht vergessen. Wenn es Ihnen schwerfällt, dann verbringen Sie etwas Zeit mit ihnen und finden Sie im Gespräch heraus, was ihnen wichtig ist, bevor Sie die Liste vervollständigen.*
   *Sobald die Liste fertig ist, beginnen Sie damit, alle Ideen aufzuschreiben, wie Sie diesen Menschen von Nutzen sein können. Versuchen Sie an etwas zu denken, das Ihre Zeit, Ihre Talente und Ihre Ressourcen einschließt.*

3. *Wie großzügig sind Sie nun? Wie viel Ihrer Zeit und Ihres Geldes geben Sie Menschen oder Organisationen, ohne etwas dafür zu bekommen? Betrachten Sie Ihre Finanzen und Ihren Kalender. Wie viel Prozent Ihres Einkommens spenden Sie? Sind es nur ein paar Dollar? Sind es nur 1 bis 2 %? Im Kapitel über die Finanzen empfehle*

*ich, nicht weniger als 10 % zu spenden. Wenn Sie das noch nicht schaffen, dann arbeiten Sie an Ihrem Budget, um dies in den nächsten Jahren zu erreichen. Wenn es Ihnen finanziell gut geht und Sie bereits 10 % geben, dann versuchen Sie noch mehr zu geben.*
*Stellen Sie nicht nur einen Scheck aus. Wenn Sie keine Zeit dafür einsetzen, um jemandem zu helfen, der dies nicht zurückgeben kann, dann sind Sie nicht so großzügig, wie Sie eigentlich sein könnten. Helfen Sie in Ihrer Gemeinde aus, stellen Sie sich einer Hilfsorganisation zur Verfügung oder seien Sie Mentor für einen Arbeitnehmer. Es ist egal, wo oder wie Sie jemandem Nutzen stiften, solange es etwas ist, an das sie glauben.*

4. *Wenn Sie der Ansicht sind, dass Sie nur wenig zu geben haben, dann arbeiten Sie daran, selbst an Wert zu gewinnen. Ein Weg wäre der, den Thomas vorgeschlagen hat, indem er gesagt hat: „Backen Sie einen größeren Kuchen." Wenn Sie mehr verdienen, haben Sie auch mehr zum Geben. Sie können jedoch auch als Person an Wert gewinnen, indem Sie persönlich wachsen. Gute Mentoren sind fähig, Ihren Wert zu steigern, weil sie viel zu geben haben. (Ich werde Ihnen noch mehr darüber in Kapitel 14 erzählen.)*

## Freuen Sie sich auf morgen

Nehmen Sie sich nun einen Moment Zeit und denken Sie darüber nach, wie Ihre Entscheidung, Großzügigkeit zu leben, und deren tägliche Umsetzung, die daraus resultiert, Ihre Zukunft positiv beeinflussen werden. Wie wird das belohnende Ergebnis aussehen? Schreiben Sie es auf:

______________________________

______________________________

______________________________

______________________________

Behalten Sie sich das Aufgeschriebene als eine bleibende Erinnerung, denn …

Ihre heutigen Gedanken sind der Motor für die tägliche Disziplin und

Ihre tägliche Disziplin maximiert Ihre gestrige Entscheidung.

KAPITEL 13

# Meine heutigen Werte schenken mir Wegweisung

Als ich mich auf dieses Kapitel vorbereitete, geschahen zwei bemerkenswerte Dinge: Sam Waksal, der frühere Geschäftsführer von ImClone, bekannte sich des Versicherungsbetrugs, der Behinderung der Ermittlungen und der Falschaussage unter Meineid schuldig und wurde zu mehr als sieben Jahren Gefängnis, einer Geldstrafe und Steuerrückzahlungen von 4,3 Millionen Dollar verurteilt. Der zuständige Richter, William H. Pauley, wendete sich an Waksal: „Der Schaden, den Sie angerichtet haben, ist unkalkulierbar." Er sagte, dass er seiner Firma, seiner Familie und den Investoren landesweit geschadet hätte. [1] Das zweite erwähnenswerte Ereignis war, dass gegen Martha Stewart, die Gründerin von Martha Stewart Living Omnimedia und eine Freundin von Waksal, Anklage wegen versuchten Versicherungsbetrugs, Behinderung der Justiz, Verschwörung und Falschaussage gegenüber der Staatsanwaltschaft und dem FBI Anklage erhoben wurde. [2]

Wenn man nicht seit Beginn dieses Jahrtausends den Kopf in den Sand gesteckt hat, wird man all dieser Geschichten schon überdrüssig. Der riesige Energiekonzern Enron hat über Jahre durchgeführte Bilanzfälschungen zugegeben und Insolvenz angemeldet. Die Justiz ist immer noch damit beschäftigt herauszufinden, wie viele Führungskräfte über den Stand des Unternehmens Bescheid gewusst haben, während in den Jahren zuvor über eine Milliarde Gewinne zu hoch ausgewiesen worden sind. [3] WorldCom hat zugegeben die Gewinne um 7,1 Milliarden zu hoch angegeben zu haben, [4] wodurch 17 000 Menschen ihren Arbeitsplatz verloren haben und der Wert der Firma um 75 % gefallen ist. [5] Die Nachrichten berichten über unangemessenes Verhalten einiger Priester der katholischen Kirche. Die Liste nimmt einfach kein Ende.

Was haben all diese Geschichten gemeinsam? Es geht um Werte! Jede Geschichte spiegelt den unglaublichen Schaden wider, der angerichtet wird, wenn eine Person vom Kurs abkommt, nachdem sie versäumt hat, die guten Werte täglich im Gedächtnis zu behalten und auszuüben. James B. Comey, der Staatsanwalt des Southern District von New York, sagt, dass die Anklage gegen Stewart für ihre Firma und die 600 Angestellten eine wahre Tragödie ist. Er sagt: „Das ist eine Tragödie, die so leicht hätte verhindert werden können, wenn diese zwei Menschen nur das getan hätten, was Eltern ihren Kindern seit Ewigkeiten beibringen: Wenn man in der Klemme sitzt, hilft es nichts zu lügen. Zu lügen ist eine Handlung, die schwerwiegende Konsequenzen mit sich bringt.“ [6]

## *Warum Werte heute wichtig sind*

> *„Hinter jedem Leben stehen Grundsätze,*
> *die es gestalten.“*
> – George H. Lorimer

George H. Lorimer, der einstige Herausgeber der *Saturday Evening Post*, sagte: „Hinter jedem Leben stehen Grundsätze, die es gestalten.“ Diese Grundsätze, die Ihrem Leben Richtung geben, sind Ihre Werte.

Am Ende sind die Grundwerte nichts anderes als Prinzipien, die eine Person verinnerlicht hat. Und diese Grundwerte sind für den Erfolg ganz entscheidend, denn sie sind …

## Ein Anker

Wie können Sie gute Entscheidungen in den unvermeidbar holprigen Zeiten des Lebens treffen, wenn Sie keine Werte haben? Was würde Ihnen den Weg weisen? Menschen ohne Werte treiben einfach so auf dem Ozean des Lebens. Wenn die Wellen hereinbrechen, haben sie keinen Zufluchtsort, um sich auszuruhen. Jeder große Sturm kann ihr Schiff zum kentern bringen. Jede Strömung bringt sie an Orte, wo sie gar nicht hinwollen. Doch wenn man starke Werte hat, hat man etwas, das einem Halt gibt, auch wenn das Wetter schlechter wird.

## Ein treuer Freund

Da Grundwerte tief verankerte Glaubenssätze sind, die wahrhaftig die Seele widerspiegeln, werden sie zu einem Lebensbegleiter. Das kann sehr beruhigend sein. Der amerikanische Präsident Abraham Lincoln sagte: „Wenn ich dieses Amt ablege, möchte ich, dass ein Freund übrig bleibt und dieser Freund ist in meinem Inneren."

> *„Ihre Glaubenssätze sind tief verankerte Glaubenssätze, die wahrhaftig die Seele widerspiegeln."*

## Der Nordstern

Genau wie sich Umstände verändern, verändert sich auch unsere Art zu leben ständig. Man eignet sich neue Fähigkeiten an, neue Gewohnheiten und neue Disziplinen. Tätigkeiten verändern sich gemäß den Situationen.

Doch Werte ändern sich nicht. Sie sind immer verlässliche Wegweiser. Ein Sprichwort lautet:

*Es gibt viele Methoden,*
*aber wenige Werte.*
*Methoden ändern sich ständig,*
*aber Werte nie.*

Wenn Sie Ihre Werte einmal genau unter die Lupe genommen und ausformuliert haben, werden Sie fähig sein, Ihr Leben danach auszurichten. Vielleicht fügen Sie der Liste noch etwas hinzu, wenn Sie älter und weiser werden, aber ein wirklicher Grundwert bleibt ein ganzes Leben lang.

Mit den Jahren habe ich Führungskräften schon viel über Werte beigebracht, da Werte für Erfolg jeglicher Art entscheidend sind. Bei den Vorbereitungen für dieses Buch habe ich mir Zeit genommen, auch meine eigenen Werte nochmals zu betrachten. Nun bin ich in meinen 50er-Jahren und denke, dass ich endlich die Liste formuliert habe, die mir für den Rest meines Lebens bleiben wird. Ich habe diese Liste als Grundgerüst für dieses Buch genommen:

Ich schätze meine Einstellung, weil sie mir Möglichkeiten schenkt.
Ich schätze meine Prioritäten, weil sie mir einen Fokus schenken.
Ich schätze meine Gesundheit, weil sie mir Stärke schenkt.
Ich schätze meine Familie, weil sie mir Stabilität schenkt.
Ich schätze mein Denken, weil es mir einen Vorteil schenkt.
Ich schätze meine Verpflichtung, weil sie mir Ausdauer schenkt.
Ich schätze meine Finanzen, weil sie mir Optionen schenken.
Ich schätze meinen Glauben, weil er mir Frieden schenkt.
Ich schätze meine Beziehungen, weil sie mir Erfüllung schenken.
Ich schätze meine Großzügigkeit, weil sie mir Bedeutsamkeit schenkt.
Ich schätze meine Werte, weil sie mir Wegweisung schenken.
Ich schätze mein Wachstum, weil es mir Potenzial schenkt.

Indem mir diese zwölf Werte den Weg weisen, hoffe ich, die Berufung meines Lebens zu erfüllen, die sich auf drei Kernbereiche konzentriert:

1. **Meine Familie**: Ich möchte ein glaubhaftes Leben führen, damit meine Werte von meiner Familie akzeptiert werden.
2. **Meine Arbeit**: Ich möchte so viele Menschen wie möglich in der kürzesten Zeit positiv berühren.
3. **Mich selbst**: Ich möchte mit der Zufriedenheit sterben, dass ich Gott, anderen und meiner Familie gedient habe.

Wenn Sie ein proaktives Leben führen und Einfluss auf die Richtung Ihres Lebens nehmen wollen, wenn Sie möchten, dass Ihr Leben die von Ihnen als erstrebenswert erachteten Qualitäten darstellt und wenn Sie integer leben möchten, dann müssen Sie Ihre Werte kennen, sich entscheiden diese anzunehmen und sie jeden Tag ausüben.

## *Der Entscheidungsprozess: Wie man gute Werte täglich beherzigt und lebt*

Ich wuchs in einem Haushalt auf, in dem gute Werte gelehrt und vorgelebt wurden, dennoch traf ich die Entscheidung, bewusst gute Werte zu leben, erst 1970, als ich 23 Jahre alt war. In diesem Jahr las ich das Buch *Geistliche Leiterschaft: Führungsaufgaben in Gemeinde und Mission* von J. Oswald Sanders. [7] Das veränderte mein Leben. Bis dahin wollte ich als Führungskraft den Menschen gefallen und zählte die Besucher. Ich führte die Menschen gemäß dem, was gerade modern war. Zu 90 % war das auch in Ordnung. Doch in den Momenten, in denen die *richtige* Entscheidung einer Führungskraft gefordert war, wenn ich wirklich etwas tun sollte, was nicht so gern gesehen wurde, dann geriet ich ins Wanken. Als ich Sanders Buch las, realisierte ich, dass ich nicht gemäß meinen Werten führte und es ermutigte mich dazu, das Richtige zu tun, auch wenn es manchen nicht gefiel. Ich traf die Entscheidung: ***Ich werde andere gemäß den Werten führen, die ich beherzige.***

Ich habe mein Exemplar des Buches noch, denn es hat mich geprägt. Auf die letzte Seite habe ich drei Verpflichtungen geschrieben, die den Rest meines Lebens formen würden. Das Buch hat mich herausgefordert …

1. **... ein guter Mensch zu sein**: Egal, wohin mich meine Arbeit führt, ich habe das Verlangen nach Gottes Willen zu leben.
2. **... mein Potenzial zu entfalten, um das Beste aus meinen Fähigkeiten herauszuholen**: Ich werde es mir nie erlauben, faul oder gleichgültig zu sein, und werde keine Möglichkeit verstreichen lassen, Zeugnis für meinen Glauben zu geben.
3. **... ein guter geistlicher Leiter zu sein**: Gott ist mein Ideal, Jesus mein Vorbild und die Bibel weist mir den Weg. Zu viele Führungskräfte erfüllen nur das Klischee. Ihre ganze Weltanschauung ist verzerrt durch ihre Umstände. Mit Gottes Hilfe werde ich nicht in die Fußstapfen eines anderen treten oder etwas lehren, an das ich nicht glaube.

Schon seit 34 Jahren stelle ich mir ständig die Frage: „Führe ich andere gemäß den Werten, die mir am Herzen liegen?" Es gab Zeiten, da hat mich meine auf Werten basierende Art der Leadership von anderen getrennt, aber nie von mir selbst.

*„Es gab Zeiten, da hat mich meine auf Werten basierende Art der Leadership von anderen getrennt, aber nie von mir selbst."*

Fred Allen, ein Komödiant, sagte: „Man lebt nur einmal. Aber wenn man es richtig lebt, ist ein Leben genug." Wie kann man richtig leben? Indem man seine Werte kennt und jeden Tag nach ihnen lebt. Machen Sie das und Sie werden am Ende Ihres Lebens nur wenig zu bereuen haben. Folgende Vorschläge können Ihnen den Anfang erleichtern:

## Machen Sie eine Liste mit guten Werten

Schreiben Sie jede Idee auf, die Sie bezüglich der Werte haben. Listen Sie jede bewundernswerte Charaktereigenschaft auf, die Ihnen einfällt. Wenn Ihnen ein Aspekt Ihres Lebens in den Sinn kommt, versuchen Sie festzuhalten, was Ihnen daran wichtig ist. Letztendlich sollten Ihre Werte nicht von Äußerlichkeiten bestimmt werden, wie Ihrem Beruf oder Ihrem Umfeld, aber wenn Sie diese Dinge einbeziehen, zwingt Sie das, sorgfältig zu überlegen.

Wenn Sie der Ansicht sind, dass Sie jede mögliche Idee festgehalten haben, legen Sie die Liste beiseite, aber behalten Sie sie weiter im Hinterkopf. Wenn Ihnen etwas Neues einfällt, fügen Sie es hinzu. Vielleicht wollen Sie auch etwas lesen, um Ihr Denken anzuregen und herauszufinden, ob Sie noch etwas vergessen haben.

Beginnen Sie nach ein paar Wochen, die Begriffe zu vereinen. (Zum Beispiel: Aufrichtigkeit und Integrität überschneiden sich, genauso wie Verpflichtung und fleißiges Arbeiten. Entscheiden Sie sich für einen der Werte oder suchen Sie ein anderes Wort, das beide beschreibt.) Streichen Sie die Liste zusammen. Es ist offensichtlich, dass Sie es nicht schaffen werden, 20 oder gar 50 Werte zu leben, deshalb müssen Sie einige streichen. Welche Werte basieren auf der Wahrheit und Ihren höchsten Ansprüchen? Welche Dinge auf der Liste repräsentieren wirklich den Kern Ihres Seins? Was wird von Dauer sein? Wozu wären Sie bereit zu leben? Wozu zu sterben? Streichen Sie alles, das oberflächlich ist oder zeitlich begrenzt. Wenn Sie verheiratet sind, dann beziehen Sie Ihren Partner in diesen Prozess ein. Ihre Listen sind vielleicht nicht identisch, aber sie sollten viel gemeinsam haben. Und wenn irgendeiner Ihrer

Werte mit einem Wert Ihres Partners in Konflikt gerät, sehen Sie sich vor. Sie müssen über diese Werte sprechen und herausfinden, wo Sie beide wirklich stehen, oder es wird immer Konflikte in Ihrer Ehe geben.

### Beherzigen Sie diese guten Werte

Vor Jahren hielt mein Freund Jim Dobson, der Gründer von Focus on the Family, die Eröffnungsrede an der Seattle Pacific University. Darin sprach er über die Midlife-Crisis, die viele Menschen zwischen dem 35. und 50. Lebensjahr erleben. Er sagte: „Ich glaube dieses Phänomen tritt mehr aufgrund eines falschen Wertesystems auf, als dass es eine bestimmte Altersgruppe trifft. Scheinbar plötzlich findet man heraus, dass die Leiter, die man hinaufklettert, an die falsche Wand gelehnt ist." Wenn Sie Ihre eigenen Werte herausfinden und beherzigen, kann Ihnen das dabei helfen, dass Ihnen so etwas gar nicht erst passiert.

### Treffen Sie die Entscheidung, diese Werte täglich zu leben

Wahre Veränderung im Leben beginnt, wenn Sie sich dazu entschließen, Ihr Wertesystem zu verändern, denn dieses ist die Grundlage für alles, was Sie tun. Mein Freund Pat Williams, der frühere Vizepräsident der Orlando Magic, erzählte mir, dass Roy Disney, wenn er nach dem Erfolgsgeheimnis von Disney gefragt wurde, stets antwortete, dass diese Firma auf der Basis von Werten geführt würde, wodurch es ein Leichtes sei, gute Entscheidungen zu treffen. Dasselbe gilt für jeden Einzelnen.

> *„Versuchen Sie nicht, ein Mann des Erfolgs zu werden. Versuchen Sie, ein Mann der Werte zu werden."*
> – Albert Einstein

Der Physiker Alber Einstein riet: „Versuchen Sie nicht, ein Mann des Erfolgs zu werden. Versuchen Sie, ein Mann der Werte zu werden." Warum sollte er so etwas sagen? Weil er gewusst hat, dass eine Person mit Werten immer auf die wichtigen Dinge fokussiert bleibt. Das führt zu einer besseren Lebensqualität, einem Leben der Integrität. Und ganz nebenbei: Wenn Sie sich auf Ihre Werte konzentrieren, folgt der Erfolg automatisch.

## *Wie man die Werte täglich lebt*

Sein Leben nach seinen Werten auszurichten, ist nicht einfach. Warum? Weil Ihre Werte täglich von denen getestet werden, denen Sie nicht wichtig sind. Vielleicht lassen negative Menschen Sie abblitzen, wenn Sie eine positive Einstellung zeigen. Menschen ohne Familie werden Ihre Hingabe an die Familie vielleicht nicht verstehen. Unbelehrbare Personen begreifen vielleicht Ihre Leidenschaft für persönliches Wachstum nicht. Und jene, deren Prioritäten ganz anders aussehen als die Ihren, werden versuchen Sie zu überreden, ihnen zu folgen oder unvernünftige Kompromisse einzugehen.

Die Disziplin, die ich anwende, um dem zu begegnen, ist einfach: ***Jeden Tag werfe ich einen Blick auf meine Werte und reflektiere sie.*** Als Unterstützung habe ich eine Liste meines ‚*Täglichen Dutzend*' stets in meiner kleinen „Denkhilfe". Das ist ein kleines Notizbuch, das ich immer mit mir führe, um Ideen aufzuschreiben, aber auch um mir Notizen zu machen als Erinnerung, was ich Margaret unbedingt erzählen muss. Immer wenn ich mein Büchlein öffne, sehe ich diese zwölf Werte. Ich mache auch jeden Tag den Zwölf-Minuten-Test. Jeden Abend denke ich eine Minute lang über jeden Punkt des ‚*Täglichen Dutzend*' nach. So bleibe ich auf Kurs und laufe weniger Gefahr, vom Weg abzukommen.

Um besser darin zu werden, die Werte zu beherzigen und jeden Tag zu leben, folgen Sie diesen Richtlinien:

## Sprechen Sie täglich über Ihre Werte und beherzigen Sie sie

Wie kann man nun so etwas Abstraktes wie „Werte“ gut umsetzen? Sie beginnen, indem Sie ihnen eine konkrete Form geben. Nehmen Sie Ihre Werteliste und beschreiben Sie kurz jeden Punkt: Wie möchten Sie diesen in Ihrem Leben anwenden und welchen Nutzen oder welche Richtung wird Ihnen dies geben? Legen Sie diese Liste an einen Ort, an dem Sie sie jeden Tag sehen. Denken Sie oft über Ihre Werte nach, damit Sie diese „aufsaugen“ können. Wenn Sie durch Ihren Tag gehen und Entscheidungen gegenüberstehen, dann wägen Sie gemäß Ihren Werten ab. Und wenn es angemessen ist, sprechen Sie über sie. Das verfestigt Ihre Werte nicht nur in Ihrem Verstand und hilft Ihnen dabei, sie zu leben, sondern es erhöht auch die Verantwortung.

Gute Führungskräfte verstehen, warum es wichtig ist, ständig über seine Werte zu sprechen. Stew Leonard, der Geschäftsführer von Stew Leonard‘s Dairy, sagt, dass er ständig den Wert der Kunden zum Ausdruck bringt. „Wir betrachten Kunden nicht auf die Art, wie andere es tun“, sagt er. „Unsere Mitarbeiter betrachten jeden unserer Kunden, als ob dieser 50 000 Dollar auf die Stirn tätowiert hätte.“ Warum das? Das ist eine einfache Rechnung:

| | |
|---|---|
| 100 Dollar | Durchschnittsverbrauch pro Kunde pro Woche |
| x 50 | Anzahl der Wochen pro Jahr, in denen ein Kunde bei ihm einkauft |
| x 10 | durchschnittliche Anzahl an Jahren, die ein Bürger in seiner Stadt lebt |
| = 50 000 Dollar | Wert eines jeden Kunden [8] |

Wenn Sie Ihre Werte beherzigen und ständig verbalisieren, erhöhen Sie Ihre Chance, diese auch zu leben, dramatisch.

## Vergleichen Sie Ihre Werte mit Ihren täglichen Handlungen

> *„Die Kluft zwischen Theorie und Praxis ist signifikant größer als die zwischen Ignoranz und Wissen."*

Die Kluft zwischen Theorie und Praxis ist signifikant größer als die zwischen Ignoranz und Wissen. Eine Person, die Ihre Werte kennt und zum Ausdruck bringt, diese aber nicht lebt, ist wie ein Verkäufer, der einem Kunden etwas verspricht und dann nicht liefert. Er hat keine Glaubwürdigkeit. Im Berufsleben verliert man dadurch seinen Arbeitsplatz, im Leben seine Integrität.

1995 wurde Girish Shah, der Assistent eines Abteilungsleiters eines Forbes-500-Unternehmens, angeklagt, 988 000 Dollar über einen Zeitraum von acht Jahren unterschlagen zu haben. Er bettelte darum, dass ihm vor Gericht nicht der Prozess gemacht würde und war bereit, 728 000 Dollar sofort zu zahlen und sich zudem weiteres Geld von seiner Familie zu borgen, um den Rest zu begleichen.

Der Geschäftsführer war empört. Er schrieb an die Staatsanwaltschaft:

> „Ich betrachte Mr. Shahs Vergehen als besonders dreist. Nicht nur dass er die Investoren der Fortune-500-Firma beraubt hat, er hat auch die Pflicht eines Treuhänders verletzt, die ihm das Unternehmen und seine Vorgesetzten übertragen haben. … Ich bitte Sie eindringlich darum, am Beispiel von Mr. Shah und anderen, die Ähnliches begehen, zu zeigen, dass Vergehen dieser Art gegen die Gesellschaft als schwerwiegender Fall vor dem Gericht von Texas gelten und nicht stillschweigend geduldet werden können." [9]

Wissen Sie, was die Ironie dieser Aussage war? Die Aussage machte Dennis Kozlowski, der Vorstandsvorsitzende von Tyco, der später selbst angeklagt wurde, weil er 600 Millionen derselben Firma mithilfe zweier weiterer Führungskräfte entwendet hatte. [10] Offensichtlich unterlag die Diskrepanz zwischen seinen verbal zum Ausdruck gebrachten Werten und seinen Handlungen einem Muster. So gab Kozlowski oft vor Leuten damit an, wie sparsam er mit dem Geld des Unternehmens umging. Er betonte, wie spartanisch die Büros der Firma an dem einen Standort ausgestattet waren, während er die Büros an einem anderen Standort verschwenderisch einrichtete.

Diskrepanzen zwischen Werten und Handlungen bringen Chaos in das Leben eines Menschen. Wenn Sie über Ihre Werte sprechen, diese aber nicht leben, untergraben Sie ständig Ihre Integrität und Glaubwürdigkeit. Und das passiert selbst dann, wenn Sie dieses Verhalten unabsichtlich an den Tag legen.

## Leben Sie Ihre Werte, egal welche Gefühle Sie gerade empfinden

Viele Menschen bekommen Probleme, wenn ihre Werte und ihre Gefühle kollidieren. Wenn Sie sich gut fühlen und alles so läuft, wie Sie es sich wünschen, ist es nicht schwer seine Werte beständig zu leben. Aber wenn Ihre Werte Sie zu einer Handlung verpflichten, die Sie etwas kostet oder sogar verletzt, kann es schwerer sein, sich durchzubeißen.

Wenn Integrität einer Ihrer Werte ist und Sie auf der Straße einen Sack voll Geld fänden, würden Sie diesen, in der Annahme es sei gestohlen, wahrscheinlich zur Polizei bringen – ohne dass Ihnen das schwerfällt. Aber wie wäre es, wenn Sie Zeuge wären, wie Ihr Chef das Unternehmen bestiehlt, und Sie wüssten, dass dies Ihre Kündigung bedeuten würde? Würden Sie das ans Licht bringen? Diese Wahl fiele schon schwerer, besonders wenn Sie wüssten, dass der Verlust des Arbeitsplatzes auch den Verlust des Hauses oder den finanziellen Ruin bedeuten würde.

Erfolgreiche Menschen tun das Richtige, egal, wie Sie sich fühlen. Sie erwarten nicht, dass sie den Weg in die Aktion *erfühlen* können. Sie handeln zuerst und hoffen dann, dass Ihre Gefühle angemessen folgen. Für gewöhnlich bedeutet das nichts Dramatisches. Die schweren

Entscheidungen sind die, die wir jeden Tag treffen. Zum Beispiel: Wenn Gesundheit zu meinen Werten gehört – werde ich auch dann trainieren, wenn ich mich am Morgen überhaupt nicht danach fühle? Werde ich der Versuchung widerstehen, ein großes Stück Schokoladenkuchen zu essen, obwohl ich es so gern tun würde? Um erfolgreich zu sein, müssen meine Werte – und nicht meine Gefühle – meine Handlungen bestimmen. Ken Blanchard und Norman Vincent Peale schrieben in dem Buch *Die Kraft positiven Führens*: „Die Netten scheinen vielleicht immer die Letzten zu sein, die über die Ziellinie laufen, aber sie laufen in einem anderen Rennen." [11] Gemäß Ihren Werten zu leben bedeutet, in einem anderen Rennen zu laufen.

## Beurteilen Sie jeden Tag aus der Sicht Ihrer Werte

Die meisten Menschen nehmen sich nur sehr wenig Zeit, irgendetwas zu reflektieren, doch gerade das ist für alle von Bedeutung, die ihre Werte beständig leben möchten. Ben Franklin stand für gewöhnlich mit der Frage auf: „Was werde ich heute Gutes tun?" Wenn er ins Bett ging, fragte er sich: „Was habe ich heute Gutes getan?" Er beurteilte sich selbst im Licht seiner Werte. In den letzten Jahren habe ich versucht, etwas Ähnliches zu tun. Am Ende jedes Tages überlege ich, ob ich heute jemandem Nutzen gestiftet habe – denn das ist etwas, das ich jeden Tag meines Lebens tun möchte.

## *Rückblick in Bezug auf die Werte*

Wenn ich auf die Entscheidung für meine Werte aus dem Jahr 1970 zurückblicke, dann erkenne ich, dass sie mir sowohl privat als auch beruflich immer ein guter Wegweiser gewesen sind:

| | |
|---|---|
| In meinen 20er-Jahren … | gaben mir meine Werte den Mut, das Richtige zu tun. |

| | |
|---|---|
| In meinen 30er-Jahren … | motivierten mich meine Werte dazu, meine Komfortzone zu verlassen und beruflich große Schritte zu wagen. |
| In meinen 40er-Jahren … | gaben mir meine Werte die Fähigkeit, ein Herz für andere Führungskräfte zu entwickeln. |
| In meinen 50er-Jahren … | gaben mir meine Werte große Sicherheit. |

Seit 45 Jahren bilden meine Werte ein starkes Fundament, auf das ich mein Leben aufgebaut habe.

## *Eine Audienz mit dem Präsidenten*

Im Frühjahr 2003 hatte ich die Qual der Wahl. Ich gebe viele Seminare für Organisationen und große Unternehmen. In den letzten Jahren buchte mich oft das Unternehmen Home Interiors. Auch 2003 war ich für ihre mehrtägige nationale Tagung als Redner vorgesehen, als ich ein paar Tage vor dem Event einen Anruf erhielt, von dem jeder Leader kaum zu träumen wagte. Ein Mitarbeiter des Weißen Hauses war am Apparat und fragte, ob ich am Donnerstag an einem zweistündigen Treffen mit dem Präsidenten teilnehmen könnte.

Was für eine Chance! Ich war George W. Bush schon einmal begegnet, als er noch Gouverneur in Texas war, bevor er sich für die Wahl zum Präsidenten hatte aufstellen lassen. Doch ihn im Weißen Haus zu treffen und die Möglichkeit zu haben, meine Meinung zu einem Thema abzugeben, war wirklich ein Privileg. Es gab nur ein Problem. Dieses Treffen sollte zur selben Zeit stattfinden wie meine Rede bei Home Interiors. Sofort drehten sich meine Gedanken. Ich bin ein Mensch, der es liebt mit Optionen zu spielen und Lösungen für Probleme zu finden. Hier war ein Hindernis, das ich überwinden musste. Irgendwie musste ich es schaffen, das Treffen mit dem Präsidenten wahrzunehmen *und* meine Verpflichtung gegenüber Home Interiors einzuhalten.

Gemeinsam mit meiner Assistentin Linda Eggers begann ich sofort, alle Möglichkeiten auszuloten. Wir sprachen mit den Organisatoren von Home Interiors, ob sie eventuell eine Lösung sahen. Sie waren sehr freundlich und flexibel und freuten sich sogar mit mir. Wir versuchten, meine Rede auf einen anderen Tag zu verlegen. Wir gingen die Möglichkeit durch, dass ich mit einem Privatjet nach Washington flog und trotzdem pünktlich wieder zurück war. Doch nichts funktionierte. Die einzige gangbare Option war, meine Rede am Montag aufzuzeichnen und am Donnerstag abzuspielen. So hatten wir letztendlich doch etwas gefunden, das funktionierte!

Doch dann fing ich an nachzudenken. Die Lösung war für mich akzeptabel, aber wie stand es mit Home Interiors? War Verpflichtung nicht einer meiner Werte? Und lehrte ich die Menschen in meinem Unternehmen Maximum Impact nicht, dass man bei allem, was man tat, zu 100 % der Bestleistung verpflichtet sein sollte? Ich bat Linda darum, mich per Telefon mit einem Mitarbeiter von Home Interiors zu verbinden. „Darf ich Ihnen eine Frage stellen?“, sagte ich. „Was hätten Sie lieber? Meine Rede live oder abgespielt?“ Ganz offensichtlich war die Antwort darauf live. „Ich werde am Donnerstag dort sein, wie versprochen“, sagte ich, legte auf und bat Linda darum, mich freundlich im Weißen Haus zu entschuldigen.

## *So ist das Leben*

Es gibt nichts, was ein Leader lieber tut, als sich mit anderen Führungskräften zu treffen und über Leadership zu sprechen, deshalb war ich sehr enttäuscht darüber, dass ich das Treffen hatte absagen müssen. Aber es war das Richtige. Ich traf diese Entscheidung aufgrund meiner Werte. Nun, tue ich *immer* das Richtige? Nein, sicherlich nicht. Doch bin ich immer bestrebt, meine Werte mit Anstand zu leben? Absolut. Das ist der wichtigste Teil dieses Prozesses. Das Ironische an dieser Geschichte ist: Das Treffen mit dem Präsidenten wurde in letzter Minute abgesagt. Präsident Bush musste sich kurzfristig mit Tony Blair aufgrund der Situation im Irak treffen. Wie traurig wäre es gewesen, wenn ich mich aufgrund meiner Gefühle bezüglich des Treffens anders entschieden hätte! Ich hätte meine Freunde bei Home Interiors enttäuscht, wäre einen Kompromiss hinsichtlich meiner Werte und Integrität eingegangen und hätte den Präsidenten trotzdem nicht getroffen.

Indem man täglich gute Werte wählt, beherzigt und lebt, wählt man eine andere Lebensrichtung. Ihr Leben wird sich in eine Richtung entwickeln, wobei Sie sich stets gut fühlen werden. Vielleicht werden Sie nicht immer *bekommen*, was Sie sich wünschen, aber Sie werden immer die Person *sein*, die Sie sein möchten.

*Indem Sie täglich gute Werte wählen, beherzigen und leben, werden Sie nicht immer bekommen, was Sie sich wünschen, aber Sie werden immer die Person sein, die Sie sein möchten.*

## *Werte – Anwendung und Übungen*
## Wie man täglich gute Werte beherzigt und lebt

### Die heutige Entscheidung zum Thema Werte

Wo stehen Sie gerade, wenn es um Ihre heutigen Werte geht? Beantworten Sie sich selbst folgende drei Fragen:

1. *Habe ich bereits eine Entscheidung getroffen, gute Werte täglich zu beherzigen und zu leben?*
2. *Wenn dem so ist, wann habe ich die Entscheidung getroffen?*
3. *Was genau habe ich entschieden? (Schreiben Sie es hier auf.)*

________________________________________

________________________________________

________________________________________

________________________________________

### Ihre tägliche Disziplin in Bezug auf Ihre Werte

Ausgehend von Ihrer Entscheidung, die Sie bezüglich Ihrer Werte getroffen haben – was ist der eine Bereich, den Sie *heute und jeden Tag* üben müssen, um erfolgreich zu sein? Schreiben Sie es hier auf.

________________________________________

________________________________________

________________________________________

________________________________________

## Das gestrige Versäumnis aufholen

Wenn Sie Hilfe dabei brauchen, um die Entscheidung für Ihre Werte zu treffen und sie täglich auszuleben, dann machen Sie Folgendes:

1. *Welche Werte haben Sie bis heute verinnerlicht? Einer der besten Wege, um diese Frage ehrlich zu beantworten, ist, sich selbst in ein paar Schlüsselbereichen genauer unter die Lupe zu nehmen:*

    - Wie verbringen Sie Ihre Zeit, besonders die frei verfügbare?
    - Für was geben Sie Ihr Geld aus, besonders das frei verfügbare?
    - Wer sind Ihre Helden und Vorbilder?
    - Über was denken Sie am häufigsten nach, besonders wenn Sie allein sind?

___________________________________________

___________________________________________

___________________________________________

*Ihre Antworten auf diese Fragen werden Ihnen sehr viel darüber offenbaren, was Sie wirklich wertschätzen.*

2. *Wer hat Sie im Bereich Ihrer Werte am meisten beeinflusst? Versuchen Sie, sich an so viele Menschen wie möglich zu erinnern, und schreiben Sie deren Namen hier auf. Dann schreiben Sie bitte den Wert oder die Charaktereigenschaft daneben, wozu diese Person Sie ermutigt hat. (Anmerkung: Einige der Werte könnten auch negativ sein.)*

___________________________________________

___________________________________________

___________________________________________

3. *Finden Sie Vorbilder, denen Sie von heute an nacheifern möchten. Fassen Sie in einem kurzen Satz zusammen, wie Sie von ihnen lernen wollen (sich treffen, um über Werte zu sprechen, deren Buch lesen, deren Leben genauer betrachten etc.).*

______________________________________________

______________________________________________

______________________________________________

______________________________________________

4. *Durchlaufen Sie den Prozess, den ich in diesem Kapitel beschrieben habe, um Ihre Werte herauszufinden.*

5. *Wie haben Sie in der Vergangenheit Ihre Gefühle gehandhabt, wenn diese Sie dazu nötigen wollten, Kompromisse bei Ihren Werten einzugehen? War das für Sie eine schwere oder eine leichte Übung? Die meisten Menschen brauchen eine Strategie, die ihnen hier hilft. Versuchen Sie Folgendes:*

    - Identifizieren Sie die Bereiche, in denen Sie oft ins Straucheln geraten und versuchen Sie diese Situation zukünftig zu vermeiden.
    - Machen Sie sich Gedanken darüber, welche Vorteile es hat, wenn Sie sich an Ihre Werte halten, und welche Nachteile, wenn Sie es nicht tun. Schreiben Sie diese Vor- und Nachteile auf eine Notizkarte oder in Ihren Terminkalender, sodass Sie ständig an die Belohnung der Disziplin und die Konsequenzen des Kompromisses erinnert werden.
    - Bitten Sie jemanden darum, Sie in einem Bereich, in dem Sie schwach sind, zur Rechenschaft zu ziehen.

6. *Wenn Sie nicht bewusst Zeit dafür einplanen, täglich zu reflektieren, wie Ihr Tag in Bezug auf das Leben Ihrer Werte aussieht, dann werden Sie wahrscheinlich nicht durchhalten. Legen Sie regelmäßig eine bestimmte Zeit und einen Ort dafür fest.*

## Freuen Sie sich auf morgen

Nehmen Sie sich nun einen Moment Zeit und denken Sie darüber nach, wie die Entscheidung für Ihre Werte und die daraus resultierende tägliche Umsetzung Ihre Zukunft positiv beeinflussen werden. Wie wird das belohnende Ergebnis aussehen? Schreiben Sie es auf:

Behalten Sie sich das Aufgeschriebene als eine bleibende Erinnerung, denn …

Ihre heutigen Gedanken sind der Motor für die tägliche Disziplin und

Ihre tägliche Disziplin maximiert Ihre gestrige Entscheidung.

KAPITEL 14

# Mein heutiges Wachstum schenkt mir Potenzial

Wenn ich ein Buch schreiben möchte, mache ich zuerst Folgendes: Ich setze mich mit Charlie Wetzel, meinem Verfasser, und Kathie Wheat, meiner Rechercheurin, zusammen und wir denken gemeinsam darüber nach, welche Geschichten wir einbauen könnten, um die Prinzipien zu veranschaulichen, über die ich schreiben will. Das ist immer ein anregender Prozess, in dem wir alle Namen und Geschichten zusammentragen und die besten gewinnen lassen. Für gewöhnlich haben wir nach dem ersten Treffen schon die Hälfte aller Geschichten, danach beginnt Kathie zu recherchieren. Und so wie wir mit dem Schreiben des Buches vorankommen, suchen wir weitere Geschichten und füllen damit die „Leerstellen".

Mit den Jahren haben wir festgestellt, dass ein negatives Beispiel einen Grundsatz manchmal stärker veranschaulicht als ein positives. Wahrscheinlich haben Sie schon bemerkt, dass wir jedes Kapitel von *Das Heute zählt* mit einem negativen Beispiel begonnen haben, also mit der Geschichte einer Person, die einen Bereich des ‚*Täglichen Dutzend*' vernachlässigt hat. Doch es passierte etwas Interessantes, als wir für dieses Kapitel eine repräsentative Geschichte suchten. Wir konnten kein negatives Beispiel finden.

Wir suchten nach der Geschichte einer Person, die *großartiges* Potenzial hatte, es aber völlig vermasselte und ein unerfülltes Leben lebte, weil er oder sie niemals persönlich gewachsen war. Es gibt auch einen Grund dafür, warum wir keine Geschichte dafür gefunden haben: Über diese Menschen hört man nichts. Menschen, die im Mittelmaß verweilen, stechen nicht hervor. Ihre Geschichten werden nicht erzählt.

Vielleicht kennen Sie persönlich Menschen, die ihr Potenzial vergeudet haben. Vielleicht sind Sie mit Menschen aufgewachsen, von denen Sie gedacht haben, dass sie es zu sehr viel bringen würden, aber sie haben nie viel erreicht. Vielleicht sind Sie sogar überrascht gewesen, dass Sie diese Personen persönlich und beruflich überholt haben. Vielleicht bereuen Sie selbst einiges. Vielleicht haben Sie mit dem Klavierunterricht aufgehört, sobald Sie selbst entscheiden durften und bereuen das heute. Vielleicht haben Sie die Schule abgebrochen. Oder vielleicht haben Sie eine etwas anstrengendere berufliche Herausforderung nicht durchgezogen, von der Sie heute denken, dass Sie viel für Ihre Karriere hätten lernen können. Wenn jemand die Gelegenheit für persönliches Wachstum und die Optimierung seiner selbst verpasst, fühlt diese Person eventuell Reue. Und lebt eine Person lange genug ohne Wachstum, kommen irgendwann Gefühle auf, ein ungenutztes Leben gelebt zu haben. Das endet nicht selten mit einem frühen Tod.

## *Falsche Vorstellungen von Wachstum*

> *„Zu sein, was wir sind, und zu werden, was wir werden können, ist das einzige Ziel des Lebens.“*
> – Robert Louis Stevenson

Der Romanautor Robert Louis Stevenson sagte: „Zu sein, was wir sind, und zu werden, was wir werden können, ist das einzige Ziel des Lebens." Fast jeder möchte sein volles Potenzial ausschöpfen, doch ich glaube, dass es die Wenigsten auch tun. Ein Grund dafür ist eine falsche Vorstellung von Wachstum:

## Sie glauben, Wachstum geschieht automatisch

Wenn wir Kinder sind, wachsen unsere Körper automatisch. Außerdem stehen uns in dieser Zeit Erwachsene, wie zum Beispiel Eltern oder Lehrer, zur Seite, die uns täglich herausfordern, damit wir mental wachsen. Deshalb wird Wachstum für uns zur Gewohnheit. Das Problem entsteht, wenn wir aufhören, körperlich zu wachsen, und die Schule verlassen. Wir erwarten, dass unsere Körper sich um sich selbst kümmern, so wie die 20 Jahre davor. Ebenso glauben wir, dass wir uns mental automatisch weiterentwickeln, obwohl es ab diesem Zeitpunkt niemanden mehr gibt, der uns zu Verbesserung antreibt.

Die Wahrheit ist: Wenn wir nicht selbst die Verantwortung für unser Wachstum übernehmen, findet es nicht statt. Wachstum geschieht nicht automatisch. Wenn Sie glauben, dass es einfach mit der Zeit passiert, enden Sie vielleicht so, wie der Komödiant Tennessee Ernie Ford es ausdrückt: „Er begann von unten und fand es irgendwie gemütlich dort."

> *„Er begann von unten und fand es irgendwie gemütlich dort."*
> – TENNESSEE ERNIE FORD

Persönliches Wachstum entsteht auf genau gegenteilige Weise wie die Zinsen auf unserem Bankkonto. Wenn jemand bei unserer Geburt eine bestimmte Geldsumme anlegt, ist es das Beste, nichts daran zu verändern. Aber wenn es um unser Potenzial geht, *muss* man damit arbeiten, damit es wächst.

### Sie glauben, Wachstum entsteht aufgrund von Information

Das größte Hindernis für Wachstum ist nicht Ignoranz, es ist die Illusion von Wissen. Haben Sie schon einmal jemanden gekannt, der zwar voller theoretischem Wissen ist, es aber nicht schafft dieses für sich selbst und für andere nutzenbringend einzusetzen? Solche Menschen sind wie Lexika – voller Informationen, aber sinnlos, wenn sie ungenutzt im Schrank stehen. Die Veränderung des Lebens ist ein angemessener Maßstab, ob Information etwas bewirkt.

*Die Veränderung des Lebens ist ein angemessener Maßstab, ob Information etwas bewirkt.*

### Sie glauben, Wachstum entsteht durch Erfahrung

Gilbert Arland sagte: „Wenn ein Bogenschütze nicht trifft, hält er inne und sucht den Fehler in sich selbst. Denn wenn man das Bullauge nicht trifft, ist niemals die Zielscheibe schuld daran. Möchte man sein Zielen verbessern, muss man sich selbst verbessern." Eine Person, die glaubt, dass Wachstum einfach das Resultat von Erfahrung ist, ist wie ein Bogenschütze, der seine Pfeile weiterhin ins Leere schießt und glaubt, dass er sich verbessert, einfach weil er weiterhin schießt. Erfahrung ist nur gut, wenn man sie auch reflektiert und sowohl aus den Fehlern als auch aus den Erfolgen lernt.

## *Warum Wachstum heute wichtig ist*

Der Komponist Gian Carlo Menotti, der auch den Pulitzerpreis gewann, sagte: „Die Hölle beginnt an dem Tag, an dem Gott uns eine klare Sicht auf all das gewährt, das wir erreichen hätten können, auf all die Talente, die wir verschwendet haben, und auf alles, was wir hätten tun können, aber nicht getan haben.“ Niemand möchte auf sein Leben zurückblicken und erkennen, wie viel Zeit und welche Möglichkeiten er verschwendet hat. Deshalb ist es so wichtig, den Wert des Wachstums zu erkennen, bevor zu viel Zeit verstrichen ist.

Erlauben Sie mir, Ihnen mit diesem Gedanken im Kopf vier gezielte Gründe dafür zu nennen, warum Wachstum heute wichtig ist:

## 1. Begabung ohne Wachstum führt zu Ineffizienz

Der Missionsarzt Albert Schweitzer sagte: „Das Geheimnis des Erfolgs besteht darin, das Leben zu meistern, ohne davon verbraucht zu werden.“ Wie können Sie sicherstellen, dass Sie nicht schon verbraucht sind, bevor Ihr Leben zu Ende ist? Die Antwort liegt darin, wie Sie Ihr Talent einsetzen. Wenn Sie Ihr Talent einsetzen, aber nie etwas dafür tun, um es zu verbessern, werden Sie Probleme bekommen, weil niemand *so* viel Talent besitzt. Wenn Sie aber besonderen Wert auf Wachstum legen, dann können Sie jedes Talent, das Sie besitzen, nehmen und vergrößern. Das vergrößert nicht nur Ihre heutige Effektivität, sondern Ihr Talent wird dadurch größer, damit Sie auch morgen effektiv sein können.

## 2. Wachstum beugt persönlichem und beruflichem Stillstand vor

Haben Sie schon einmal das Gefühl gehabt, in einem Bereich Ihres Lebens festzustecken? Sie möchten beruflich weiterkommen, aber alles scheint wie blockiert. Sie möchten Ihre Partnerschaft verbessern, aber Sie scheinen auf keinen grünen Zweig zu kommen. Oder Sie haben ein bestimmtes Gesundheitsniveau erreicht und nichts, was Sie tun, scheint sich auszuzahlen. Wie überwindet man einen solchen Stillstand? Ich sage Ihnen, was viele Menschen tun: Sie nehmen äußerliche Veränderungen vor. Sie suchen sich einen anderen Arbeitsplatz, sie verlassen ihren Partner oder hören auf, sich zu bewegen.

Die bessere Lösung wäre, innere Veränderungen anzustreben. Äußere Veränderungen lösen meist nur die Symptome des Stillstands für eine gewisse Zeit. Treten Sie eine neue Arbeitsstelle an, werden das Neue und der frische Wind Sie eine Weile begeistern, aber wenn sie sich daran gewöhnt haben – nach ein paar Wochen, Monaten oder vielleicht Jahren – werden Sie den gleichen Problemen wie früher gegenüberstehen. Das Gleiche trifft gewöhnlich auf eine zweite Ehe zu. Und wenn Sie mit dem Sport aufhören, nimmt Ihre Gesundheit einfach nur ab.

Doch wenn Sie Persönlichkeitswachstum zu Ihrem Ziel erklären, richtet sich Ihr Fokus auf Veränderungen, die Sie innerlich vornehmen können. Sie werden besser auf berufliche Herausforderungen vorbereitet sein. Sie werden neue Wege entdecken, die Verbindung mit Ihrem Partner zu vertiefen. Sie werden Wege finden, sich besser zu ernähren oder den Sport zu verbessern. Sie werden Ihr Potenzial freisetzen, um den Stillstand zu durchbrechen, und Ihre Situation verbessern ohne Verlust der Karriere, ohne zerbrochene Beziehung oder vernachlässigte Gesundheit.

## 3. Ihr persönliches Wachstum beeinflusst das Wachstum Ihres Unternehmens

Was schränkt Ihr Geschäft, Ihre Fachrichtung oder Ihre Organisation ein? Was limitiert gerade das vorhandene Potenzial? Vielleicht stehen Sie technischen, finanziellen, personellen oder marktbedingten Herausforderungen gegenüber, die durchaus legitime Hindernisse sein können. Aber egal was Sie arbeiten oder wo Sie das tun, die größte Herausforderung sind Sie selbst!

Über Jahre hinweg gab ich Seminare für Menschen, die den Wunsch hatten, Ihre Organisationen zu vergrößern. Dabei stellte ich fest, dass die meisten Führungskräfte nach schnellen Lösungen suchten, um Wachstum zu generieren. Einer der Inhalte, die ich lehrte, war: Wenn Sie Ihre Organisation wachsen sehen wollen, müssen Sie die Führungskraft wachsen lassen. Der Unternehmensphilosoph und Autor Jim Rohn drückt es noch etwas anders aus: „Um mehr zu *tun*, muss ich mehr *sein*." Wenn

Sie selbst wachsen, stehen die Chancen gut, dass auch Ihr Unternehmen wächst. Wenn Sie selbst nicht wachsen, begrenzen Sie selbst das Wachstum Ihrer Organisation.

### 4. Nur durch ständige Verbesserung können Sie Ihr Potenzial ausschöpfen

Der Stamm der Tartaren in Zentralasien sprach gegen seine Feinde einen Fluch. Sie verfluchten jedoch nicht deren Schwerter, sodass sie rosteten, oder beschworen eine Seuche, die die Menschen dahinraffen sollte. Stattdessen sagten sie: „Möget ihr für immer an diesem Ort stehenbleiben." Wenn Sie nicht versuchen, sich jeden Tag zu verbessern, könnte das Ihr Schicksal sein. Sie würden immer an einem Ort feststecken, immer die gleichen Dinge tun, immer die gleiche Hoffnung für die kommenden Jahre haben, aber niemals neues Land beschreiten oder neue Siege erringen.

## *Der Entscheidungsprozess: Wie man täglich Wachstum sucht und erlebt*

1974 gab es ein Ereignis, das mein Leben für immer veränderte. Ich traf Curt Kampmeier von der Firma Success Motivation zum Frühstück in Lancaster, Ohio. Während wir aßen, stellte Curt eine Frage: „John, wie sieht dein Plan für Persönlichkeitswachstum aus?"

Da mir nie die Worte fehlten, versuchte ich Punkte in meinem Leben zu finden, die Wachstum bezeugten. Ich erzählte ihm von den vielen Tätigkeiten, in die ich unter der Woche involviert war. Ich bekräftigte, wie fleißig ich arbeitete und welche Fortschritte ich mit meinem Unternehmen machte. Ich hatte etwa zehn Minuten lang geredet, bis mir schließlich die Argumente ausgingen. Curt hörte aufmerksam zu, aber dann lächelte er und sagte: „Du hast keinen Plan für persönliches Wachstum, oder?"

„Nein", gab ich schließlich zu.

„Weißt du", sagte Curt einfach, „Wachstum ist kein automatischer Prozess."

Und da fiel es mir wie Schuppen von den Augen. Ich tat nichts mit Absicht oder einer Strategie, um mich selbst zu verbessern. In diesem Moment traf ich meine persönliche Entscheidung: ***Ich werde einen Plan für Persönlichkeitswachstum in meinem Leben entwickeln und umsetzen.***

Als ich an diesem Abend nach Hause kam, erzählte ich Margaret von meiner Unterhaltung mit Curt und was ich daraus gelernt hatte. Ich zeigte ihr das Arbeitsheft und die Aufnahmen, die Curt verkaufte. Ich wusste, dass uns diese Materialien helfen würden zu wachsen. Sie kosteten 745 Dollar – in unserer Situation eine riesige Summe. Wir konnten sie uns eigentlich nicht leisten, aber wir konnten es uns auch nicht leisten, sie nicht zu kaufen. Bisher hatte ich immer an mein eigenes Potenzial geglaubt, aber nie daran gedacht, einen Weg zu beschreiten, um es zu vergrößern und auszuschöpfen. Wir erkannten, dass Curt nicht einfach nur etwas verkaufen wollte. Er bot uns einen Weg an, wie wir unser Leben verändern und unsere Träume erreichen konnten.

Gleich ein paar wichtige Dinge geschahen an diesem Abend. Erstens fanden wir einen Weg, wie wir das Geld zusammenkratzen konnten. Dies bedeutete, dass wir den sowieso schon engen Gürtel unseres Budgets für die nächsten sechs Monate noch enger schnallen mussten. Aber viel wichtiger war, dass wir uns entschieden, uns zu verpflichten, gemeinsam als Paar zu wachsen. Von diesem Tage an lernten wir gemeinsam, reisten gemeinsam und erbrachten gemeinsam Opfer, um zu wachsen. Es war eine weise Entscheidung. Während sich viele Paare auseinanderentwickelten, wuchsen wir immer mehr zusammen.

Wenn Sie bereit sind, eine Entscheidung für Ihr Wachstum zu treffen und die Verbesserung jeden Tag zu erleben, dann machen Sie Folgendes:

## Beantworten Sie die Frage: Worin liegt mein Potenzial?

Ich hörte einmal die Geschichte eines Arztes in St. Louis, der an der Highschool einen jungen Mann traf, der seine Hand ab dem Handgelenk verloren hatte. Als der Doktor ihn nach seiner Einschränkung fragte, sagte er: „Doktor, ich habe keine Einschränkung. Ich habe nur einfach keine rechte Hand." Später fand der Arzt heraus, dass der junge Mann einer der Topscorer des Footballteams seiner Schule war.

Die größte Einschränkung einer Person liegt im Nichterkennen des eigenen Potenzials. Welche Ihrer Träume warten nur darauf, erfüllt zu werden? Welche Begabungen und Talente sind in Ihnen, die nur darauf warten, gefördert und entwickelt zu werden? Die Lücke zwischen Ihrer Vision und Ihrer aktuellen Situation kann nur durch die Verpflichtung, Ihr Potenzial zu maximieren, geschlossen werden.

## Verpflichten Sie sich zur Veränderung

Der Autor William Feather sagte: „Der einzig wahre Nervenkitzel ist der, der entsteht, wenn man etwas aus sich selbst macht." Und um etwas aus sich selbst zu machen, muss man bereit zur Veränderung sein, denn ohne Veränderung kann es kein Wachstum geben. Das Problem der meisten Menschen ist, dass sie möchten, dass alles so bleibt, wie es ist, aber zugleich eine Verbesserung eintritt. Es liegt jedoch auf der Hand, dass das nicht passieren kann. Wenn Sie wirklich wachsen wollen, dann verpflichten Sie sich dazu, Veränderung nicht nur zu akzeptieren, sondern aktiv nach ihr zu suchen.

> *„Der einzig wahre Nervenkitzel ist der, der entsteht, wenn man etwas aus sich selbst macht."*
> – *William Feather*

## Setzen Sie sich Wachstumsziele

Als ich begann, nach persönlichem Wachstum zu streben, indem ich Curt Kampmeiers Unterlagen verwendete, steuerte ich einen

Wachstumsplan an, der eher grundlegend als spezifisch war. Das war damals auch gut so. Ich war Mitte 20 und stand am Anfang. Doch als ich älter wurde, Erfahrungen sammelte und im Berufsleben Fortschritte machte, begann ich meinen Fokus auf ein paar Schlüsselbereiche auszurichten. Einer war die Kommunikation. Das erschien logisch, nicht nur weil ich sowieso vier- oder fünfmal in der Woche vor Menschen sprach, sondern auch, weil es eines meiner natürlichen Talente war. Ein anderer Bereich war der der Leadership, den ich jeden Tag in meinem Leben gut umsetzen musste, um in meinem Beruf erfolgreich zu sein.

Wenn Sie Ihren persönlichen Wachstumsplan gestalten, wird es Ihnen eine große Hilfe sein, wenn Sie sich fokussieren. Peter Drucker, der Vater des modernen Managements, sagte: „Das große Geheimnis liegt nicht darin, dass Menschen Dinge schlecht tun, sondern darin, dass sie ab und an etwas sehr gut tun. Das einzig Universale ist die Inkompetenz. Stärke ist immer spezifisch. Zum Beispiel beschwerte sich nie jemand darüber, dass der große Violinist Jascha Heifetz nicht Trompete spielen konnte.“ [1] Im Kapitel über die Prioritäten habe ich Sie dazu ermutigt, Ihre Prioritäten auf drei Bereiche zu fokussieren: Erwartung, Gewinn und Belohnung. Dieselben Kriterien sollten Sie auch für Ihr persönliches Wachstum heranziehen. Konzentrieren Sie sich auf die Bereiche Ihrer größten Stärken, nicht auf die Ihrer Schwächen. Und wachsen Sie in Bereichen, die Ihnen persönlich und beruflich von Nutzen sind.

## Lernen Sie es, die Reise zu genießen

Eugene Griessman, Autorin des Buches *The Path to Achievement*, sagt, dass die meisten großen Schachspieler die Schachzüge über einen Zeitraum von 15 Jahren lernen, wiederholen und die Kombinationen üben, bevor sie den ersten Weltmeistertitel gewinnen. Das ist für die meisten ein Fünftel ihres Lebens. Wenn Sie so viel Zeit damit verbringen, etwas zu lernen, dann lernen Sie besser auch, es zu genießen. Wenn Ihnen das Ziel gefällt, Sie aber die Reise dorthin nicht genießen können, dann wäre es weise, Ihre Prioritäten nochmals genau unter die Lupe zu nehmen, um sicherzugehen, dass diese die richtige Reihenfolge haben.

### Begeben Sie sich in ein Umfeld für Wachstum

Ich habe mich oft gefragt, was passiert wäre, wenn ich an jenem Abend 1974 nach meinem Treffen mit Curt Kampmeier heimgekommen wäre und Margaret gesagt hätte, dass sie nicht mit mir wachsen wolle und 745 Dollar einfach zu viel für das Arbeitsmaterial wären. Ich frage mich deshalb, weil ihre Begleitung und ihre Partnerschaft auf meiner Reise zu persönlichem Wachstum sehr viel ausgemacht haben. Dadurch, dass wir gemeinsam daran gearbeitet haben, persönlich besser zu werden, haben wir ein Umfeld für Wachstum geschaffen, das uns dabei geholfen hat, unseren Horizont zu erweitern und ein Leben zu leben, das wir uns bei unserer Hochzeit niemals erträumt hätten. Dieses Umfeld hatte auch Bestand, als wir unsere Kinder erzogen. Als Elizabeth und Joel Porter aufwuchsen, war ihr mentales, emotionales und spirituelles Wachstum unsere Priorität Nummer eins.

Man hat mir erzählt, dass es Fischarten gibt, die so groß werden, wie ihre Umgebung es zulässt. Setzt man sie in ein kleines Aquarium, bleiben sie selbst im ausgewachsenen Alter klein. Setzt man sie in ein großes natürliches Gewässer, erreichen sie ihre vorbestimmte Größe. Mit Menschen ist es ganz ähnlich. Leben sie in einem unfreundlichen und einschränkenden Umfeld, dann bleiben sie klein. Aber wenn man ihnen ein Umfeld bietet, das zum Wachstum ermutigt, dann entfaltet sich ihr Potenzial und sie erreichen es.

## *Wie man Wachstum im Alltag umsetzt*

Nachdem ich Curt Kampmeiers Material durchgearbeitet hatte, war mein Verlangen nach mehr Wachstum geweckt. Damals legte ich fest, dass ich jeden Tag Folgendes tun wollte, um zu wachsen: ***Ich werde anhand meines Plans jeden Tag bewusst wachsen***. Margaret und ich versuchten auch weiterhin, gemeinsam zu wachsen, trotzdem begann jeder von uns, seinen Wachstumsplan auf die jeweiligen individuellen Stärken abzustimmen. Ein Resultat des Lernens war, dass wir realisierten, wie weit der Weg noch sein würde, und je mehr wir lernten, umso größer wurde unser Hunger nach weiterem Wachstum.

Wenn Sie sich darauf vorbereiten, diszipliniert zu wachsen, dann ermutige ich Sie, das Folgende zu tun:

## Setzen Sie sich das Ziel, jeden Tag auf irgendeine Art zu wachsen

1972 sah sich John Naber, der Schwimmer in einer Schulmannschaft war, die Olympischen Spiele im Fernsehen an und wurde dadurch inspiriert. Er war bereits ein exzellenter Schwimmer, aber nun dachte er darüber nach, den Sprung zur Olympiareife zu wagen. Er fand heraus, dass er dafür seine Zeit in vier Jahren um vier Sekunden reduzieren müsste. Für Sie und mich wäre das nicht allzu schwierig, da wir einen sehr weiten Weg zurücklegen müssten.

Doch für einen Menschen wie Naber, der bereits gut trainiert war, schien dies unmöglich. Die Besten denken in Kategorien, in denen sie sich um Bruchteile einer Sekunde verbessern. Während er darüber nachdachte, fand er plötzlich heraus, wie er diese Herausforderung angehen könnte. Wenn er sich vornehmen würde, jeweils zehn Monate in den nächsten vier Jahren zu trainieren, müsste er sich jeden Monat um eine Zehntelsekunde verbessern. Das war immer noch eine große Aufgabe, aber er glaubte daran, dass das machbar wäre und er somit an den Olympischen Spielen 1976 teilnehmen könnte.

Naber hatte die richtige Idee und sie funktionierte. Er kam mit fünf Medaillen zurück – vier davon waren Gold.

Wenn wir also beim Wachsen erfolgreich sein wollen, müssen wir eine ähnliche Einstellung annehmen. Strecken wir uns jeden Tag danach aus, ein kleines Stückchen zu wachsen und das auch zu planen, dann können wir über lange Zeit gesehen sehr viel erreichen.

## Nehmen Sie sich die Zeit und machen Sie einen Plan für Ihr Wachstum

Eines meiner Lieblingszitate bezüglich Wachstum stammt von Earl Nightingale, einem Autor und Moderator. Ich bin vor mehr als 20 Jahren darauf gestoßen und es hat mein Leben nachhaltig geprägt. Nightingale sagte: „Wenn sich eine Person fünf Jahre lang täglich eine Stunde demselben Thema widmet, wird sie ein Experte auf diesem Gebiet." Nachdem ich das gelesen hatte, änderte ich die Art, wie ich mein Persönlichkeitswachstum plante. Ich begann damit, täglich eine Stunde, fünf Tage die Woche, etwas über Leadership zu lernen. Mit der Zeit veränderte dieses Training mein Leben.

> *„Wenn sich eine Person fünf Jahre lang täglich eine Stunde demselben Thema widmet, wird sie ein Experte auf diesem Gebiet."*
> – Earl Nightingale

Um absichtlich, strategisch und effektiv zu wachsen, werden Sie sich Gedanken darüber machen und einen guten Plan aufstellen müssen. Damit Sie eine Vorstellung davon bekommen, wie das geht, werde ich Ihnen erzählen, wie ich mein Wachstum plane:

1. **Ich höre mir jede Woche Aufzeichnungen an:** Zuerst bin ich ständig auf der Suche nach guten Botschaften zum Anhören. Jede Woche höre ich mir sieben Einheiten an. Für gewöhnlich sieht der Inhalt dann so aus: Vier sind durchschnittlich, zwei sind gut bis exzellent und vielleicht eine ist herausragend. (Wenn eine Botschaft schlecht ist, schalte ich sie nach fünf Minuten aus.) Nach jeder

Einheit versuche ich festzulegen, was ihre Kernbotschaft ist – etwas, das ich sofort umsetzen kann – und dann denke ich darüber nach, wie ich diese gewinnbringend einsetzen kann. Jede herausragende Botschaft lasse ich abschreiben, um sie zu lesen, zu markieren und jedes wertvolle Stückchen aus ihr herauszuholen.

2. **Jeden Monat lese ich zwei Bücher:** Wenn Sie mein Büro besuchen würden, sähen Sie auf dem Beistelltisch neben meinem Schreibtisch zwei Stapel Bücher. Das sind die Bücher, die darauf warten, gelesen zu werden. Ich habe sie in zwei Kategorien unterteilt und lese jeweils eines pro Monat. Auf dem ersten Stapel sind exzellente Bücher, bei denen ich davon ausgehe, dass sie mein Leben stark beeinflussen werden. Während des Monats verbringe ich sehr viel Zeit mit einem solchen Buch, nehme das Gedankengut auf, markiere wichtige Seiten, schreibe Ideen heraus und denke darüber nach, wie ich diese Erkenntnisse in meinem Leben anwenden kann. (Ich archiviere auch das Gelernte – das werde ich gleich noch erklären.) Der zweite Stapel enthält durchschnittliche Bücher, die ich im Schnelldurchlauf lesen will. Sie enthalten vielleicht nur ein paar Gedanken, die ich mir kurz ansehen möchte, aber nicht genug Inhalt, um die Zeit aufzubringen, sie genau zu lesen.

3. **Ich lege eine Verabredung pro Monat fest:** Eines, worauf ich mich stets am meisten freue, ist, anderen zuzuhören und dadurch zu lernen. Deshalb verabrede ich mich einmal pro Monat mit einer Person, die mir helfen kann zu wachsen. Als Vorbereitung erstelle ich eine Liste mit Fragen, die mit dem Bereich zu tun haben, in dem ich wachsen möchte und in dem die Person bereits erfolgreich ist. Ich erledige auch all die anderen Hausaufgaben, von denen ich denke, dass sie von

Nutzen sein könnten. Ich lese zum Beispiel die Bücher, die diese Person geschrieben hat. Doch der Erfolg eines Interviews hängt meist von den vorbereiteten Fragen ab. Meine Unterhaltungen mit John Wooden, über die ich Ihnen im zweiten Kapitel berichtete, waren das Ergebnis eines solchen Treffens. Es war eine Zeit, in der mir sehr viel Verantwortung übertragen worden war. Immer wenn ich Zeit mit großartigen Menschen verbringe, erwarte ich, dass ich großartige Dinge von ihnen lernen kann.

*„Immer wenn ich Zeit mit großartigen Menschen verbringe, erwarte ich, dass ich großartige Dinge von ihnen lernen kann."*

Wenn Sie eine Strategie für Ihr Wachstum entwickeln und Zeit dafür einplanen, vergessen Sie nicht: Das Wachstum sollte, je mehr Sie wachsen, umso mehr auf das, was Sie gerade brauchen, und auf Ihre Stärken abgestimmt sein. Und immer wenn Sie feststellen, dass ein Buch, eine Aufzeichnung oder ein Seminar nicht den Wert besitzt, den Sie sich erhofft haben, ziehen Sie weiter! Verschwenden Sie nicht Ihre Zeit mit etwas, das keinen Wert hat.

## Archivieren Sie das Gelernte

Ich muss zugeben: Ich bin ein zwanghafter Sammler. Immer wenn mir etwas begegnet, das mir wertvoll für meine Zukunft erscheint – um es zu lernen, zu lehren oder darüber zu schreiben –, wird es archiviert. Wenn ich eine tolle CD höre, die ich habe abschreiben lassen, archiviere ich Zitate daraus. Wenn die Botschaft sehr gut ist, vielleicht sogar das ganze Manuskript. Wenn ich ein Buch lese, markiere ich jedes Zitat, das ich behalten möchte, und halte fest, in welcher Kategorie es festgehalten werden soll. Sähen Sie sich eines meiner Bücher an, dann fänden Sie eine Liste mit Seitenangaben und Notizen darin. Bin ich mit einem Buch fertig, gebe ich es meiner Assistentin, die es für mich kopiert und richtig archiviert. Das mache ich schon seit 40 Jahren!

Ich will Sie dazu ermutigen, ebenfalls Zitate, Geschichten und Ideen aufzuheben, die Ihnen beim Lernen begegnen. Diese Angewohnheit wird Ihnen nicht nur jede Menge Material für die Zukunft liefern, sondern sie werden dadurch auch höchst fokussiert bleiben. Außerdem sind Sie gezwungen zu bewerten, was Sie lesen, und das wiederum hilft Ihnen, das Schlechte wegzulassen und sich dem Guten zuzuwenden. Dies wird Sie zum Wachstum anregen und Ihnen dabei helfen.

## Wenden Sie an, was Sie lernen

*„Nach oben – das ist kein einfacher Weg.*
*Man muss der Schwerkraft trotzen, sowohl kulturell*
*als auch was die Anziehung betrifft.“*
– Mike Abrashoff

Mike Abrashoff schrieb das Buch *It's Your Ship* und sagte: „Nach oben – das ist kein einfacher Weg. Man muss der Schwerkraft trotzen, sowohl kulturell als auch was die Anziehung betrifft.“ [2] Oft ist es das schwerste auf dem Wachstumsweg nach oben, das Gelernte in die Praxis umzusetzen. Doch genau darin liegt der wahre Nutzen. Der letzte Test für jeden Bereich des Lernens besteht immer in der Anwendung. Wenn das Gelernte genutzt werden kann, um – sich selbst oder anderen – zu helfen und zu verbessern, ist es all die Mühe wert.

## *Kurzer Rückblick zum Thema Wachstum*

In jedem Kapitel dieses Buches habe ich meine Entscheidungen mit Ihnen geteilt, die Art und Weise, wie ich versuche, sie umzusetzen, und meine Gedanken, wenn ich auf mein ‚*Tägliches Dutzend*' zurückblicke. Ich muss sagen: Von den zwölf Dingen ist das persönliche Wachstum sicherlich das, mit den stärksten Auswirkungen. Ich staune darüber, was aus mir dadurch geworden ist, dass sich mein Wachstum durch die tägliche Ausübung mit den Jahren multipliziert – nicht nur addiert – hat:

| | |
|---|---|
| In meinen 20er-Jahren … | wurde das Wachstum zum Fundament für meine lebenslange Reise des Lernens. |
| In meinen 30er-Jahren … | begann mich mein Wachstum von anderen in meinem Umfeld zu unterscheiden. |
| In meinen 40er-Jahren … | wurde mein Wachstum die Quelle für meine Bücher und Aufzeichnungen. |
| In meinen 50er-Jahren… | erreichte ich durch mein Wachstum Höhen, die ich nie für möglich gehalten hätte. |

> *„Die größte Erkenntnis ist die: Wir können morgen nicht sein, was wir heute nicht tun."*

Das größte aller Wunder ist, dass wir morgen nicht das sein müssen, was wir heute sind. Und die größte Erkenntnis ist die: Wir können morgen nicht sein, was wir heute nicht tun. Und genau deshalb ist es so wichtig: *Das Heute zählt!*

## *Ein ungewöhnlicher Weg, Potenzial zu heben*

Im März 2002 erhielt Richard Carmona einen Anruf. In dem Gespräch wurde er gefragt, ob er an einem Treffen teilnehmen wolle, um der operative Leiter des United States Public Health Service zu werden. Seine Antwort? „Ich war wie gelähmt", sagte Carmona. „Ich dachte, sie hätten den falschen Rich Carmona!" [3] Was veranlasste einen angesehenen Chirurgen und Professor der Chirurgie, des öffentlichen Gesundheitswesens, der Familien- und der Allgemeinmedizin dazu, von dieser Frage so überrascht zu sein? Die Antwort darauf liegt in Carmonas ungewöhnlicher persönlicher Geschichte.

Richard Carmona wurde 1949 in Harlem, New York, in eine arme Arbeiterfamilie hineingeboren. Seine Eltern waren nett, aber sie tranken zu viel. Eine seiner Kindheitserinnerung war: Mit sechs Jahren kam er von der Schule nach Hause, als gerade der gesamte Familienbesitz auf einen Lkw der Heilsarmee verladen wurde. Sie waren hinausgeworfen worden. Ein Jahr lang lebten er, seine Eltern und seine drei Geschwister bei seiner Großmutter in einer Sozialwohnung – elf Personen in einem kleinen Apartment.

Schon als Kind interessierte sich Carmona für Medizin und träumte davon, Arzt zu werden. Aber er war ein armer Schüler. „Ich war abgelenkt von familiären Problemen und Hunger", sagt er. [4] In der sechsten Klasse machte er alles noch schlimmer, indem er begann, die Schule zu schwänzen. Im letzten Jahr der Highschool brach er die Schule schließlich ab. „Das war meine eigene Schuld", erklärte Carmona. „Ich besuchte den Unterricht selten. Ich war kein böser Junge, aber nahe daran, ein straffälliger Jugendlicher zu werden. Ich war ein Straßenkind." [5]

1967 trat Carmona der Armee bei, nachdem ihn ein Soldat einer Spezialeinheit aus der Nachbarschaft beeindruckt hatte. Als er herausfand, dass er, um ebenfalls dieser Spezialeinheit beitreten zu können, einen Schulabschluss brauchte, holte er ihn nach. In der Armee entfaltete er sich. Er diente als Sanitäter in Vietnam, wofür ihm zwei ‚Purple Hearts' und ein ‚Bronze Star' verliehen wurden. Die Militärzeit veränderte sein Leben. Carmona sagte: „Sie lehrte mich Verantwortung, Zuverlässigkeit, den Fokus zu behalten, eine Mission erfolgreich auszuführen und Ressourcen effektiv einzusetzen. Sie gab mir ein Fundament für mein Leben." [6]

## *Ein neuer Mensch*

Carmona nutzte dieses Fundament als Ausgangspunkt für beständiges Persönlichkeitswachstum. Nach seinem militärischen Dienst schrieb er sich am Bronx Community College ein und graduierte mit Auszeichnung. Außerdem heiratete er seine Highschool-Liebe Diane Sanchez, die Tochter eines Kriminalbeamten in New York City, der nach seinem Schulabbruch der Umgang mit ihm verboten worden war. Das Paar zog nach Kalifornien und Carmona wurde Krankenpfleger und arbeitete an seinem Bachelor an der University of California in San Francisco. Er war das erste Mitglied seiner Familie, das einen Collegeabschluss machte.

Nach jeder neuen Stufe auf seiner Reise gewann Carmona weiter an Momentum hinzu. 1976 machte er seinen Universitätsabschluss in Naturwissenschaften und schrieb sich an der Universität für das Medizinstudium ein, um seinen Traum, Arzt zu werden, zu verwirklichen. Er schloss das Medizinstudium innerhalb von drei Jahren als Jahrgangsbester ab und legte sich dann auf die Chirurgie fest. Natürlich war Carmona immer noch nicht mit dem Lernen und Wachsen fertig. Er wusste, dass er sein Potenzial noch nicht ausgeschöpft hatte. Er bildete sich im Bereich der Traumatherapie, der Behandlung von Verbrennungen und der Intensivmedizin weiter. Dann zog er nach Tucson in Arizona, wo er das erste Zentrum für traumatische Verletzungen in der Stadt aufbaute. 1985 wurde er Direktor der University of Arizona und des Tucson Medical Center im Bereich Traumata und Notfallmedizin.

Die meisten von uns wären mit diesem Erfolg zufrieden und dächten darüber nach, sich niederzulassen. Aber nicht Carmona. Neben der Erfüllung seiner Pflichten als Direktor und Professor arbeitete er daran, Hilfssheriff, SWAT Officer und medizinischer Direktor der Feuerwehr zu werden. 1998 fügte er seinen Abschlüssen den Master in Gesundheitswesen hinzu. „Meine Frau sagt immer, dass ich überkompensiere, was ich in der ersten Hälfte meines Lebens versäumt habe", erklärte Carmona. „Das ist meine Art, die verlorene Zeit aufzuholen." [7]

Wow – war dieser Mensch erfolgreich! Und es ging noch weiter. Fünf Monate nachdem er den Anruf erhalten hatte, schwor er den Eid als operativer Leiter des United States Public Health Services. Nun arbeitete er an noch höherer Stelle daran, etwas zu bewirken. „Wenn heute mein letzter Tag wäre", sagte Carmona, „dann hätte ich viel mehr erreicht, als ich jemals erwartet hätte. Aber es gibt noch so viel mehr, was ich tun möchte! So viele Dinge, die ich in unserer Gesellschaft sehe, und von denen ich denke, dass ich dabei helfen könnte, sie zu verbessern." [8]

Warum glaubt Carmona daran, dass er so viel tun kann, um der Gesellschaft zu helfen? Weil er jeden Tag mehr zu geben hat. Genau das passiert, wenn Sie täglich Verbesserung anstreben und erleben. Ihr Potenzial wächst und damit wächst Ihre Fähigkeit, die Welt zu verändern.

## *Wachstum – Anwendung und Übungen*
## Wie man täglich persönliches Wachstum aktiviert und erlebt

### Die heutige Entscheidung zum Thema Wachstum

Wo stehen Sie gerade, wenn es um Ihr heutiges Wachstum geht? Beantworten Sie sich selbst folgende drei Fragen:

1. *Habe ich bereits eine Entscheidung getroffen, persönliches Wachstum bewusst anzustreben und zu erleben?*
2. *Wenn dem so ist, wann habe ich die Entscheidung getroffen?*
3. *Was genau habe ich entschieden? (Schreiben Sie es hier auf.)*

________________________________________

________________________________________

________________________________________

________________________________________

### Ihre tägliche Disziplin in Bezug auf Ihre Beziehungen

Ausgehend von Ihrer Entscheidung, die Sie bezüglich Ihres Wachstums getroffen haben – was ist der eine Bereich, den Sie *heute und jeden Tag* üben müssen, um erfolgreich zu sein? Schreiben Sie es hier auf.

________________________________________

________________________________________

________________________________________

## Das gestrige Versäumnis aufholen

Wenn Sie Hilfe dabei brauchen, um sich zu verpflichten, eine Person zu werden, die täglich wächst, dann machen Sie Folgendes:

1. *Wie fängt man überhaupt an herauszufinden, was das eigene Potenzial ist? Ich glaube, der beste Ausgangspunkt ist der, an dem die Träume und die Stärken aufeinandertreffen. Wovon träumen Sie? Wer würden Sie gerne sein? Was würden Sie gerne tun? Vergessen Sie für einen Moment die Herausforderungen. Halten Sie hier Ihre Träume fest:*

___________________________________________

___________________________________________

___________________________________________

- Was sind Ihre Stärken? Welche Talente, Begabungen und Fähigkeiten besitzen Sie? Sammeln Sie Ihre Ideen und bringen Sie diese zu Papier:

___________________________________________

___________________________________________

___________________________________________

- Nun, wo überschneiden sich diese zwei Bereiche? Die Antworten auf diese Fragen werden Ihnen zumindest eine Richtung für Ihr Wachstum geben.

___________________________________________

___________________________________________

___________________________________________

2. *Betrachten Sie Ihr gesellschaftliches Leben. Mit wem verbringen Sie die meiste Zeit? Schreiben Sie die Personen kurz auf:*

___

___

___

___

- Schreiben Sie nun neben jeden Namen fünf Worte, die diese Person am besten beschreiben.
- Was hat das mit Wachstum zu tun? Die Menschen, mit denen Sie am meisten Zeit verbringen, haben einen großen Einfluss darauf, wie Sie Ihr Leben sehen und in welche Richtung Sie gehen. Wenn Sie hauptsächlich mit Menschen verkehren, die hungrig nach Wachstum sind und versuchen ihr Potenzial zu entfalten, wird das auf Sie abfärben. Sollten diese allerdings keinerlei Interesse an Persönlichkeitswachstum haben, werden diese Sie in die andere Richtung mitnehmen. Finden Sie auf Ihrer Liste niemanden, der sich nach seinem Potenzial ausstreckt, müssen Sie Ihr Umfeld verändern und Menschen suchen, die ähnlich denken wie Sie.

3. *Wie sieht Ihr Wachstumsplan aus? Ich lege Ihnen ans Herz, einen Plan aufzustellen, der dem meinen ähnlich ist. Hören Sie regelmäßig Mitschnitte an und lesen Sie Bücher. Reservieren Sie zumindest eine Stunde am Tag, fünf Tage pro Woche, als Zeit für Wachstum. Wenn Sie viel mit dem Auto unterwegs sind, können Sie noch mehr tun, indem Sie die Fahrten nutzen, um Reden, Seminare und Hörbücher zu verinnerlichen. Zusätzlich sollten Sie einplanen, mindestens einmal pro Jahr an einem Seminar teilzunehmen und sich regelmäßig mit*

*Menschen zu treffen, die Mentoren für Sie sein können. Erinnern Sie sich daran, dass es Ihr Ziel ist, sich auf Ihre Stärken zu konzentrieren.*

4. *Beginnen Sie damit, ein System der Archivierung für sich zu finden. Halten Sie nach allem Ausschau, was sie hören oder lesen möchten, wodurch Sie etwas lernen können und was Sie später auch wiederfinden möchten. Halten Sie alles schriftlich fest, ordnen Sie es Kategorien zu und heften Sie es ab. Je mehr Sie lesen, umso größer werden Ihre Ressourcen werden.*

5. *Finden Sie Wege, das Gelernte auch anzuwenden. Verbringen Sie etwa eine Stunde pro Woche damit, Ihre Notizen und Zitate nochmals durchzugehen und herauszufinden, wie Sie diese Konzepte, Grundsätze oder Handlungen in Ihr tägliches Leben integrieren können. Und wenn Sie eine Erkenntnis* wirklich *zu einem bleibenden Teil Ihrer Fähigkeiten machen wollen, dann bringen Sie sie anderen bei. Nichts zementiert das Gelernte so sehr wie die Aufgabe, es so gut können zu müssen, dass man es anderen auch beibringen kann.*

## Freuen Sie sich auf morgen

Nehmen Sie sich nun einen Moment Zeit und denken Sie darüber nach, wie Ihre Entscheidung für das Wachstum und deren tägliche Umsetzung, die zur Erhaltung nötig ist, Ihre Zukunft positiv beeinflussen werden. Wie wird das belohnende Ergebnis aussehen? Schreiben Sie es auf:

______________________________________________

______________________________________________

______________________________________________

______________________________________________

Behalten Sie sich das Aufgeschriebene als eine bleibende Erinnerung, denn …

Ihre heutigen Gedanken sind der Motor für die tägliche Disziplin und

Ihre tägliche Disziplin maximiert Ihre gestrige Entscheidung.

Schlagen Sie jetzt noch kurz die nächste Seite auf und erfahren Sie noch ein kleines bisschen mehr davon, wie Sie jeden Tag zu einem Meisterwerk machen können!

FAZIT

# Wie man es schafft, dass das Heute zählt

Als ich mit diesem Buch begonnen habe, ist eine meiner Bedenken gewesen, dass die Umsetzung des ‚*Täglichen Dutzend*' überwältigend sein könne. Am Ende eines jeden Kapitels mache ich einige Vorschläge, wie man sich im jeweiligen Bereich verbessern kann, aber ich weiß, dass es unmöglich ist, alle zwölf Bereiche auf einmal anzugehen. Ich habe vier Jahrzehnte gebraucht, um die Entscheidungen zu treffen und eine tägliche Disziplin in allen Bereichen zu entwickeln! Und ich versuche immer noch weiter zu lernen.

Deshalb möchte ich Ihnen hier noch ein paar Vorschläge machen, wie Sie das ‚*Tägliche Dutzend*' angehen und in Ihr Leben integrieren können.

**Bewerten Sie sich selbst in jedem Bereich**: Betrachten Sie dazu die einzelnen Punkte und ordnen Sie sie je nachdem, wie gut Sie darin sind. Schreiben Sie eine 1 vor den Bereich, in dem Sie bereits am besten sind, eine 2 vor den nächstbesten und so weiter bis Sie alle Punkte von 1 bis 12 geordnet haben.

__ Einstellung: Ich wähle jeden Tag die richtige Einstellung und zeige sie.
__ Prioritäten: Ich verpflichte mich täglich den wichtigen Prioritäten und handle danach.
__ Gesundheit: Ich kenne und befolge täglich die gesundheitlichen Grundsätze.
__ Familie: Ich kommuniziere täglich mit meiner Familie und kümmere mich um sie.
__ Denken: Ich praktiziere und entwickle täglich gute Gedanken.
__ Verpflichtung: Ich gehe täglich angemessene Verpflichtungen ein und halte mich daran.
__ Finanzen: Ich verdiene täglich Geld und verwalte es entsprechend.
__ Glauben: Ich vertiefe und lebe täglich meinen Glauben.
__ Beziehungen: Ich gehe bewusst auf Menschen zu und investiere in bleibende Beziehungen.
__ Großzügigkeit: Ich plane, täglich Großzügigkeit zu leben, und bin ein Vorbild.
__ Werte: Ich beherzige täglich gute Werte und lebe danach.
__ Wachstum: Ich strecke mich täglich nach Wachstum aus und erfahre es.

**Lassen Sie sich Ihre Selbsteinschätzung bestätigen**: Sprechen Sie mit einem Freund, der Sie sehr genau kennt, und bitten Sie Ihn darum, Ihre Einschätzung zu betrachten. Wenn Ihr Freund Ihre Stärken und Schwächen in einer andere Reihenfolge setzen würde, sprechen Sie über die Unterschiede und nehmen Sie – falls nötig – Änderungen vor.

**Wählen Sie zwei Stärken**: Suchen Sie sich aus den sechs besten Punkten zwei aus. Stellen Sie sicher, dass Sie die nötigen Entscheidungen in diesen Bereichen getroffen haben, und beginnen Sie dann, diese mit täglicher Disziplin umzusetzen, um sie zu einem Teil Ihres Lebens zu machen. Nutzen Sie die Übungen am Ende der Kapitel, damit sie Ihnen dabei helfen, wenn Sie das möchten.

**Wählen Sie eine Schwäche**: Wählen Sie eine Schwäche aus den letzten sechs Bereichen aus, um daran zu arbeiten. Stellen Sie wieder sicher, dass Sie die richtige Entscheidung getroffen haben, und beginnen Sie dann mit der täglichen Umsetzung.

**Schätzen Sie sich neu ein**: Immer wenn sechs Tage vergangen sind, bewerten Sie sich erneut in den drei Bereichen, in denen Sie sich verbessern möchten. Wenn Sie in einem Bereich einen gewaltigen Fortschritt gemacht haben, wenden Sie sich dem nächsten zu. Wenn ein Bereich noch etwas mehr Zuwendung erfordert, behalten Sie Ihren Fokus für weitere sechs Tage bei. Aber arbeiten Sie nicht an mehr als drei Bereichen gleichzeitig und arbeiten Sie nie an mehr als einer einzigen Schwäche zur gleichen Zeit.

**Wiederholung**: Arbeiten Sie weiter an den Bereichen, bis Sie das ganze ‚*Tägliche Dutzend*' beherrschen.

Sobald Sie alle Schlüsselentscheidungen getroffen haben und die nötige Disziplin zu einer Gewohnheit in Ihrem Leben geworden ist, wird das ‚*Tägliche Dutzend*' wie eine zweite Haut für Sie sein. Und wenn die täglichen Umsetzungen mit Ihrem Leben verwoben sind, werden Sie in der Lage sein, jeden Tag zu einem Meisterwerk zu machen. Wenn Sie das tun, dann wird das Morgen für sich selbst sorgen.

# Quellenverzeichnis

## Kapitel 1


1. Judith Viorst, *Alexander and the Terrible, Horrible, No Good, Very Bad Day* (New York: Atheneum, 1972), 5.
2. M. Scott Peck, *The Road Less Traveled* (New York: Touchstone, 1978), 15.
3. Ambrose Bierce, *The Devil's Dictionary* 1906 (New York: Oxford University Press, 1999).
4. Seth Godin, " 'Slowly I Turned . . . Step by Step . . . Inch by Inch . . . ,' " *Fast Company,* Mai 2003, 72.
5. Amanda Ripley, "Shadow of a Falling Star," *Time,* 10. März 2003, 56.
6. Dale Witherington, "The Lifebuilders's Creed," e-mail to author, 24. April 2003.
7. Karen Kenyon, "Oscar Wilde: One of the Greatest Wits of the Victorian Age, Wilde Fell Victim of the Harsh Justice of His Day," *British Heritage,* http://britishhistory.about.com/library (accessed April 17, 2003).
8. Oscar Wilde, *De Profundus,* 1905, www.upword.com/wilde/de_profundis (accessed May 8, 2003).


## Kapitel 2


1. John Wooden with Steve Jamison, *Wooden: A Lifetime of Observations and Reflections On and Off the Court* (Chicago: Contemporary Books, 1997), 11–12.
2. Wooden, *Wooden,* 64.
3. Swen Nader. Mit freundlicher Genehmigung. Alle Rechte vorbehalten.

## Kapitel 3


1. Armand M. Nicholi Jr., *The Question of God: C. S. Lewis and Sigmund Freud Debate God, Love, Sex, and the Meaning of Life* (New York: Free Press, 2002), 109.
2. Siehe 1., Seite 102.
3. Siehe 1., Seite 110.
4. Denis Waitley, *The Winner's Edge* (New York: Berkley, 1983).
5. Ecclesiastes 5:10 NKJV.
6. John C. Maxwell, *The 17 Indisputable Laws of Teamwork* (Nashville: Thomas Nelson, 2001), 107–8.
7. Lance Armstrong with Sally Jenkins, *It's Not About the Bike: My Journey Back to Life* (New York: Berkley Books, 2000), 257.
8. Siehe 7., Seite 27.
9. Siehe 7., Seite 50.
10. Siehe 7., Seite 110.
11. Siehe 7., Seite 95.
12. "Lance Armstrong: Champion Cyclist Beats Testicular Cancer," www.abcnews.go.com/sections/living/Daily News, February 16, 1999.
13. Armstrong, *Not About the Bike,* 185.
14. Siehe 13., Seite 114.
15. Siehe 13., Seite 257.


## Kapitel 4


1. R. C. Gano, "Howard Robard Hughes, Sr.," *The Handbook of Texas Online,* www.tsha.utexas.edu/handbook/online/articles/view/ HH/fhu16.html (accessed July 24, 2003).
2. Michael Sauter, "Howard Hughes: Billionaire, Daredevil, Playboy, Madman," *Biography,* August 2003, 68.

3. "Howard Hughes," Las Vegas Strip History Site, www.lvstriphistory.com/hughe.htm (accessed July 24, 2003).
4. Angepasst. Ursprung unbekannt.
5. Myers Barnes, "Executive Time Management: A Guaranteed Solution," Housing Zone, www.housingzone.com/topics/hz/sales/ hz01ea605.asp (accessed July 25, 2003).
6. *Target Marketing,* April 1996.
7. Alec Mackenzie, *The Time Trap* (New York: Amacom, 1997).
8. "Betsy Rogers Wins 2002 National Teacher of the Year," www.talkingproud.us/Education043003.html (abgerufen am 12. Mai 2003).
9. www.alsde.edu/general/Rogers_Application.htm.
10. "Betsy Rogers," www.talkingproud.com.
11. Mary Orndorff, "Leeds Educator Named National Teacher of the Year," *Birmingham News,* 29. April 2003, 2A.
12. Gannett News Service, "Teacher of the Year Urges Focus on Helping Poor Children," *Tucson Citizen,* 5. Mai 2003, www.tucsoncitizen.com.
13. www.alsde.edu/general/Rogers_Application.htm.

## Kapitel 5

1. "Leading Causes of Death—2000," and "International Cardiovascular Disease Statistics," American Heart Association, Statistical Fact Sheets, www.americanheart.org (abgerufen am 18. Juli 2003).
2. Bernie S. Siegel, *Peace, Love and Healing* (New York: HarperCollins, 1995).
3. "UC Berkeley Epidemiologist Wins Olympic Medal for Studies Showing Exercise Protects against Heart Disease," news release, 1. Juli 1994, University of California Berkeley Public Information Office, www.berkeley.edu/news (accessed December 8, 2003).
4. "Idols Among Us," www.actionforlife.com/fitness.htm (abgerufen am 8. Mai 2003).

5. "Jack LaLanne," 2003, Interview, *Bottom Line Personal*, February 15, 2003, 14.
6. Siehe 5.
7. "Jack LaLanne," 2002, Interview by Dick Foley, *Health Talk*, www.healthtalk.com/celb/lalanne/02.html (abgerufen am 7. Mai 2003).
8. Siehe 7.
9. Dennis Hughes, "An Interview with Jack LaLanne," September 26, 2002, www.shareguide.com/LaLanne.html (abgerufen am 7. Mai 2003).
10. Dinah Gold, "10 Ways to Save Your Life: Practical Advice from the Surgeon General," *Biography*, August 2003, 60–65.
11. Sanjay Gupta, "Why Men Die Young," *Time*, 12. Mai 2003, 84.

## Kapitel 6

1. "The Jukes in 1915," Disability History Museum, www.disabilitymuseum.org/lib/docs/759.htm (abgerufen am 4. April 2003).
2. "Jonathan Edwards: America's Humble Giant," Christian History Institute, www.gospelcom.net/chi/glimpsef/glimpses/glmp097.shtml (abgerufen am 28. April 2003).
3. Ted Goodman, ed., *The Forbes Book of Business Quotations* (New York: Black Dog and Leventhal, 1997), 407.
4. Samuel Osherson, *Finding Our Fathers: The Unfinished Business of Manhood* (New York: Free Press, 1986).
5. Nick Stinnet, *USA Today*, 29. Januar 1986.
6. "Building a Better Dad," *Today's Health and Wellness*, 26.
7. "New Report Sheds Light on Trends and Patterns in Marriage, Divorce, and Cohabitation," National Center for Health Statistics, www.cdc.gov/hchs/releases/02news/div_mar_cobah.htm (accessed June 19, 2003).
8. "Profile for United States: Indicators of Child Well Being," Kids Count, www.aecf.org (abgerufen am 19. Juni 2003).

9. Matthew Cooper, "Going to Chapel," *Time,* 10. Juni 2002, 31.
10. Executive Leadership Foundation, Inc., *Absolute Ethics: A Proven System of True Profitability* (Tucker, GA, 1987), 18.
11. Ron Suskind, "Mrs. Hughes Takes Her Leave," *Esquire,* Juli 2002, www.esquire.com.
12. Richard Dunham, "Karen Hughes and the Courage to Quit," *BusinessWeek,* 29. April 2002, www.businessweek.com.
13. Suskind, "Hughes."
14. Siehe 13.
15. Bob Costantini, "The President's Right-Hand Woman: Hughes Decides to Leave the White House," www.evote.com/features/2002-04/042402hughes.asp (abgerufen am 9. April 2003).
16. Siehe 15.
17. Suskind, "Hughes."

## Kapitel 7

1. "Great Atlantic and Pacific Tea Company, Inc." http://shop.store. yahoo.com/scripophily/greatatandpa1.html (abgerufen am 19. August 2003).
2. Avis H. Anderson, *A&P: The Story of the Great Atlantic & Pacific Tea Company* (Charleston, SC: Arcadia, 2002), 63.
3. William I. Walsh, *The Rise and Decline of the Great Atlantic and Pacific Tea Company* (New Jersey: Lyle Stuart, Inc., 1986), 77, zitiert in Jim Collins, *Good to Great* (New York: Harper Business, 2001), Chapter 2, note 2, 269.
4. Jim Collins, *Good to Great* (New York: Harper Business, 2001), 67.
5. Siehe 4.
6. Siehe 4., Seite 259–60.
7. "The Great Atlantic & Pacific Tea Company, Inc. Announces Results of First Quarter 2003," Press Release, July 25, 2003, http://biz. yahoo.com/bw/030725/255096_1.html (abgerufen am 19. August 2003).

8. Claude M. Bristol, *The Magic of Believing* (New York: Pocket Books, 1994).
9. Adapted from "The Matter of Fax," Clay Road Baptist Church, 23. April 1999.
10. Gerald Nadler, *Breakthrough Thinking* (Roseville, CA: Prima Lifestyles, 1994).
11. Norman Vincent Peale, *The Power of Positive Thinking* (New York: Ballantine Book, 1996).
12. James Allen, *As a Man Thinketh* (Camarillo, CA).
13. *Leadership,* Spring 2001, 83.
14. John C. Maxwell, *Thinking for a Change: 11 Ways Highly Successful People Approach Life and Work* (New York: Warner Books, 2003).
15. Anne Lamott, *Bird by Bird: Instructions on the Writing Life* (Landover Hills, MD: Anchor, 1995).
16. *Leadership,* Frühjahr 2001, 84.
17. Philippians 4:8 - Übersetzung: Neues Leben.
18. Rebecca Murray, "The Real Antwone Fisher Talks About the Movie, 'Antwone Fisher,' " http://romanticmovies.about.com/library/weekly/aaantwonefisherintc.htm (abgerufen am 25. Juli 2003).
19. Antwone Quenton Fisher with Mim Eichler Rivas, *Finding Fish* (New York: Perennial, 2001), 122.
20. Siehe 19., Seite 125.
21. Siehe 19., Seite 127.
22. Rebecca Murray, "The Real Antwone Fisher."

## Kapitel 8

1. Lewis Early, "Mickey Mantle Mini-Biography," www.themick.com (abgerufen am 29. Juli 2003).
2. Siehe 1.

3. Jack Mann, "Decline and Fall of a Dynasty," *Mantle Remembered* (New York: Warner Books, 1995), 79.
4. Mickey Mantle with Jill Lieber, "Time in a Bottle," *Sports Illustrated,* April 18, 1994, 69.
5. Siehe 4., Seite 74.
6. "A Baseball Reader's Journal: Mickey Mantle: America's Prodigal Son," www.baseball-almanac.com/books (abgerufen am 29. Juli 2003).
7. Mickey Mantle with Jill Lieber, "Time in a Bottle," 77.
8. Bob Costas, "Eulogy for Mickey Mantle, August 15, 1995—Dallas, TX," www.themick.com (abgerufen am 29. Juli 2003).
9. Frederic F. Flach, *Choices: Coping Creatively with Personal Change* (New York/Philadelphia: J. B. Lippincott, 1977).
10. "The Fall of France," www.leesaunders.com/html/FoFrance.htm (abgerufen am 15. August 2003).
11. Winston Churchill, *The Wit and Wisdom of Winston Churchill,* edited by James C. Humes (New York: Harper Perennial, 1994), 121.
12. Henry W. Longfellow, "The Ladder of St. Augustine."
13. Warren Wiersbe, *In Praise of Plodders* (Grand Rapids: Kregel, 1991).
14. Arthur Gordon, *A Touch of Wonder* (Jove Publications, 1991).
15. www.nytimes.com/learning/students/scholarship/index.html (abgerufen am 15. August 2003).
16. "Succeeding on Her Own," ABC News, December 17, 1999, www.abcnews.go.com/onair/2020/2020_991217_homelessscholarship_feature.html (abgerufen am 24. Apriel 2003).
17. "A Chat with Homeless to Harvard Inspiration Liz Murray," 11. April 2003, www.lifetimetv.com/community/chat/lizmurray_transcript.html (abgerufen am 24. April 2003).
18. Randy Kennedy, "Six Whose Path to Excellence Was on the Mean Streets of Adversity," *New York Times,* March 3, 1999, www.ny- times.com/learning/students/scholarship/scholarship1.html (abgerufen am 28. Juli 2003).

19. “A Chat With Homeless to Harvard Inspiration Liz Murray.”

## Kapitel 9

1. William Atkinson, “Drowning in Debt,” *HR,* August 2001, www.findarticles.com (abgerufen am 22. Juli 2003).
2. Christine Dugas, “Bankruptcy Filings Set Record in 2002,” *USA Today,* 17. Februar 2003, www.usatoday.com.
3. Christine Dugas, “Bankruptcy Filings on Record Pace,” *USA Today,* 27. August 2001, www.usatoday.com.
4. Dugas, “Set Record in 2002.”
5. Christine Dugas, “Debt Woes Nearing Record,” *USA Today,* November 26, 2002, www.usatoday.com.
6. Dugas, “Bankruptcy Filings on Record Pace.”
7. Dugas, “Debt Woes.”
8. William Atkinson, “Drowning in Debt.”
9. Siehe 8.
10. James Patterson and Peter Kim, *The Day America Told the Truth: What People Really Believe About Everything That Really Matters* (Prentice Hall, 1991).
11. Polly LaBarre, “How to Lead a Rich Life,” *Fast Company,* März 2003, 74.
12. Sprüche 22:7 – Übersetzung: Neues Leben.
13. Quoted in Leslie E. Royale, “Debt Free is the Way to Be,” *Black Enterprise,* October 2002, www.findarticles.com (abgerufen am 22. Juli 2003).
14. Siehe 13.
15. Quoted in Ron Blue’s seminars from *USA Today,* 7. Januar 1997.
16. James Surowiecki, “People of Plenty,” *Fast Company,* März 2003, 32.
17. Robert Frick, “If You Knew Suze . . .” *Kiplinger’s,* November 1998, www.findarticles.com (abgerufen am 22. Juli 2003).

18. Lynn Andriani, "The Dollars and Sense of Suze Orman," *Publisher's Weekly,* 24. Februar 2003, 44.
19. Frick, "If You Knew Suze."
20. Suze Orman, *The Laws of Money, The Lessons of Life* (New York: Free Press, 2003), 11.
21. Siehe 20., Seite 13.
22. Andriani, "Dollars and Sense," 47.

## Kapitel 10

1. Unknown, "The Ship," in *The Columbia Granger's Index to Poetry in Anthologies,* Nicholas Frankovich, ed. (New York: Columbia UP, 1997), 520.
2. Quelle unbekannt.
3. Harold G. Koenig, Ellen Idler, and Stanislav Kasl, "Religion, Spirituality, and Medicine: A Rebuttal To Skeptics," *International Journal of Psychiatry in Medicine,* 29-2, 1999, 123–31, www.eathingbythebook.com (abgerufen am 24. Juni 2003).
4. Christopher Reeve, speech at the 1996 Democratic National Convention, 26. August 1996, www.lib.uchicago.edu/nrd13/hd/ reeve.html.
5. John Noble Wilford, "Oldest Planet Is Revealed, Challenging Old Theories," *New York Times,* 11. Juli 2003, www.nytimes.com.
6. Jakobus 4:8 – Übersetzung: Neues Leben.
7. "Shuttle Commander Called 'True American Hero,' " CNN, 2. Februar 2003, www.cnn.com/2003/US/02/01/sprj.colu.shuttle.husband/index.html.
8. Chris Kridler, "Husband Had Dreams of Space Since He Was a Child," *USA Today,* February 1, 2003, www.usatoday.com/news/nation/2003-02-01-husband-bio_x.htm.
9. Evelyn Husband, interview by Katie Couric, *Today* show, 3. Februar 2003, National Broadcasting System.
10. Siehe 9.

## Kapitel 11

1. "Armand Hammer Dead at 92; Industrialist and Philanthropist," *USA Today,* 11. Dezember 1990, pqasb.pqarchiver.com/USATo- day/56038152.html (abgerufen am 23. Juli 2003).
2. "Armand Hammer Dies; Billionaire, Art Patron, Industrialist," *Los Angeles Times,* 11. Dezember 1990, www.latimes.com (abgerufen am 31. Juli 2003).
3. Edward Jay Epstein, *Dossier: The Secret History of Armand Hammer* (New York: Random House, 1996), 128.
4. Joel Stein, "Bosses from Hell," *Time,* December 7, 1998, www.time. com.
5. Epstein, *Dossier,* 7.
6. Siehe 5., 17.
7. Siehe 5., 349.
8. Robert Hughes, "America's Vainest Museum," *Time,* 28. Januar 1991, www.time.com.
9. John C. Maxwell, *The 17 Indisputable Laws of Teamwork* (Nashville: Thomas Nelson, 2001), 1.
10. Donald O. Clifton and Paula Nelson, *Soar with Your Strengths* (New York: Dell, 1996).
11. Dale Carnegie, *How to Win Friends and Influence People* (New York: Simon and Schuster, 1936).
12. Tom Peters and Nancy Austin, *A Passion for Excellence: The Leadership Difference* (New York: Warner Books, 1989).
13. Leo Buscaglia, *Loving Each Other: The Challenge of Human Relationships* (New York: Ballantine, 1990).
14. "Bill Bright: A Life Lived Well," Campus Crusade for Christ, http://billbright.ccci.org/staff/multimedia, 2.
15. *Harvard Business Review,* November/December 1995.

## Kapitel 12

1. "J(ean) Paul Getty," www.biography.com/print_record.pl?id=21530 (abgerufen am 9. Mai 2003).
2. Clifton Daniel, ed., "Billionaire J. Paul Getty Dies in Britain," *Chronicle of the 20th Century* (Liberty, MO: JL International Publishing, 1992), 1110.
3. "What Else Happened Today: December 15," www.historychannel.com/tdih/today/1215.html (abgerufen am 9. Mai 2003).
4. "Sir J Paul Getty Dead at age 70," www.msnbc.com/news, 17. April 2003.
5. Ruth Smeltzer, quoted in Erik Kolball, *What Jesus Meant* (Louisville, KY: Westminster John Knox Press, 2003).
6. Sprüche 11:24–25 – Übersetzung: Neues Leben.
7. Matthäus 6:21 – Übersetzung: Neues Leben.
8. "Numbers," *Time,* 13. Januar 2003, 17.
9. "Numbers," *Time,* 6. Dezember 2002, 21.
10. *U.S. News and World Report,* 22. Dezember 1997.
11. "Dave Thomas Praised in Senate for Adoption Advocacy," 1. Februar 2002, Dave Thomas Foundation for Adoption, www.davethomasfoundationforadoption.org (abgerufen am 8. August 2003).
12. Bruce Horovitz, "Wendy's Icon Back at Work But Scare Makes Chain Consider the Inevitable," *USA Today,* 31. März 1997, http://pqasb. pqarchiver.com/USAToday, 23. Juli 2003.
13. Dottie Enrico, "Roots of Ambition Childhood Experiences of Orphaned, Adopted Ignite Drive to Thrive," *USA Today,* 5. September 1997, http://pqasb.pqarchiver.com/USAToday (abgerufen am 23. Juli 2003).
14. Dave Thomas, "In His Words," www.wendys.com/dave/flash.html (abgerufen am 8. August 2003).
15. Dave Thomas with Ron Beyma, *Well Done!* (Grand Rapids, MI: Zondervan, 1994), 203.

16. Linda D. Reeves, "Wendy's Adoption Plan Hits Home with Thomas," *USA Today,* 31. August 1992, http://pqasb.pqarchiver. com/USAToday (abgerufen am 23. Juli 2003).
17. "Wendy's Founder Passes Away," 8. Januar 2002, Dave Thomas Foundation for Adoption, www.davethomasfoundationforadoption. org (abgerufen am 8. August 2003).
18. Horovitz, "Wendy's Icon Back,"

## Kapitel 13

1. Erin McClam, "Waksal Sentenced to Prison," *Atlanta Journal Constitution,* 11. Juni 2003, D1.
2. "The ImClone Scandal," *Atlanta Journal-Constitution,* 11. Juni 2003, D4.
3. "Chronology of a Collapse," *Time,* 21. Januar 2002, 31.
4. "Hall of Shame," *BusinessWeek,* 7. Oktober 2002, www.businessweek.com.
5. "World-Class Scandal at WorldCom," CBS News, 26. Juni 2002, www.cbsnews.com/stories/2002/06/26/national.
6. Constance L. Hays, "Martha Stewart Indicted by U.S. on Obstruction," *New York Times,* 5. Juni 2003, www.nytimes.com.
7. J. Oswald Sanders, *Spiritual Leadership.*
8. Roger Dow, *ICSA Journal.*
9. Associated Press, "Tyco's Kozlowski Took Hard Line Against Embezzling Crimes," *Seattle Times,* 1. Januar 2003, www.seattletimes.com.
10. Barbara Ross, Roberty Gearty, and Corky Siemaszko, "The Great Tyco Robbery," *New York Daily News,* 12. September 2002, www.nydailynews.com.
11. Ken Blanchard and Norman Vincent Peale, *The Power of Ethical Management* (New York: William Morrow, 1988).

## Kapitel 14

1. Peter Drucker, Quotes on Focus, www.leadershipnow.com (abgerufen am 24. November 2003).
2. Mike Abrashoff, *It's Your Ship: Management Techniques from the Best Damn Ship in the Navy* (New York: Warner Books, 2002).
3. "From Poverty to Public Health Expert," *Biography*, August 2003, 61.
4. Siehe 3.
5. National Medical Fellowships, www.nmf-online.org/Development/scholars/PrintVersion/richard_carmona.htm (abgerufen am 14. August 2003).
6. "From Poverty," *Biography*.
7. Robert Pear, "A Man of Many Professions: Richard Henry Carmona," *Puerto Rico Herald*, 27. März 2002, www.puertorico-herald.org/issues/2002/vol16n13/Carmona-en.shtml (abgerufen am 29. Juli 2003).
8. National Medical Fellowships, www.nmfonline.org (abgerufen am 14. August 2003).